[ポイエーシス叢書]
50.

Caren Kaplan
Questions of Travel
Postmodern Discourses of Displacement

移動の時代

カレン・カプラン 村山淳彦 訳

旅からディアスポラへ

Questions of Travel:
Postmodern Discourses of Displacement
by Caren Kaplan

移動の時代――旅からディアスポラへ★もくじ

はしがき……9
旅をめぐる疑問――序説……20
ポストモダンの疑問符……31
旅をめぐる疑問
――移動をめぐるポストモダンの言説群……54
第一章　「移動というこの問題」……63
――モダニズムにおける亡命／ポストモダンの観光旅行
「芸術のまさに生成する場所」……66
――モダニズムの地理学
帝国主義的ノスタルジアと審美的な獲物……73
――亡命者の報酬
『亡命者の帰還』……86
――移動によって作家が生まれるという見方の
モダニズム的構築
客引き、ツーリスト、旅行者……100
――モダニズム文学の地図
ツアーをするモダニティ――主体を移動させる……113

第二章　ノマドになる——ポスト構造主義における脱領域化の諸類型……126
ボードリヤール——欧米における受容の脱構築……130
ボードリヤールの『アメリカ』——バス運転手の休日……133
ジェンダーの不可思議——ポストモダンの形而上学……141
多すぎるウェスタン——客体の復讐……148
光景の凝視——「ヨーロッパ」とその「他者」……154
マイナーになる——リゾームとノマド……160
欧米のノマド的主体——ポストモダンの文学研究とカルチュラル・スタディーズ……170
ポスト構造主義的理論家の立場を脱構築する……178
第三章　旅する理論家たち——コスモポリタンなディアスポラ……185
英雄的な亡命者とコスモポリタンな故国離脱者……192
亡命者として書く——エドワード・サイードの批評的移動……204
亡命の用途……211
コスモポリタンな主体……221

旅からディアスポラへ
――ジェイムズ・クリフォードの批評遍歴……229
ポストモダンの漂泊者たち……250
――モダニズム風亡命の跡をたどる
第四章　ポストモダン地理学……255
――居場所に関するフェミニズムの政治学
欧米モダニティにおける空間の生産……261
グローバル／ローカル軸……276
グローバルなフェミニズムの限界……284
ローカルのジェンダー化――立場の認識論……299
ローカルなもののなかでそれに抗して活動する……316
訳者あとがき　330
文献書誌　巻末
索引　巻末

■凡例

一　本書は、Caren Kaplan. *Questions of Travel: Postmodern Discourses of Displacement.* Durham: Duke University Press, 1996 の全訳である。

二　原文におけるイタリック体は、書名・雑誌名については『』で囲み、強調の場合はゴチック体で示した。また、〔〕は訳者による補足である。

三　☆で示した脚注は、すべて原著者による注。引用出典は簡略化して記されてあり、詳しい書誌は巻末の文献書誌を参照のこと。既訳書のあるものについては、参照はさせてもらったが、引用の都合によりあえて拙訳を用い、その書誌情報・対応ページ数は特に明記しなかった。

四　巻末の索引および文献書誌は原著を踏襲した。索引には原語を付し、また、書誌文献は、わかる範囲での既訳情報を加筆してある。

装幀——戸田ツトム

移動の時代——旅からディアスポラへ

はしがき

これまでの私の人生において、旅は疑問であるよりも確実な事実だった。私はメイン州で育ったが、その州の車のナンバープレートには、「休暇の国」と書いてあり、シーズンになるとツーリストがやってきては去っていった。私自身も人並みにツーリストになっては、日常性という根の生えた現実からの脱出を求めたこともある。だが、それに劣らず重要なことに、私が子どもの頃からとらわれていたのは、今世紀の移民の波に洗われて、家族があちこちに散らばったという感覚だった。アルゼンチンには、もはや連絡も取れなくなった親戚がいたし、手紙をやりとりするだけの親族が南アフリカやイスラエルにいた。家族の物語のなかで、いつも暗黙のうちに認められながらもめったに話題にはならない親類が、東欧に残されていたのだが、その消息はもはや失われ、記憶も連絡も届かぬ存在になっていた。合衆国内においても、親族は大陸にまたがって散在していた。シカゴ、ミネアポリス、ツーソン、ボルチモア、その他いろいろなところにいて、だんだん連絡も途絶え、やがて再び引っ越してしまう。もっとも親しい親戚はボストンやニューヨークに住んでいて、そのために、はるか北方に住む私の家族は、民族の規準からすれば亡命しているに等しい場所から、中心的大都会へ（スーパーハイウェイが完成する以前から）長駆、車を飛ばすのを習わしとしなければならなくなった。旅とは、避けがたく疑問の余地のないものであって、仕事のみならず、家族のつきあいや愛のためにも、いつも必要なものだったのである。

私が生まれ落ちた文化はまた、国民のために旅行の便宜が供与されているのは当然のことと受けとめる文化だった。もっとも、どんなところにでも旅行し、入り込み、金をばらまくという、合衆国市民にとっては疑いようのないものと思われていた権利は、私の幼い頃から青春時代にかけて、批判されはじめていた。善隣友好の民間大使だって？ 帝国主義者じゃないの。「ヤンキー、ゴー・ホーム」の声がいや増し、合衆国の海外における軍事的経済的冒険に終止符を打つよう求めていた。合衆国民は好きなところどこへでも旅ができて、あたたかい歓迎を保障されてもいいはずではなかったのか。一九七二年にリベラルな学生交流計画に参加してイスタンブールに滞在した私は、「あなたは好きなんですけど、あなたの政府やあなたの国の軍事基地は好きになれません」と言われて、二の句がつげなかった。軍事基地だって？ こうして私の教育は、私と同じ階級、人種、世代に属する多くの人々の場合と同様な過程を通過した。公式の話と非公式の話の違いを知るにつれて、知識には、社会関係や歴史や表象をめぐる闘争がからみついていることを知るようになった。

こういうことについては、社会化における男女間の分裂についての認識や、私の世代に始まったばかりのフェミニズム運動の経験を通じて、すでに学んではいた。当時「カウンターカルチャー」と呼ばれたものに参加した多くの若い白人たちと同様に、私はこのような教訓を、アメリカ・インディアンに対するジェノサイドやアフリカ人に対する奴隷化の歴史を通じて学んでいた。こういう教育の大部分の土台をなしていたのは、ナイーヴなロマン主義や異国趣味に訴えるやりかただった。それは、反戦運動のいくつかの様相や、いわゆる新社会運動の多くに見られた表象の遺産だった。この種の客体化をいかに避けるべきか。神秘化された幻想ではなく、唯物論的な歴史にもとづく政治連合をいかに作り上げるべきか。合衆国内の人種、階級、ジェンダー上の優位にある者たちの特権をいかに脱構築し、アイデンティティと連帯をいかに表現し直すべきか。これこそ、エリート階層や、権力に比較的近いグループや主体が、社会変革に責任をもって参加するためには、持続的に取り組まなければならない課題である。

私の場合は、旅についての問いを立てることで、右に述べた教訓を深める。西欧の多くの近代人と同様に私は、距離をとることによって必要な視野が得られると信じるように育てられてきた。すなわち、差異が洞察をもたらし、旅は喩えで言われるとおり「視野を広げてくれる」ものだと。しかしながら、私の経験によれば、旅は人を混乱させることもあれば、離隔は思いこみにすぎぬ場合もあり、差異は視点をどこに置くかでおおいに変わるものだ。したがって、旅は私に、公式の歴史やイデオロギーを問う（トルコに合衆国の基地があるって？　どういうわけ？）きっかけをもたらしてくれたのみでなく、旅が記述されるときの用語に対する深い懐疑をもたらしてくれた。文化的差異についての帝国主義的な旅行者の記述は、観光案内パンフレットに再録するのにふさわしいと言えるだろうか。距離をとることが最良の視野をもたらすなどという見方から利益を得るのは誰であろうか。それによって苦しむのは誰であろうか。遠距離通信やテクノロジーの新発展のおかげでわれわれの距離感や旅行感覚が変わりつつあるというのに、古いイデオロギー構成がなぜいつまでも幅を利かせているのか。あるいは、それはどんなふうに変わってきたのか。

このような見方から旅について講義をしたおかげで、私は、アメリカ現代文化に旅や移動の隠喩があふれているわけをつかめるようになった。楽しみや教育を求めて旅をしたいと考えている人はきわめて多いが、他方で、職場や家族の仕組みの流動性に対して両面価値を感じる人も多い。旅に対するこういう感じ方の違いをいかに選り分け、それらが、国民国家の不安定化や、文化的経済的民族離散や、貧富の差の拡大などといった、よりポストモダンな契機につなげられる仕方を、いかに理解できるようになるか。教え子のなかには、「先生のおかげで次の夏休みが台なしになってしまった！」と愚痴を言った者もいる。しかし、ジョージタウン大学でもカリフォルニア大学バークレイ校でも、ここで扱う思想について私との討議に加わってくれた若い人たちはたいてい、この研究課題に洞察力をもって熱心に取り組んでくれた。彼らの厳密な問いかけや新しい読解のおかげで、このテーマについての私の研究はおおいに助けられた。

旅を問い返す作業は、いろいろな科目でも、いろいろな分野の研究を横断しても、おこなうことができよう。本書の輪郭を定めたのは、おそらく、教育学上、カリキュラム上の「実験」に乗りだした大学で私が受けた、学部および大学院での教育の結果であろう。これらの教育機関で私は、自分で立てられるようになった問いに取り組むために、いろいろな学問や方法を混ぜ合わせるように促された。とりわけハンプシャー大学の二人の教授には、批判のためのとても重要な道具を与えてくれたことに対して感謝している。レスター・メイザーは、緻密厳格な読解の仕方や、教えることと学ぶことを一体化することや、無政府主義の最良の伝統にしたがって権威を疑ってかかることを教えてくれた。ジル・ルイスは、フェミニズム研究の世界を紹介し、自立した精神の模範を示して、私の将来の志望を変えてくれた。二人とも保守的な時代に、ラディカルな批評家にして情熱的な教師になる道筋について、強烈な示唆を与えてくれた。二人の信頼とお世話を受けなかったならば、私はこの本を書けるまでにはなれなかっただろう。

　私はまた、カリフォルニア大学サンタ・クルーズ校における「意識史」講座の教育改革のおかげもこうむった。そこで私は、ヘイドン・ホワイト、ジェイムズ・クリフォード、ダナ・ハラウェイによって、いわば哲学的に脱帽させられた。これら三人の方々に、マスター・ナラティヴ〔主たる物語〕を（および従たる物語をも）疑ってみるように教えてくれたこと、そして、この職業に入れるように鍛えてくれたことを、私は感謝したい。テレサ・デ・ラウレティス、ロバート・マイスター、ヘレン・モグレン、ヴィヴィアン・ソブチャク、ビリー・ハリス、ピーター・ユーベンにもお礼を述べなければならない。彼らは、カリフォルニア大学サンタ・クルーズ校でともに研究をして、いろいろなときに私の支えとなり、助言をしてくれた。私の同級生には私の最良の教師になってくれた人もいる。とりわけ、チェ・サンドバル、ケイティー・キング、ラタ・マニ、ルース・フランケンバーグ、デボラ・ゴードン、ゾウ・ソフォウリス、リサ・ブルーム、グロリア・ワトキンズに感謝する。私の学位論文指導委員長ジェイムズ・クリフォードに謝意を述べたい。彼は私にいつも必ず、読み考えるべき事柄を与えて、私の研究方法を変えてくれた。彼自身の研究の深さや広さにたえず目を開かれる思いを抱かされながらも、彼の忍耐と包容力は、私の支えとなり続けている。

旅をしたいという私自身の欲望、またおそらくは、モダニスト風の国外脱出を真似てみたいという願望に引きずられて、私は博士候補に昇格したのち二年間をパリで過ごした。そこで私はペースを変えて、フランス語を多少勉強し、あちこちの大学でポスト構造主義をひととおり「やって」みた。パリの教授たちには、セミナーや講義に出席することを許していただき、お世話になった。その深い影響がこの本にあらわれている。もっともやさしくあたたかい歓迎を示してくれたのは、サラ・コフマンだった。私が異国で身の置き所を失ってすっかり打ちのめされていたときに、コフマンはフェミニスト批評家として私に落ち着きを与えてくれた。

この本がまだ初期の草稿段階にあったときに、ジョージタウン大学英文科の、マイケル・ラガシス、レオナ・フィッシャー、パム・フォックス、キム・ホールをはじめとする何人かの同僚は、注意深く原稿を読んで論評し、計り知れないほどの恩恵を与えてくれた。私たちがそこでともに過ごした数年間にみちみちていた、知的支え合いと探求の雰囲気には、言葉に尽くせぬほど感謝している。Eメールではとても代用できない雰囲気で日々交わされた、あの三階での談笑がなつかしい。かつての学科長ジェイムズ・スレヴィンにも、この本の出版計画と著者に最大限の支援を与えてくれたことに対して、お礼を述べたい。この本を成り立たせる疑問について研究するのを助けてくれた、ジョージタウンの多くの学生たちのなかでも、とりわけメアリー・カーニー、ゲイル・ヴァンデンバーグ、マイケル・マグーラガンには、愉快に付き合ってくれたことを感謝したい。あのころの隣人だったジャヴァ・ハウスは、コーヒーを何度も入れてこの計画の進行を促してくれた。

数年前にバークレイに引っ越したことによって、この出版計画にさまざまな影響があらわれた。大陸を横断して通勤したり引っ越したりするのに、時間をたくさん費やして消耗したが、あらたな環境で研究したり執筆したりする機会は、それを償ってくれる刺激になった。女性学科での指南役を気前よく果たしていただいたメアリー・ライアン、イヴリン・グレン、キャロル・スタックスには、お礼を言いたい。むかしからトリン・ミン＝ハには仕事のうえで影響を受けてきたが、廊下を挟んで向かい側に彼女の研究室があるというのは、実にうれしいことである。カーラ・アトキンズ、アルシア・グラナム＝カミングズからは、手慣れた気持ちのいい援助をいただき、ありがたいと思っている。ジリアン・サンデルは、創意と丹念さにあふれた研究助手としてこの出版のために働いてくれた。バークレイ校その他のサンフランシスコ周辺の大学における多くの同僚のなかで、私が助言を求め、その仕事に注目している人たちとして、ミヌー・モーレム、エリザベス・アベル、アイファ・オング、リディア・リュ、サイディヤ・ハートマン、マイケル・ルーシー、シャロン・マーカス、シュー・シュヴェイク、パラマ・ロイ、サウリン・ウォン、ローザ・リンダ・フレゴソ、イリト・ロゴフ、レイチェル・リー、パーニマ・マンケカー、アキル・グプタに感謝したい。ノーマ・アラルソンの目の覚めるような理論的提議や制度への洞察には、いつも触発される。キャロリン・ディンショーは、私の「現前主義」的な狭い見方を改めさせるために、きわめて忍耐強く巧みに教えてくれるだけでなく、学者としての生活を堂々と優雅に過ごす技術をも教えてくれる。

この仕事の途中で私は、いろいろな機関から寛大な支援を受けた。ニューヨーク州立大学ストーニーブルック校人文学センターのE・アン・カプランおよびスタッフの方々には、私がそこでポストドクトラル奨学生として滞在しているあいだに受けた援助に対して感謝したい。ジョージタウン大学からは若手教員のための研究休暇と夏期研究費を受け、この本の完成にとって決定的な援助となった。カリフォルニア大学バークレイ校研究助成委員会は私の研究をおおいに助けてくれたし、学部生および大学院生からなる研究助手を雇うための助成金にも助けられた。

財政的な支援にはるかに勝るたぐいの支援としては、私の家族に心からの感謝を捧げたい。両親ドリスおよびアーサー・カプランは、学究生活といえども節操とユーモアと愛に無縁ではないことを教えてくれた。両親が教師、読者、著者として示してくれた模範は、何ものにも代えがたい。終始変わらず私を励ましてくれたミルドレッド・スムーディンには深謝。兄ミッチェルと義姉ロバータ・スムーディン、義兄スティーヴ・マーヴィンからの支援を私はありがたく思っている。従弟のヘンリー・フラックスは、夜更けまで研究にいそしむとはどういうことかを知っており、やがて彼も私に続いて博士号を取得する予定であることを私は誇りに思う。ダニー・フラックスは、私が世間離れしないようにいつも笑わせてくれる。私の知る唯一人の祖母ファニー・ブラウン・フラックスは独学者であり、興味深い本がたくさん詰まっている彼女の部屋は、子供の頃の私にとって真の安息所だった。学校に行けず、また卒業までできなかった人々、あれほど勉学に打ち込んで、私に著作生活に向かわせてくれた人々みんなに対して、深く心からの感謝を捧げる。

とても楽しくおつきあいいただいた方々としては、アルフレッド・ジェセル、キリン・ジェセル、ソナル・ジェセル、マーゲット・ロング、アン・マーティン、コカ・エッケル、カーロ・ヘンシェル、シグ・ルース、ルース・ローデに感謝する。私の原稿を読んで論評してくれたり、元気づけてくれたり、コンピュータから引き離して遊びに連れ出してくれたりした同僚や友人たちには、レイラ・エズディンリ、ボブ・スタム、マーク・アンダソン、リサ・カートライト、ブライアン・ゴールドファーブ、ヘザー・ヘンダーショット、エリザベス・ヤング、タニ・バロウ、リチャード・デコルドヴァ、ドニーズ・アルバネーゼ、キャシー・デイヴィドソン、エルスペス・プロビン、ブルース・ロビンズ、アブドゥル・ジャンモハメド、シドニー・スミス、ジュリア・ワトソン、リン・サックス、マライア・ルゴネス、R・ラダークリシュナン、スネージャ・グニュー、オーロラ・ウォルフガング、カマラ・ヴィスウェスワランがいる。スティーヴン・スタインは、自分では気づいていないだろうが、文章の書き方を見出すためのヒントを与えてくれて、この本のためにどれほどの貢献をしてくれたことか。エミリー・ヤングには、当時彼女も知り合ったばかりの同僚ケン・ウィソカーと話をしてみるように勧めてくれたことに対してお礼を言いたい。ケンは著作家にとって理想の編集者で、こちらが言おうとしていることを理解し、欠陥だらけの原稿を受け取ってもちゃんと印刷されたものへ仕上げてくれる。この出版計画の重要な段階ですばらしい示唆を与えてくれた二人の匿名の査読者にも感謝している。ジーン・ブレイディ、ジュディス・フーヴァー、マーク・ブロドスキー、リチャード・モリソン、その他、この原稿が本になるためにご尽力くださったデューク大学出版局のみなさんにも感謝。ジャスビア・ピュアーには索引づくりを手伝っていただいたことに感謝。

旅の問題についてフェミニスト理論家として研究すれば、インダパル・グレワルとエラ・ショハットのもたらした貢献を知らずに過ごすことはありえない。いかなる偶然によるものか、私は彼女たちと対話を交わしながら研究を進めるという幸運に恵まれた。エラ・ショハットは、私ができれば触れずにおきたいと思ってあとまわしにしているようなものの見方を検討するように迫ってくる。彼女は、著作で取り上げる政治問題に実生活においても関わっており、私の偏狭さを見直させるために限りない忍耐力を発揮して、他人の落ち度にも玄人らしい寛大さで応じてくれる。学問の府に希望を抱き続けようとするには、ときには苦しい葛藤を迫られることになるが、エラの研究活動やホッとさせるその姿に接することで、私はどうにかがんばっていける。

理想的な知的協力者を見出すのはめったにないことだが、私はインダパル・グレワルを見出した。単著を書くよりもインダパルとの共著を書くほうが、私には断然愉快だ。この本は、彼女が入念に骨身惜しまず読んでくれたおかげで、数多くの誤りやまずい言い回しを免れ、それもほんの短い注意を与えてくれただけで救われたことが多かった。しかし、これはやはり私の本であって、彼女の著作の輝きや視野の広さには及ぶべくもない。幾度となく会話の相手をしてくれて深遠な教えを与えてくれたことや、友情にあふれた行いひとつひとつによって、試練の時期に私がまともでいられるように支えてくれたことに対する感謝は、言い尽くせない。

この本は、私の配偶者にしてあらゆる方面における協力者エリック・スムーディンに捧げる。よく耳にするような内助の功に感謝を述べるのはやや陳腐だけれども、あのような粉骨砕身について一言も触れずにどうしてすまされようか。深夜、うまく作動しないプリンターや面倒なソフトウェアをいじくり、疲れた書き手が食べられるようなあたたかくて滋養のある食べ物をあつらえたり、最後の瞬間まで校正に精を出したりしてくれるのは、エリックの他にはいない。ときどき仕事をやめてくつろぐように勧めてくれたことにもお礼を言いたい。しかし、この本とその後に続く研究にとってもっとも重要なこととして、批評実践に対する私の考え方を根底から変えてくれたことに対して、私はエリックに感謝したい。私は大学院を終えた当時、植民地にかかわる言説に関心を抱いていたにもかかわらず、文化の生産や受容について歴史的な具体性にわたるほどの知識を大してもち合わせない、高尚な理論家だった。エリックと研究について語り合い、その著作を綿密に読むうちに、人文科学においては、物質的文化やその生産条件についての研究に対する抵抗がきわめて大きいということがわかり、私は、文化史における彼の厳密で学際的な研究の仕方に納得させられた。そのおかげで私の授業の仕方も変わり、次の著書の構想も変わった。望むらくは、私たちのあいだで交わされたこの熱烈な討論の痕跡が、この本に少しでもあらわれていることである。

旅をめぐる疑問——序説

大陸、都市、国、社会——
選択は幅がきわめて限られているし、けっして思い通りにで
　きるものではない。
だからこちらに、あるいはあちらに〔……〕いや、いや。私
　たちはほんとうはとどまるほうがよかったのか、
どこであろうと、ともかく家に？
——エリザベス・ビショップ☆1

☆1 Bishop, "Questions of Travel," in *The Complete Poems: 1927-1979*, 94.

家にとどまろうと離れようと、「選択は幅がきわめて限られているし、けっして思い通りにできるものではない」。この本で私が問題にするのは、当然と受け取られていることの多いいくつかのカテゴリーである。つまり、本拠（home）と外地（away）、定位（placement）と移動（displacement）、定住（dwelling）と旅（travel）、居場所（location）と居場所喪失（dislocation）などという言葉が、現代のヨーロッパや合衆国における文学批評や文化批評で、いかにして、またいつごろから、ある役割を演じるようになったのか、問い返してみようというのである。一群の批評作品のなかで旅や移動の比喩が目立っていることからわかるように、現代は、距離をおいたり疎遠になったりする経験にとりつかれ、それに関連する言葉が主体性の表現や詩学に繰り返しあらわれる。だが、移動は、多くの主体にとっていつでも飛び込んで

いけるものでも望ましいものでもなく、誰もが均等に経験しているわけでもない。

近代帝国主義という歴史的現象は、ヨーロッパや合衆国の産業社会化を背景にして展開され、経済的、文化的に併合されたさまざまな地域は、「第三世界」に仕立てられたものの、やがて植民地独立運動に乗りだし、いわゆる第一世界は、脱産業社会化を図りながら変化や不安定化をもたらしている。これらすべての経緯が、旅にとってそれぞれ独自の多様な問題を提起している。この本における私の主張は、欧米の批評実践のなかに移動に関連した言葉が見られても、これらの物質的な諸条件にはめったに言及しないという点にある。近代帝国主義が、地球上のあらゆる地域の文化のあらゆる様相を規定しているわけではないとしても、現代批評において旅や移動（また、その対立概念としての本拠や居場所）という言葉が目立ってきたことは、植民地にかかわる言説が生み出されてきた歴史と結びつけて理解されなければならない、そう私は主張したいのである。☆2

欧米の批評実践における植民地の言説をあとづけるひとつのやりかたは、地理上の位置の区別だけでなく、歴史上の時代の区別をももちこむことである。私にとって特に関心があるのは、文化や芸術の運動に関連して「モダン」と「ポストモダン」に区別して呼ばれるようになった諸契機である。これら両者のあいだの見かけ上の「差異」を脱構築することによって、現代の美学上、批評上の実践に関する歴史の神秘を解き明かすことになるからである。こうすることにより、モダンとポストモダンは、対立的な様式ないし詩学とみなしうると同時に、文化的な表象の諸問題に対する、連続しつつも識別可能な二つの反応とみなすこともできる。旅や

☆2　本書は、すべての文化が植民地言説の観点から読解できるなどと主張するものではない。だが、カルチュラル・スタディーズや現代の理論を帝国主義の歴史に結びつけようという学際的な研究の一翼を担おうとするものではある。「植民地言説」や「ポストコロニアル批評」に従事している一部の研究者は、支配と抵抗のきわめて多様で複雑な経験を覆い隠すような、あまりにも一般的で全体化する議論を展開しているのではないかという懸念が私にはある。非歴史的なポストコロニアル批評に対する批判が主に攻撃するのは、合衆国とヨーロッパの批評家に見られる、マイケル・スプリンカーの言い方にしたがえば「帝国主義の歴史の複雑な物質的規定作用を無視する」傾向である。つまり、この形をとった資本主義膨脹とのあらゆる相互作用を、同一の図式へ還元

移動の比喩は、これらの表象、とりわけ「理論」の言語表現において、強力な効果をもたらしていることを私は論証したいのである。この企図のもとでは、したがって、旅とは、近現代における個人の移動のことよりもむしろ、特定の観念や実践を産み出す、批評において構築されたカテゴリーのことを指している。

この研究は、新しい時代における移動をあつかうポストモダンの言説が産み出されていることに注目しつつ、「旅」、「移動」、「居場所」などの言葉のあいだにも、「亡命」、「ツーリスト」、「ノマド」などの特定された実践やアイデンティティのあいだにも、連続性と不連続性があることを特筆する。移動はどれもみな同じというわけではない。にもかかわらず、西洋の民族誌学者、国外生活を送るモダニスト詩人、大衆向け紀行作家、ツーリストはこぞって、移動を神話的な物語に仕立てる企てに荷担しながら、自分たちのさまざまな職業や特権や資力や偏狭さをもたらす文化的、政治的、経済的基盤に疑問を投げかけることもしない。移民や難民、亡命者、遊牧民、ホームレスなども、比喩や文彩《トロープ》や象徴として、これらの言説のなかや周りでうごめいているのだが、批評の言説の生産者という、歴史的に認められた存在そのものとして登場することはめったにない。移動に関する欧米の言説は、差異を呑み込み、非歴史的な混合物を作り出すことになりがちである。その結果、社会の一翼をなす大勢の人々の経験が個人的な経験としてあらわされることになり、その個人の強烈な隔絶の実感が他者とのつながりに影を落とすことになる。[☆3]

移動の私的個人的な経験は感動的な証言になっている。それを拒否したり一蹴したりせず

する傾向である。「植民地言説」学派に対するこのような攻撃は、ともすればポスト構造主義に矛先を向け、マルクス主義の終焉を嘆く。私は、特に、大学のなかで「ポストコロニアル文学」が受け入れられるにつれて、物質的な差異が見失われるようになるという見方に、満腔の賛意を表するけれども、「植民地言説」が語られる多くの場合に兆しと見えてくる、ポスト構造主義、カルチュラル・スタディーズ、フェミニズム理論、エスニック・スタディーズ、地域研究などのあいだの連携関係を、まとめて一蹴してしまうような見方に対しては、警戒を呼びかけたい。非歴史的「文化主義」と偏狭な考え方に立つ「唯物論」とのあいだでどちらをとるべきかと悩むよりも、この両方の枠組みの範囲を押し広げて、現代の複雑な状態を分析するのに最も有効な方法は何か、

に、移動に関する欧米の言説によく見られる非歴史的な普遍化や社会関係の神秘化に陥らないようにするには、いかにすればよいだろうか。現代批評に頻出する移動に関連した言葉や比喩の分析を突破口にして、「理論」や批評実践の生産や受容の歴史を書き起こすことが可能である。言葉を選び出し、その言葉が多用されるようになった背景のみならずその用法史をも研究することによって、知の生産に関する研究の入り口が見えてくる。この本の表題には、「旅」および「移動」両方の言葉を意図的に含めてある。両者の修辞上の関係について問題提起するためだ。旅というのはおおいにモダンな概念であり、西欧の資本主義が拡張しつつあった時代の商業活動と余暇活動の両方を意味している。それに対して移動というのは、モダニティがもたらした、もっと大勢の人間を巻き込んだ移住を思わせる。[☆4] この二つの言葉は対立語とはみなせないけれども、それらが指示している状況や意味の場は同じであると見ることもできない。この二つの言葉をポストモダン的に読めば、両者の区分だけでなくつながりもわかり、批評実践における比喩として登場してきたこれらの語を、歴史的に理解する道も開かれるかもしれない。だが、このように微妙で文脈に厳密な読み方をしなければならないわけはどこにあるのか。

ジェイムズ・クリフォードが論じているように、「旅」という言葉は効用が広い。彼が指摘しているとおり、「移動」は、一部の批評家にはより中立的な言葉と見えているようで、歴史的な経験をあまりにも安易に均質化することがある。[☆5] クリフォードが「旅」に対しておこなった厳密な分析に私は深く影響されているけれども、本書で私は、旅から移動へ論を進めようと

ということを理解しようとするほうがよいのではないか。「植民地言説」や「ポストコロニアル」研究という形での、「文化主義的」全体化に対する近年の批判としては、以下を参照せよ。Sprinker, introduction to *Late Imperial Culture*; Ahmad, "Postcolonialism: What's in a Name?"; Dirlik, "The Postcolonial Aura."

☆3　欧米の批評文化のなかでV・S・ナイポールが「ホームレスの亡命者」に仕立て上げられていることに対する痛烈な批判については、以下を参照のこと。Nixon, "London Calling."

☆4　Stafford, *Voyage into Substance* を参照せよ。

☆5　Clifford, "Traveling Cultures," 110. クリフォードの著作については、第三章でもっとくわしく論じる。

努める。とはいってもそれは、旅が単にモダニズムを意味し、移動がひたすらポストモダニズムをあらわすというような、二項対立的なカテゴリーの弁証法的綜合をめざすものではなく、種々のモダニズムによる構築や増殖をポストモダン的な批評の立場から問い直すためのひとつのやりかたである。クリフォードは、旅の「歴史にまみれているありよう」につきあって研究することが有益であると示唆しているけれども、私が提起するのは、それと類縁関係にある研究であり、同様の問題を、幾分異なった主体的立場から、それゆえに特有の体裁のもとに探求しようとするものである。したがって本書は、近代以降の移動という歴史的構築物に多岐にわたって触手を伸ばす。その例をいくつかあげるならば、余暇を楽しむ旅、探検、国外脱出、亡命、ホームレス状態、移民などに及ぶ。

だから、私が旅と移動の両方の用語を用いるのは、それらを同義語として扱うのではなく、異なる批評概念をあらわす記号、ないし歴史的変化によって分けられる段階としてなのであるる。批評実践におけるモダンとポストモダンのあいだの連続性と不連続性を検討するというねらいから、この二つの用語を対立させてみるよりも、むしろ併置してみる。しかしながら、物質的なあらわれ方においても、文献上のあらわれ方においても、移動にもさまざまあるということを強調したからといって、私は、旅と移動のいずれかが中立的ないしユートピア的である——どちらか一方がよりよく望ましい方法を指し示してくれている——などと言いたいわけではない。私は「移動」という用語を、旅にまつわる感覚を逆なでする読解のために使いたいのだ。すなわち、現代批評における移住や居場所やホームレス状態の表象にまつわるモダニズムを問題にしたいのだ。だからといって、移動の価値を過度に高めるつもりはない。この本のめざすところは、こういうことをめぐって交わされてきた言説をもっと具体的な状況のなかに据えて、そういう言説が歴史と場所を抹消することによっておこなってきた神秘化を打破することである。

旅に関連した用語や文彩について、私はひとつの決定的な問いを提起する。それは、強制されたものにせよ、自発的なものにせよ、移住の経験が近代以降、多様なかたちで広範に見られるようになったとすれば、移動を表象するために使われる比喩や象徴が、個人の、しばしばエリートの、境遇を指示しているのはなぜなのか、という問いである。文学批評で著者や批評家のモデルとされるのは、孤独な亡命者である。自発的に国外脱出したのか、不本意ながら移動を強いられたのか、いずれにしても変わりはない。テリー・イーグルトンが『異境生活者と亡命者』で論じているように、英国近代文学の古典は、ジョイスやコンラッドのような外国人や亡命者によって「支配」されてきた。[☆6] 現代文学における多言語主義という現象についてのジョージ・スタイナーによる研究『脱領域の知性』も、旅や移動の比喩を用いている。とりわけ、ナボコフ、ベケット、ボルヘスなどのような作家の「家なき状態」に関連して用いている。欧米の高級モダニズムの評価を受ける作家で、移民や難民として論じられる者はほとんどいない。彼らの居場所喪失は、集団的なものとしてよりも独りぼっちの行為としてあらわされ、歴史的な環境の結果としてではなく、純粋に心理的ないし美学的な状況としてとらえられている。

☆6 Eagleton, *Exiles and Émigrés*, 9.

このような表象にしみこんでいる神秘化された普遍主義に対抗するには、場所を特定したり位置を見定めたりする戦略や、主体を単数から複数へ拡張することで足りるであろうか。移民やその他の形態の大規模な移動を表象することに、いかなる限界や可能性があるのだろうか[☆7]。現代批評において移民は、亡命にもとづく文彩に匹敵するほど頻繁に、また意味深いやりかたで、あらわれていないのは確かだけれども、この二項対立を倒置することで移民という言葉の価値を高めようとするだけでは、今世紀における大移動の複雑さを完全に説明することはできない。たとえば、帝国主義的膨張や占領、世界大戦、その他の軍事行動に際して大軍が配備される結果、大勢の労働者階級や中産階級の男性（および若干の女性）が、故郷から外地へ移動させられた。二〇世紀はまた、飢饉やジェノサイドや強制収容所を免れようとして故郷から逃げ出した難民を、かつてなく大量に産み出した。いわゆるゲスト・ワーカー、不法滞在外国人、あるいは、他国で居留許可や帰化の法的な手続きもできぬままに、数ヶ月から全生涯にわたってどこかで過ごすいかなる労働者についても、これを移民と呼ぶのは正確ではない。貧しい人々は、みずからの選択に従おうと環境に強いられようと、この地球上を大量に動き回り、仕事を求めている。余暇や特権を連想させる観光旅行は世界最大の成長産業であろうとも、この世界で移動する人々の多数は、働くために、あるいは生命を脅かす事件に見舞われても生き延びるために、動いているのである。モダニズムの亡命につきまとう独善を逆なでする読解のために移民をもちだすことで、特定の美学や批評がでっち上げた見方からその神秘性を剝ぎ取る手がかりは与えられるにしても、移民を移動の象徴として普遍化するわけにはいかないはず

☆7　雑誌『ディアスポラ』は、失郷した主体同士の区別や絆を考察するための論壇を開設してくれた。以下を参照せよ。Rouse, "Mexican Migration"; Lowe, "Heterogeneity, Hybridity, Multiplicity"; Castles, "Italians in Australia"; Schnapper, "A Host Country of Immigrants." また、つぎの二号にわたる特集を参照せよ。"Post/Colonial Conditions: Exiles, Migrations, and Nomadisms," *Yale French Studies* 82 and 83 (1993). 移動のモダンやポストモダンのさまざまな変種の区別については、だんだん議論が盛んになってきたけれども、均質化や神秘化は、現代批評においてまだ依然として衰えてはいない。

だ。

移民の物質的な歴史をこのように考えてみるのは、旅についてのモダニズム的神話を揺さぶるやりかたのひとつにすぎない。観光旅行を批判的に検討してみるのも、近現代における移動をめぐる論議を明らかにしうる。たとえば、ディーン・マッキャネルは『ツーリスト』において、近代以降の移動を、大衆余暇や国際観光旅行、遊覧の発展に結びつけている。マッキャネルの研究は、いわば社会学を倒立させたものであり、主体を客体として提起している。すなわち、ツーリストという人畜無害で多少滑稽でさえある人物像が、近現代の社会構造を解く鍵になるのである。しかしながら、私はこの本の第一章で、ツーリストを「普遍的な経験」として見ようとするマッキャネルの試みと、その企図に潜む構造主義的な性格とに対して、反論を加える。にもかかわらず『ツーリスト』は、旅をする単独のエリート的な人物像に魅惑されている高級文化へ問いを投げかけており、移動にかかわる言説の研究にとって重要な書物であることに変わりはない。

言うまでもなく旅は、文化表象の複雑なシステムを産出する。エドワード・サイードは、だいぶ前に『世界・テクスト・批評家』で「旅する理論」について問題提起したけれども、流通すると言えるのは理論だけでなく、批評の用語や文彩や主体もそうである。[☆8] 現代の越境的文化のなかで批評がいかに産み出されるかという問題は、全面的に論じるには大きすぎると言えるだろうから、話を絞って、欧米のポスト構造主義やフェミニズム理論に影響された一部の批評のなかで、さまざまな体裁をとった移動が主要な文彩として目立つようになる特殊な実態につ

☆8　Said, "Traveling Theory," in *The World, the Text, and the Critic*, 31-53を参照せよ。サイードが提起した議論を敷衍したものとしては、Clifford and Dhareshwar, "Traveling Theories, Traveling Theorists"を参照せよ。

いて、私は論じることにする。コロニアルとかポストコロニアルとかの概念は、物質的な具体性に根ざして用いられなければならないのと同様に、ポスト構造主義もやはり、一枚岩的なまとまりのある理論として一般化するわけにはいかず、途方もなく複雑でさまざまな変種からなるものとして研究しなければならない。「フェミニズム」は、単一の理論として認められるかどうかの危機に直面するにいたっており、その実践においてやはり多様なものとして見なければならない。これらの研究がおかれている状態に私が無関心でいられないのは、私自身が、大学の内外におけるフェミニズムの運動のみならず、欧米ポスト構造主義批評の文化にも参加している知識人としての立場にあることからきている。だから私は、これらの理論や、アイデンティティ・ポリティクス（identity politics――立場の同一性に根ざした政治運動および理論）が、「旅」しながら展開するローカルならびにグローバルな実践に対して、正しい批判を組み立てる根本的な必要に迫られているのである。

この本がこのような形にまとまるまでには、文化や政治の権威を揺るがしたポスト構造主義やポストモダンの運動と、私が関与している社会運動の特徴であるアイデンティティ・ポリティクスとの連関を問いただし、そのための方法を探し求める長い過程を経なければならなかった。その途中で、フェミニズムのなかのポスト構造主義と連帯しつつ形成された植民地言説の研究によって、私の研究方法は、それ以前に受けた二つの強力な影響力から遠のいた。その二つとは、フランクフルト学派の社会理論と、精神分析の方法論である。欧米帝国主義の歴史と、ジェンダー化、人種化された近代以降の主体の構築とのつながりを研究しているうちに、私の論述方法は明確になって、第二次世界大戦後／植民地独立運動活性期に書かれた旅行記についての博士論文に結実した。その当時は移動の「詩学」について書いていたが、文学テクストの精読に飽き足りなくなり、以前の専門分野――政治、経済、社会理論――に戻って、欧米現代批評の生産と受容における表象の問題に研究の焦点を絞るようになった。この本の特徴をなしているさまざまな方法論や研究方法のごたまぜの枠組みになっているのは、学際的な文化研究である。これは、文学批評でも社会学それ自体でもない。ここで提起する数々の問いは、さまざまな学問が、批評実践という「想像上の」テクスト空間を創造するために知を産出するそのやりかたを、明るみに引き出そうとするものである。

『旅をめぐる疑問』という本書の原題は、エリザベス・ビショップの同名の詩から借用したものである。私ははじめてこの詩に出会ったときに、ビショップが西欧の明白なる宿命を問題にしていることに心を動かされた。欧米の伝統のなかで、少なくとも四世紀にわたる旅行記録は、帝国主義のさまざまな局面がもたらした文学様式をあとづけている。「想像力の欠如」のために「想像上の場所」が占領されてしまったのかというビショップの逆説的な問いは、西欧の旅行文学のなかで提起されたことはめったにない。しかし、あれから十年経った今日、私はこの詩を読んでも、かつてほど好意をもてない。「私たちはほんとうはとどまるほうがよかったのか」などという問いを突きつけられても、その「私たち」が特殊な役割を担う歴史の執行人（agent）であるとすれば、もはや無駄ではあっても、断固として「そうだ」と答えてやることもできる。植民地主義の余波を受けつつ、さまざまな新植民地主義や全体主義が登場してきたまっただなかで、故郷の観念を揺るがす（「どこであろうと」）だけではもはや、責任という歴史的な問いに答えることができない。ビショップの主体（この詩のなかの「私たち」）は、近代以降の断片化した世界のなかで移動を超越的にあらわす人物像であると、口達者に想定してみせることはできるにしても、普遍的なものではない。このような人物像の神秘化を問いただし、批評や文学作品のなかで使われる「家にとどまる」とか「離れる」とかの言葉を歴史のなかに投げ返してみること、それがこの本の課題のひとつである。

私たちの多くにとって、ふつうの意味で本拠にとどまる可能性はない——すなわち、世界は、そういう家庭や祖国や特別な意味を帯びた空間がもはや存在しない段階まで変わってしまったのである。だから私は、ビショップのモダニストらしい問いへの返答として、「定着する」とか、私の居場所を固定するとか、自国の国境を越えないと約束するとか、そんなことを言い出すわけにはいかない。近代の帝国主義的拡張のあとには、安住できる始源的な空間があるとは限らない。だが、にもかかわらずさまざまなアイデンティティが私たちにまとわりつき、私たちを作り出しさえする。私たちの多くは、複数の場に定位している。だから、こういう故郷に二度と再び帰る日などこないと決め込むよりも、ビショップのテクストで謳われる根のない旅人を讃えるよりも、私がむしろ言いたいのは、ポストモダンの時代におけるアイデンティティの断片や多数性は、見定めることができるし、歴史的な状況に置き直してみることができるということである。イアン・チェンバースが論じているとおり、移動を歴史のなかに投げ返してみることによって、私たちは、神話的で形而上学的な場としての「故郷に帰還する」という、郷愁にみちた夢から脱却することができるようになる。そして、「神話であると自覚しながらも、頼りにし、いとおしみ、夢見続けるような神話」を、「他の物語、記憶の他の断片、時間の痕跡」と併せて説明してくれるような、「どこにいてもそこが故郷である」と言える生き方を理論化する領域のなかに入っていける。☆9

ポストモダンの疑問符

地図を見せてくれる約束だったのにこれは壁画じゃないのと
　あなたは言う
それならいいわそういうことにしておきましょう　そんなこ
　とは些細な区別
どこから見るかというのが問題なのよ
　　　　　　　　　　——アドリエンヌ・リッチ☆10

ヨーロッパや合衆国の文化において「ポストモダニズム」批評と呼ばれるようになったものが出現してから、居場所について問われることが多くなった。すなわち、芸術家や著者がいかなる立場ないし視点に立っているのか、とか、それらの視座が単一のものではないとわかった場合にはどうなるのか、とか。さまざまな権威が公認されたものとは言えなくなるにつれて、時空をめぐる疑問が、マスター・ナラティヴや比喩を不安定にする動向と並んでひしめき合っている。これは「地図」なのか、「壁画」なのか。アドリエンヌ・リッチの詩は、ジャンルに関するこういう特質を「些細な区別」と呼び、能動的な観察者の視点こそが、いまや重要なもの

☆9　Chambers, *Border Dialogues*, 104.
☆10　Rich, “An Atlas of the Difficult World,” 6.

なのだと主張している。しかし、ポストモダニズムは、一方で新たな執行人や言説を産み出しているとすれば、他方でまた、時間的に先行してその生みの親となっているモダニズムに曖昧な執着を示し続けてもいる。本書において私は、欧米のさまざまなモダニズムやポストモダニズムが、それぞれの独自性を有して互いに不連続な関係にあると同時に、相互に関連しあって連続性を有してもいると論じるつもりである。理論や批評を、少なくとも部分的には帝国主義の諸側面の産物として読み解くならば、ナショナリズムの強化と西欧の経済的膨張を特徴とする時代にあれほど密接に結びついていたモダニズムの実験は、ポストモダンの表現において解消されたり、取って代わられたりしたというよりも、むしろ変容され、再構成されているということを明らかにしうる。種々の旅や移動を、モダンないしポストモダンなものとして解釈するのは、したがって、単に様式を区別してみせるだけにとどまらず、美学を政治経済における物質的な実践と関連させてみせることなのである。

現代という時代の特徴は、市場の細分化、順応性豊かな資本蓄積、および社会、経済、政治の中央集権的組織形態の排除が強まる傾向である。資本のトランスナショナリズムは、近代以降の伝統となっていた国境や文化を脱構築し、新たな国境や文化を再構築して、さまざまな形態の国民国家を風化させると同時に強化している。たえず生じている領土紛争の最中に永続的な難民が作り出され、安定した観念だった民族的・文化的アイデンティティは、流動化の度合いを深めている。これは、スチュアート・ホールが指摘しているように、危険な兆候である。[☆11] ホールが注目しているのは、あらためてどぎつくなってきた人種主義を土台にして構築された

☆11 Hall, "The Local and the Global."

民族的アイデンティティであるが、あらゆる種類の宗教的原理主義の勃興、世界中で女性に対する暴力が存続、増大している実態、貧しい人々にとって経済状態が悪化している事実などにも、前記の社会的動向の影響を看て取ることができよう。このような背景を視野に入れれば、アイデンティティに関する理論は、精神分析や美学のカテゴリーや説明方法だけに頼っているわけにはいかなくなるはずである。

民族が占める空間的位置とアイデンティティとのあいだに確立されていた連関がゆるみだし、場合によってはすっかり断ち切られるようになると、近現代に生きる主体にアイデンティティを振り分ける仕方は不均等になり、差異化を強めていって、矛盾に満ちたものになってくる。しかしながら、こう言ったからといって、異種混淆性に満ちた世界文化における雑種性を讃えようというものではない。にべもない言い方をすれば、パスポートもなんらかの身分証明書も持たずに暮らしていける人は、ほとんどいないのである。制度や文化や、とりわけ政府にかかわる次元での活動はどれも、生産や消費からなる経済活動にさまざまなかたちで参加することと不即不離でおこなわれ、そのために形成されるアイデンティティは無数にありうるが、そのどれもが暮らしの助けになるわけではない。そういうありうるアイデンティティは、いつも「強制」や「拘束」に等しいわけではないとしても、「選択」や「自由」と同じものではない。アイデンティティとは、われわれが生きているこの時代の限界と可能性を明確に物語る証拠のことである。

モダニズムの言説における歴史の地位を検討してみるのは、文化というものがどのようにして創造されたり、作り出されたり、その境界を定められたりするのかという問いに向かうための最適な回路である。欧米のモダニズムは、人文学における伝統的な権威に反逆する前衛の運動を讃え構築してきたとしても、モダニズム文化の門番たちは、このような運動の見方を美学の領域に限定し封じ込めてきた。世界とテクストをつなげようとすれば、とにかくまず政治と美学との対立を脱構築しなければならない。二項対立的な構造はいずれも、それ以外の項を隠蔽したり抑圧したりするものだから、本書における旅をめぐる疑問は、移動に関するたくさんの比喩や文彩を取り上げることによって、文化の生産をあらわすもっと複雑で正確な地図を描けるようにしてくれる可能性を示すものである。

ポストモダニズムとは、ロバート・ヤングが論じているように、歴史的相対性に対する自意識を特徴としているだけでなく、「非西欧文化との関係における西欧文化の位置をめぐる問題力学」によっても目立つものだとすれば、[☆12] 近代帝国主義に関連する「歴史的契機」こそ最良の検討材料となる。とりわけ、モダニズムの媒介作用を通じて経済的領域と文化的領域とが相互に干渉しあう過程に、もっと注目する必要がある。「植民地主義最盛期」は「高級モダニズム」の時代とかなりきれいに重なる（一八八四—八五年のベルリン会議は、アフリカ大陸をうまく分割して、それぞれの部分をヨーロッパの特定諸国による経済「開発」にゆだねたのだが、他方、モダニズム研究において出発点となるのは、多くの場合一八九〇年である）。だが、欧米モダニズムは非歴史的、あるいは反歴史的ですらあるために、そういう「歴史的事件」のあいだにつながりがあるかもしれないなどという分析は、たいてい禁じられてきた。そうではあっ

☆12 Young, *White Mythologies*, 19.

ても、西欧帝国主義の勃興と西欧モダニズムの発展のあいだに一目瞭然の歴史的平行関係があるからといって、フレドリック・ジェイムソンが警告したように、帝国主義が純粋に内容となっているなどと還元論的な読み込み方をするべきではない。帝国主義の構造がモダニズムの「内的形式と構造にそのしるし」を刻みつけているとしても、ジェイムソンが主張するとおり、批評がなすべきことは、モダニズムの表象上の戦略に帝国主義が反映していると決定論的に論じるのではなく、形式と内容、文学と文化、芸術と政治のあいだの関係を問うことである。☆13

現在という有利な視座に立ってみれば、批評と歴史との相互関係を地図に描いてみせることの重要性は、ポストモダニズムということになっているこの時代において、モダニズムのテクノロジーと戦略が通用している現実のために、ますます増していることがわかる。表象表現の手法においてモダニズムとポストモダニズムとが相互に依存しあっていることを見れば、帝国主義的な社会関係の影響を明晰に分析して、文化の生産が新植民地主義との共犯関係においてなされる事態を阻止できるようにしなければならない。現代は「ポスト」コロニアルの時代なのか、「ネオ」コロニアルの時代なのかという問いは、さまざまな場におけるモダニズムやポストモダニズムの文化的遺産を批判的に読み解くことによってしか答えられない。

モダンとポストモダンとの関係をめぐる私の考察は、インダパル・グレワルとの共同研究から大きな影響を受けている。私たちの共著『散在するヘゲモニー』の序論である程度までは書いたが、文学および文化の様式としてのポストモダンなるものと、モダニティの時間上、空間上の諸関係を媒介する政治的概念としてのポストモダニティとは、区別しなければならない。☆14

☆13 Jameson, "Modernism and Imperialism," 44.
☆14 Grewal and Kaplan, "Transnational Feminist Practices and Questions of Postmodernity"を参照せよ。

あの本で私たちは、フェミニズム批評のトランスナショナルな実践のためにポストモダニティが有する分析上の戦略的な価値を、せいいっぱい主張した。「西欧の高度な理論」と「非西欧」に目立つ反理論的な姿勢との区別にも疑問を投げかけ、植民地支配に反対する批判活動、西欧帝国主義への反対運動、そしてさまざまな場から社会政治的な運動を作り上げていこうとする闘争が、ポストモダニズムの形成に対しては、欧米哲学における再配置に劣らぬ影響力を発揮したと論じた。この意味において私たちは、ポストモダニズムを、欧米のさまざまな居場所に内在的な論議と見る西欧寄りの見方に挑戦したのである。いわばレンズの向きを変えて、特定の時期に、多元的な居場所との関係において、空間や時間や主体性にかかわる具体的な言説を産み出した一群の経済的文化的関係の束として、ポストモダニティを見ようとしたのだ。私たちの見方に呼応しているのは、現代理論についてのロバート・ヤングの議論である。とりわけ、植民地言説の分析は、主流の理論にとって末梢的なものではなくて、「それ自体として、西欧の知のカテゴリーや思いこみを問い返すための出発点をなしている」という彼の主張がそうである。[☆15]

ポストモダンに関する言説は近年、その姿勢においてだんだん政治性を強め、越境的になってきたとはいえ、一九八〇年代には、ポストモダニティについての批評は、大きく分けて二派の思想潮流にまとめることができた。そのうち第一の見方は、だいたいは文学や芸術の様式や時代区分についての関心によって支配され、ポストモダニズムとは、様式上あるいは歴史上モダニズムからの訣別にほかならないと主張した。この流派にとって関心の的は、たいてい、ヨ

☆15　Young, *White Mythologies*, 11.

ーロッパや合衆国の二〇世紀アヴァンギャルドの活動であり、美学上の格付けや区別を覆すことだった。ポストモダンについての論評のなかで第二の流れとなるのは、むしろポストモダニティに関心をもち、社会経済状態の変化のただなかにあるモダニティとの非連続性だけでなく連続性にも注目して、さまざまなモダニズムが歴史の推移のなかで蔓延してゆくさまを追いかけようとした。この流派が強調するのはむしろ、歴史の時代区分についての社会理論や、文化上、政治上の変化や、文化生産に関する各時代特有の理論などだった。

私は、ポストモダニズムに対する後者の見方のほうに共感するけれども、だからといって、政治的色彩が強いポストモダニズムをよしとする代わりに排除されるべき「美学的な」ポストモダニズムなるものがあるという、単純化した考え方に手を貸さないようにすることが大切だ。粗っぽい分類だけれども、「モダニティ」、「ポストモダン」という語を批評に用いる二つの思潮と呼べるものがあらわれたし、「モダニティ」、「ポストモダニティ」、「ポストモダニズム」などという語句の使い分けがいい加減になってきている。これら二つの事実が強烈に示しているのは、討論や意味をめぐる論争を注意深く叙述し脱構築する作業がますます必要になってきているということだ。クワメ・アンソニー・アピアーの言い方に従えば、「モダニティについてモダニストたちが語ることに異議を申し立てなければならない」[☆16]。それはなぜか、問うてみるのがいいだろう。

どんな色彩のポストモダンも、包括的説明方式としてのマスター・ナラティヴには不信のまなざしを向けて受け付けまいとし、かつてのヘゲモニーの一部をなしていた慣行や表象が崩壊

☆16 Appiah, "Is the Post- in Postmodernism," 343-344.

したという認識を共有している。同様に、さまざまな型のポストモダニズムはたいてい多様性、細分化、差異に強調をおくとともに、局所的、微小的、地方的な実践を重んじるものと見ることができる。だが、すでに見たとおり、記述や分析におけるポストモダン的表現や様式は、どれもまったく同じかたちでなされたり、同じ目的にかなったりするとは限らない。モダニティがさまざまな効果を生みだしてきたとすれば、ポストモダニズムの生産や受容も、それらの多様性に応じた構造をそなえているにちがいない。アピアーが的確に論じているとおり、ポストモダンの「文化においては、あらゆるポストモダニズムが、ときには共働し、ときには競合しながら活動している。今日の文化は〔……〕トランスナショナルなものなので、ポストモダンの文化はグローバルである——もっとも、だからといって、それが世界中のあらゆる人の共有する文化であるということには断じてならないのだけれども[☆17]」。

したがって、どんなポストモダニズムがどんなコンテクストにおいて流通しているのかということを特定もせずに、ポストモダニズムに無条件の体制批判的な性質があるなどと主張するのは、無益で不正確である。マスター・ナラティヴの権威を問うのが確かに革命的であるようなコンテクストもあるだろうが、それにそぐわない方面においては、新しい形態のヘゲモニーをうち立てるのに手を貸すだけとなる可能性もある。たとえば、ヨーロッパにおいて先行する世代からの影響という枷を投げ捨て反逆した前衛的な文学も、世界の他の地域において君臨している西欧文化のヘゲモニーに対しては、もともと挑戦する力をそなえた実践になるとは必ずしも言えないし、西欧の中産階級の女性や労働者階級の人々にとっても、ヘゲモニーをうち破

☆17　*Ibid.*, 342343.

るための武器になるとは限らないのである。他方で、西欧の文学界内部における純粋に美的な問題に限られた闘争も、きわめて限定された局所においてではあれ、権威が動揺したことのあらわれであり、それがポストモダン的な動乱と変革をもたらす.助になったと言うこともできよう。それゆえに私は、美的な趣味や活動の問題だけに目を奪われたくはないけれども、ポストモダニティを論じるにあたって美的なものと政治的なものとを極端に分けて考えることもしたくない。むしろ私の関心は、モダニティとポストモダニティとのあいだの区別や非連続性とともに、両者のつながりや連続性を探求することにある。

ベル・フックスもコーネル・ウェストも指摘しているとおり、ポストモダニズムは、モダニズムの美的実践からの差異化を通じてのみ築かれているとすれば（モダニズムの言説は、男女を問わず非西欧ないし非白人の芸術家や作家の文化的産物については、だいたいのところ黙して語らない）、じっさい歴史的に特殊な現象であるものについての一般化された排他的な理論が、またひとつあらわれただけにすぎないということになる。[☆18] とりわけアフリカ系アメリカ人の文化的生産と受容の歴史を語るなかでフックスとウェストが主張したのは、ジャズの革新者たちからブラック・パワー運動にいたるまで、モダニズムがアフリカ系アメリカ人の社会におけるもっとも主要な動因だったということである。したがって、今日のアフリカ系アメリカ人社会の内部では、さまざまなポストモダニズムが多様なかたちで否応なく息づいている。ミシエル・ウォレスは、似たような角度から論じながら、アフリカ系アメリカ人の画家や彫刻家というこれまであまり論じられることのなかった分野に注目して、欧米のポストモダニズムが

☆18 hooks, "Postmodern Blackness," in *Yearning*, 23-32; West, "Postmodernity and Afro-America."

「白百合のごときもの〔非白人を排除したもの〕」としてあらわれたと述べている。その結果、アフリカ系アメリカ人と欧米の白人芸術家や批評家とのあいだの共通性や関係が、系統的に否認されてきたというのである。[☆19]

批評家たちがポストモダンという語を、もっと歴史的に釈明できる意味で使い始めると、それまでとは異なった生気を帯びた用法があらわれるようになった。たとえばワーニーマ・ルビアノは、ポストモダニズム思想を全面的に支持するつもりはないけれども、この語を使うことによって「非白人を無視するモダニズムの盲点への批判を動員する」機会が得られると主張している。[☆20]ルビアノは、ポストモダンの具体的な批評活動を、次のように、歴史的偶然性を帯びた新興運動と見ている。「アフリカ系アメリカ人のポストモダニズムは、モダニズムの知的文化的へゲモニーが少なくとも疑問に付されている時代における歴史的契機であるばかりでなく、優勢な言説から排除されてきたものを引き込む／前景化するための、また、ある種の差異やそれらが歴史的に不在にとどめられてきた理由を考察するための、一般的な認識論上の立場でもあるとみなしうる。それは、ある種の差異が取り上げられても、知的政治的に安定したカテゴリーに具体化されないわけを理論的に究明してくれる。[☆21]」ルビアノはさらに、ポストモダニズムを戦略的に用いて具体的な議論や異論や批判を提起すれば、多様な帰属意識を抱く批評家たちにとって、ポストモダニズムが唯一の論述スタイルになってしまうという結果に陥らずにすむと主張している。

これに似た手法としては、理論の分野における欧米の支配を疑問視する批評家たちが、プラ

☆19 Wallace, "Modernism," 45-46.
☆20 Lubiano, "Shuckin' Off the African-American Native Other," 157.
☆21 *Ibid.*, 158.

グマティックで屈折に満ちたやりかたによって「ポストモダン」なるものに訴えてもいる。たとえばネリー・リチャードは、ラテン・アメリカの理論や文化を、ヘゲモニーをめざすとともにそれに反発するものでもあると位置づける議論を展開し、特定の型のポストモダニズムは「脱植民地化の進行を助長する」ことができるかどうかという疑問を提起している。[☆22] リチャードは、ポストモダンな理論を単純明快な文化帝国主義と解するのではなく、経済的文化的諸関係が再編されるにつれて権力のパラダイムを変えつつある世界システムのなかに、ラテン・アメリカを据えてみようとしている。「ラテン・アメリカは気づいてみたら、どこかよそで組み立てられた理論的な枠組みのなかのそのような位置に立たされていただけにすぎないとしても、その文化活動は、いまや『ポストモダニズム』という言葉で評価され認められるようになったモデルを、以前から形作っていたと評価される。ラテン・アメリカの空間は、その多様かつ雑種の過去から作りだされている。少なくとも表面上は、そういう経験の異種混淆性そのものから、モダニティやモダニズムの危機に特徴的な意味の風化に関連した、ほかならぬ細分化や散逸という特質が、その文化に支配的な要素として生まれている。[☆23]」リチャードの分析は、中心／周縁のパラダイムに頼っているために、依然としてかなり一枚岩的な「ラテン・アメリカ」を構築しているし、異なる文化や階級や民族的アイデンティティの内部に、また、それら相互間における多様性や複雑さはどうなるのかという疑問を引き起こさずにはすまない。しかし、ごく控えめに言っても、非西欧世界における理論の生産や受容が孕む力強い可能性を彼女が主張している点は、本書における私の議論にとってとりわけ刺激的である。ポストモダン批

☆22　Richard, "Post-modernism and Periphery," 10.
☆23　*Ibid.*

評の再解釈戦略に対して「創意ある対応」や「積極的な参加」をするべきだ、と彼女は力説している。それは、西欧の文化的ヘゲモニーがその経済的土台と同様に広く世界に染みわたっているとしても、その効果は、各地域特有の要因によって細分化され、矛盾を呈し、複雑で、きわめて多様化しているという、他の作家や批評家の主張と響き合っている。[☆24]

したがって、新たに登場してきたポストモダニズム理論の主張によれば、安定を突き崩し、増殖する文化的な要素や事象や実例が国際的に循環することによって、差異の政治が助長され、組み立てられてさえいる。新しく、かつて知られることもなかった物語が、世にあらわれるための「余地が作り出」されるからだ。アピアーはポストモダニズムを、モダニティによってもたらされた区別に関する再理論化活動とみなす。「モダニズムは、世界が経済活動の場に変えられたことを理性の勝利と見た」と彼は書いているが、それに対して「ポストモダニズムは、そのような見方を斥け、モダニティが創出した区別と同じような蔓延を、理論の領域において可能ならしめる」のである。[☆25]このような区別は、さまざまなレベルで有効であるが、多くの批評が取り組むのは、社会的なアイデンティティと、政治的／文化的運動に関する理論化である。差異をめぐるこのような言説は、モダンとポストモダンの無数の課題に関連して産出されていて、本質論的な主体とポスト構造主義的な主体との両方を同時に浮かび上がらせる。ポストモダニズムとは、すばらしき新世界における賞賛されるべき多文化的かつ雑種的な主体性が産出される、ユートピアのような状態を描き出すだけではない。ポストモダニティにおいて見出されるのは、生物学的決定論が、それに伴う人種差別思想や性差別思想やその他さまざま

☆24 たとえば、Yudice, Franco, and Flores, *On Edge* を参照せよ。
☆25 Appiah, "Is the Post- in Postmodernism," 346.

なおぞましいかたちをとった社会統制を伴いながら、邪悪にも復活を遂げるということである。そのような現象としては、「同性愛」の遺伝的基礎をあくまでも探究しようとする(「異性愛」の遺伝的基礎は等閑に付す)ような研究や、「民族浄化」運動の再登場がある。「民族浄化」運動は、合衆国や南アフリカの白人至上主義者や、ドイツやイタリアのネオ・ファシスト、あるいは、バルカン諸国における民族的「純粋性」を擁護する勢力などによっておこなわれている。生物医学的研究や、生殖のための科学技術や、トランスナショナルな通信網の発達によって、この世界と人体についてわれわれが有する表象は、強烈な再編成を受けている。同時に、「超大国」がその他の国々の社会、経済、政治に及ぼしていた覇権は幾分弱まり、アイデンティティや連帯について進歩的な考え方を主張する新しい社会運動が増殖してきた。

この結果ポストモダニティは、文化的政治的言説の枠を広げ、社会関係の調整や結びつき方のための新たな可能性を創出したとみなしうる。しかしながら、新たな形態の搾取や不平等発展もまた可能になった。アンドルー・ロスが言うように、表象で新たに獲得された成果も、抑圧の新しい構造も、「差異の政治(a politics of difference)」を浮上させた諸条件から相並んで生じた二面的効果とみなす必要がある」[☆26]。いわゆる差異の政治(表象への参入、「ポリティカル・コレクトネス」、アイデンティティ・ポリティクス、解放や社会変革に関する諸理論をめぐって、政治的な左右両派からの攻撃を受けている)は、均質的な、組織された社会運動や文化運動を構成しているわけではない。モダニティは差異化を大量生産し、アイデンティティ・ポリティクスを助長してきたが、差異の政治をこれに対置するだけでは効果的な反撃にはなり

☆26 Ross, introduction to *Universal Abandon?* xvi.

えない。

「差異」にあらためて歴史的考察を加えても、経済システムに対するわれわれの矛盾した関係を消すわけにも単純化するわけにもいかない。われわれは、この経済システムとともに、それを頼りに、それにもかかわらず生きているのである。このような歴史化は、実際上、感受性を鈍らせるような消費文化の多彩さをかいくぐり、われわれの欲望や要求をよりよく表現し、ジュディス・ウィリアムソンのいわゆる「差異という**構築物**」の矛盾した生産力を理解するための能力を強化する。ウィリアムソンは、西欧の広告における植民地主義的な言説や、ジェンダー化された欲望の構築に関する研究のなかで、脅威となる体制転覆的な葛藤を封じ込め管理するために、差異が演出され仕組まれていると分析している。「現代社会があげてめざしているのは、社会のなかの差異をできるだけたくさん展示しながら、その社会にとって異質なものをできるだけ排除するような方向である。ブルジョア・イデオロギー最高の手品とは、みずからの帽子のなかからみずからの対立物を取り出してみせることができることにある」[☆27]。

「差異」は、「類似」と同様に気をつけて扱わなければならない概念であるとすれば、「ローカル」というのも、同様の脱構築が必要な関連用語である。第四章で、「ローカル」なものが、ポストモダンの言説のなかで熱意をこめて無批判に強調されている事実について論じる。それはとりわけ、地理学とフェミニズム理論において著しい。このようなローカルなものを強調する論調は、どのようにしてあらわれたのか。構造主義もポスト構造主義も、哲学、人類学、言語学の分野で、構造や事象のローカルな意味の重要性を力説してきたからだとも言えるが、国

☆27 Williamson, "Woman is an Island," 100-101.

民国家と植民地との関係や通信技術における大きな変化のために、ローカル化された表現やアイデンティティの価値を認識できる可能性が生まれてきたのも事実である。

ジャン＝フランソワ・リオタールの名著『ポストモダンの条件』は、ポストモダンの主体を多元的な居場所の構築として構想するための枠組みを、哲学や欧米の先端理論のために打ち立てた。社会における自律的個人という観念論的な考え方を批判して、リオタールはつぎのように書いている。「一個の**自我**などは大したものではなく、いかなる自我も孤立したものではない。それぞれが、いまやますます複雑で流動的な諸関係の網の目のなかに存在しているのである。老若、男女、貧富を問わず、一人の人間はかならず、具体的なコミュニケーション回路のなかの『結節点』に位置している。その回路がいかに矮小なものであってもかまわない。あるいは、もっとわかりやすく言えば、さまざまな種類のメッセージが通り抜ける門口に位置している。たとえもっとも弱い者であろうとも、送信者、受信者、あるいは指示対象の門口を通過しながら、そこにその人の位置を定めるメッセージに、まったく関与することもできないほど無力な者は、一人もいない。」[☆28]

いまやポストモダンの時代におけるカテゴリーや主体を構築している多様多彩な特殊性についてリオタールが述べていることは、近年浮上してきた、差異の政治の進歩的な一翼として、さまざまなかたちで役立っている。しかしながら、マスター・ナラティヴを完全に破産した、あるいはまったく無力なものとして描き出すことにより、リオタールは、包括的すぎる一般論を構築している。そのために、社会福祉に頼る単身の親たちや、旅券や居留許可書などを必要

☆28 Lyotard, *The Post-modern Condition*, 15.

としている移民や、かつてのユーゴスラビアで現在進行している「民族浄化」の現象という、生活のなかで体験されている矛盾を説明できなくなっている。ポストモダンの哲学的な分析に対してあれほど多くの人々が怒るのは、まさにこのような、人間の苦しみに鈍感としか思えない無視の姿勢に対してである。人間は日々の生活において、人種差別思想や性差別思想、経済的覇権、その他あらゆる種類の権力不均衡をもたらすマスター・ナラティヴと思われるものとの格闘を続けているのである。いくつかの権威やマスター・ナラティヴが再編され不安定化したという証拠に満ちあふれている今日、啓蒙主義の観点から説明する方法の多くがいつまでも消えないのはなぜなのか。

ナンシー・フレイザーとリンダ・ニコルソンが指摘しているとおり、批判があくまでも「ローカルで、対症療法的で、改良主義的」な次元でなされるかぎり、システムにかかわる大規模な問題は扱われるはずがない[☆29]。フレイザーとニコルソンは、「ポストモダン・フェミニズム理論」の立場から、マスター・ナラティヴが完結していて、構造を巨視的に分析することはもはや不可能だとするリオタールの主張への反論を述べている。彼女たちは、過去二十年間の欧米フェミニズム理論の大部分に見られた本質論的実在論を回避する**と同時に**、リオタール流言語ゲームの完全に自由な戯れをも斥けて、「明示的に歴史的な」理論活動を提唱する。それは、「異なる社会や時代の文化的具体性と、それぞれの社会や時代の内部に存する異なる人間集団の文化的具体性に目配りをする」理論活動となるであろう[☆30]。このような「非普遍主義的」で「プラグマティック」な批評活動は、「ふさわしい場合には多彩なカテゴリーを利用しつつ、批

☆29 Fraser and Nicholson, "Social Criticism without Philosophy," 89.
☆30 *Ibid*., 101.

評方法やカテゴリーを当座の具体的な課題に応じて仕立てていき」、単一ないし全体的な方法や認識論を避けることになろう。[☆31]

　多くのローカルな事例と社会批評の課題とのあいだをダイナミックに往復するこの種のやりかたは、大勢の現代文化批評家たちによって支持されてきた。彼らは、ポストモダンの時代にふさわしく、マスター・ナラティヴがポスト構造主義の視野から見て不安定化した事態に取り組みつつ、進歩的な政治変革への肩入れを続けていきたいと考えているからである。たとえば、ニール・ラーセンが指摘したことによれば、リオタールのいわゆる「ローカルな決定論」は、単に「反『全体主義的』手法」なのではなく、「ポストモダンな執行主体の新たな場を構築するための構想を推進する力」の一部である。[☆32] エルネスト・ラクラウは、「根拠の神話を放棄したからといって、ニヒリズムに通じるわけではない」し、執行主体を排除するわけでもないと論じている。[☆33] したがって、「執行主体」は、歴史的に特定された具体的なコンテクストのなかで形成され、「執行主体には根拠が欠けているとしても、それがおこなう行為に意味がないということにはならず、それには限界や有限性や歴史性があると認めるだけのことである」[☆34]。ニヒリズムだとか無力な相対主義だとかという難詰に反駁してガヤトリ・スピヴァクが論じるには、ポストモダン哲学は、「われわれは物語らずにはいられない存在であることを忘れたわけではない」[☆35]。すなわち、このようなポストモダン批評は、物語性はすべて価値がないとか、千篇一律であるとかなどと言い立てるのではなく、むしろ、「物語ることの限界」を認識しているのである。このような、マルクス主義とポストモダン理論とが交錯する批評においては、

☆31 *Ibid.*
☆32 Larsen, *Modernism and Hegemony*, xxvii.
☆33 Laclau, "Politics and the Limits of Modernity," 79.
☆34 *Ibid.*, 80.
☆35 Spivak, "The Post-modern Condition," in *The Post-Colonial Critic*, 19.

したがって、ローカルなものは偶然的で歴史化されており、より大きな巨視的な社会の諸力からけっして切り離すことのできないものなのである。

何人かの批評家が提唱している居場所の理論では、グローバルとローカルとが二項対立にはならない。たとえばチャンドラ・モハンティが理論化したポストモダンの居場所とは、「支配の多彩で流動的な構造が交差して、特定の歴史的情況ごとに女性を異なった居場所に位置づけるという見方を維持する一方、同時に、個人や集団の有する力動的な反体制運動執行力や、彼らの『日常生活』における営みを重視し続ける」可能性である。[☆36]「支配の多彩で流動的な構造」という考え方は、インダパル・グレワルと私が「散在するヘゲモニー」と名づけたもののなかにも見いだせる。この概念は、トランスナショナルなアイデンティティと人間関係の具体的な表現を通じて、文化的帝国主義が奉じるマスター・ナラティヴに異議を申し立てるものである。[☆37]ポストモダンの時代における労働者の政治運動についてアイファア・オングが近年発表した研究は、国境を越えた投資や生産の特徴となっている柔軟な政策や戦略に注目している。企業体は、「単一のグローバルな周縁的存在」を搾取するという旧式なやりかたではなく、むしろ、「大衆を流れ作業に組み込む方法と下請け方式とを柔軟に組み合わせるやりかた」に乗りだし、「近代的な工場と家内作業とを連結して、越境的な資本の支配する単位」へ構築することが多い。[☆38]プロレタリア革命とか、女性解放とか、人種間の平等とか、民族主義的な植民地解放とか、その他の近代主義的なマスター・ナラティヴは、新しい構造をそなえた不平等やこれらの物質的条件への現代の抵抗や適応といった問題に、うまく対応できない。

☆36 Mohanty, "Cartographies of Struggle," 13.
☆37 Grewal and Kaplan, introduction to *Scattered Hegemonies* を参照せよ。
☆38 Ong, "The Gender and Labor Politics of Postmodernity," 283.

まさにこれらの具体的な諸条件こそ、モダニティとポストモダニティとの連続性を示すものである。あるいはもっと正確に言えば、越境的な関係こそが、モダニティという、より大きな枠組みの内部に、さまざまなポストモダニティを生み出しているのである。リオタール（彼はときには、ポストモダニズム「美学」の設計士などという単純な見方をされている）さえも、ポストモダンはモダンの一部であると主張している。[☆39] ポストモダニズムについて早くから論じていたもう一人の論者であるイハブ・ハッサンも、ポストモダニズムがモダンなるものからの完全な切断ないし背馳をなすなどという見方に反駁し、二十年近くも前に、これら二つの傾向は「共存している」と指摘している。[☆40] エルネスト・ラクラウは、ポストモダンがモダンからの単純な**背馳**ではないと示唆し、「むしろそれは、テーマやカテゴリーに異なったひねりを加え、言語ゲームをよりいっそう蔓延させる」と述べている。[☆41] あるいは、スタンリー・アロノウィッツは、モダニティの用語や綱領を借用して浮上しつつある政治運動や文化運動について語り、それがポストモダンたるゆえんは「言説をとりまく新たな文脈」にあると記している。[☆42]

したがって私の言いたいのは、モダニティが強調する細分化や変化は、全体論的な体系による説明や、社会の結束や、国民その他のアイデンティティという、大きな物語との緊張関係において読み解けばもっともわかりやすいということである。大きな物語から縁を切るわけではない（ジェイムソンが論じているとおり、大きな物語は、多くの場合われわれの「集合的無意識」のなかに「沈下」するどころか、つい先ごろの時代に、ファシズムや人種差別思想や全体主義など、ますます恐るべき形をとって再浮上してきたではないか）。政治的色彩を帯びたさ

☆39 Lyotard, *The Postmodern Condition*, 79.
☆40 Hassan, *Paracriticisms*, 47.
☆41 Laclau, "Politics and the Limits of Modernity,"65.
☆42 Aronowitz, "Postmodernism and Politics," 61.

まざまなポストモダニズムは、むしろ、多様な物語を産出する批評活動を展開するものである。別の言いかたをすれば、もし仮に、純粋な無政府状態に到達した社会のなかで、父権や国家権力を超エディプス的に乗り越えるなどという、一種の奇跡的な状況において、大きな物語いっさいから縁を切ることができるとしても、そのような境地で見出される、限りなく特定化された局地的孤立情況とは、いったいいかなるものでありうるだろうか。社会関係に関する理論や記述は、いつになっても必要とされるであろう。種々のマルクス主義や、民族主義や、アイデンティティ・ポリティクスや、フェミニズムが、資本主義の当面する動向に挑戦するみずからの権威が揺らいでいるという現実から目を逸らすことなく、相互に多様な対話を交わすことを想像してみるほうが、もっと力強い説得力を発揮する。わきまえなければならないのは、固定化された全体やヘゲモニーに支配された構造に直面しながら、執行力、抵抗、主体性、社会運動、事件などを、二項対立に頼る物語を構築することなく記述するには、どうしたらいいのかということである。

「ポストモダニティ」という用語を使いたがらず、「モダニティ」という用語を改鋳して取り戻したいと考える批評家のなかには、にもかかわらず、すでに「ポストモダン」の名のもとにおこなわれている批評活動と同調する理論を産み出している者もいる。たとえば、ニール・ラーセンは『モダニズムとヘゲモニー』のなかで、「モダニズムが知的文化的ヘゲモニーを完全に放棄してしまったという大前提に直面して動揺している」[☆43]と述べている。このような見方は、フレドリック・ジェイムソンの見解とあまり違わない。ジェイムソンによれば、リオタール

☆43　Larsen, *Modernism and Hegemony*, xxiii.

ルのポストモダンについての理論は、それ自体モダニズムの物語であり、「実験や新しいもの」を重視する美学の復活であるというのである。[☆44] アラン・プレッドとマイケル・ジョン・ワッツは、現代社会が移ろいやすく断片化している実態を、ポストモダンというよりも「ハイパーモダン」と見るべきだと主張し、文化や政治についての理論家たちにとって決定的な問題を提起してつぎのように述べている。

さまざまな装いを帯び、変貌を遂げ、再編成を経てきた歴史上および現代の資本主義を、われわれはいかなる有利な視座から理解できるようになったと言えるのか。国境を越えてグローバルに成し遂げられた資本蓄積だけではなく、資本主義のはした女たる商品化や大衆化や搾取を経験し、解釈し、迎え撃つために用いられる種々の象徴形式やローカルな言説や実践をも、同時に一気に把握するにはどうすればいいのだろうか。さまざまなモダニティは〔……〕国境を越えたグローバルな強制力を背景にして〔……〕どのように働き続け、どのように変容し続けてきたのか。[☆45]

この議論に役立ちうる有利な視座としては、差異を踏まえた新しい差異の政治が提起した主体の位置や、近代以降の世界の空間的、政治的再編成などがあげられる。「さまざまなモダニティ」（私ならこれを「ポストモダニティ」と呼ぶ）に着目するならば、どのようにして「新しい形態の資本がローカルなあらわれかたをする」のかということとともに、どのようにして

☆44 Jameson, foreword to *The Postmodern Condition*, by Jean-François Lyotard, xvi.
☆45 Pred and Watts, *Reworking Modernity*, 1.

「差異や、関連性や、構造が、ある種の矛盾した世界システムの枠内で産出され、再産出される」のかということを理解しなければならない。[☆46] プレッドとワッツは、ローカルなものに注目するのは重要だが、ローカルなものを理解するためには、資本主義のグローバルな抽象的特徴を把握しなければならないと論じている。

プレッドとワッツに対する私の理解によれば、彼らは、ポストモダンな事象に取り組んでいる理論家である。それはまさに、彼らの議論が、グローバルとローカルという二項対立からなる世界システム・モデルを越えているからである。これらの二項は、彼らの分析においては、互いに峻別された場ないし領域に分けられるのではなく、両者間の関係を多様化して、矛盾した、複雑な、物質的な基礎を有する動力学を構成するものとして用いられている。したがって、プレッドとワッツはその研究において、つぎのように逆説的な布置を考察している。「物理的、文化的、経済的に巨大な懸隔によって**分かたれている**共同体は、全世界にまたがる電子産業の複雑な回路によって**結合**され、ジェイムソンのいわゆる『ハイパースペース』に位置を占めていることによって**統一**されつつも**差異化**されている。この『ハイパースペース』とは、ローカルな経験がその発生地とはもはや一致しない領域なのである。[☆47]」分離と結合、統一と差異化をめぐる理論化は、モダンな現象と言えるかもしれないが、ここに述べられている形の理論化は、モダンな理論における厳密に二項的な形式に異議を唱えるのには、とりわけ有効であると私には思える。硬直した国境、生物学によって基礎づけられた民族的、人種的、性的アイデンティティ、伝統的な説明方法などが揺さぶりをかけられているけれども、「自由な戯れ」

☆46 *Ibid.*, xiii, 2.
☆47 *Ibid.*, 67.

とか、審美的な実験に対するモダニズム流の賛美とかに迎合してはいない。むしろ、「さまざまなモダニティ」についての考察は、社会現実の構築性や、これらの構築物の歴史的地理的特定性を浮かび上がらせる。このような研究によってもたらされる知見は、矛盾したさまざまな利害に役立てられるとも言える。ポストモダンの知見にはユートピア的な場は保障されていない。しかし、連帯を作り出すことに関心を見出している者たちならば、実体験に役立つ理論や実践の生産と受容に乗り出していけるはずである。

　多次元的な性質を有するプレッドとワッツの研究は、一種のポストモダンな産物と解釈することもできようが、社会理論における対話がレッテル貼りに終始してはつまらないと思う。「ポスト」という接頭辞は、コロニアリズムにつけられてもモダニズムにつけられても、しっくりしないものだが、私はこの語を拒否するよりもむしろ脱構築する戦略のほうが好ましいと思う。つまり、「ポストコロニアリズム」は、歴史的地理的具体性を抹消して同質化する用語であるとみなせるように、ポストモダニズムは、茫漠として、矛盾に満ち、乱暴とさえ言えるほど不正確な観念である。☆48「ポスト」はつねに、空間よりも時間にかかわる表現や問題を浮き立たせることになるし、「ポスト」という語をもちだすことによって演出されるたぐいの歴史は、えてして過度に単純化されたり、神秘化さえされたりする。とはいっても、「ハイパー」は、現代文化の構築と再生産に対する私の関心をうまく言い表わしてはくれない。「ハイパー」と言えば、一種のユートピア的なモダニズムのスピードと強度がいつも含意されていると思われる。ところが、現代文化の様相には、スピードのみにかかわるとか、移動のみにかかわると

☆48「ポストコロニアル」に対する重要なとらえ返しについては、以下を参照せよ。Shohat, "Notes on the Post-Colonial"; McClintock, "The Angel of Progress"; Frankenberg and Mani, "Crosscurrents, Crosstalk"; Grewal, "Postcolonial, Ethnic Studies, and the Problem of the Diaspora"; and Appiah, "Is the Post- in Postcolonial."

すら言えない面がある。「ネオ」は、「ポスト」（およびあまり使われない「プレ」）と同様に、固定化された時間的な対象物を写す関係から抜け出せない。「ポストコロニアル」と「ポストモダン」が用語としてともに有する利点は、複雑に込み入った論争や熱した論議を巻き起こすきっかけになってくれたことにあり、その結果これらの語は、批評活動にとって生産的で意味深い方向に再編成を強いられ、拡大解釈を受け、使いものにならなくなってきた。☆49 だから私は、この語を使おうと決めたにしても、「ポストモダン」の意味を、いかなる理想的な意味においても、回復したり守ったりしなければならないなどと主張しようとするものではない。この語を使うことで、批評活動の物質的条件を正確に指示する討論や会話が活発になるかぎりは、この語にも使用価値がある。

旅をめぐる疑問——移動をめぐるポストモダンの言説群

旅という主題は茫漠たるものである——歴史的に見ても、地理的に見ても、文化的に見ても。これまで述べてきたことで、いくつかの種類の旅がその表象を通じて、明確にモダンないしポストモダンの関心につながる方面へ導入しえたと望みたい。本書の叙述を通じてこれらのいくつかの方面をたどろうとすれば、議論の輪郭を示す地図か何かの、より詳しい説明による助けが必要になるかもしれない。私は、このテーマについて長年読んだり書いたりしてきたあげく本書の構成を決めようと取りかかって、追いかけきれない方面がたくさん残されていることを忘れられなかった。現代文化批評のなかから、単純な対立に還元するのが困難と思われるいく

☆49　以下を参照せよ。During, "Postmodernism or Post-Colonialism Today"; essays in *Ariel* 20:4 (October 1989) by Graham Huggan, Linda Hutcheon, Simon During, and Stephen Slemon; Tiffin, "Post-Colonial History"; Slemon, "Post-Colonial Allegory and the Transformation of History." アージュン・ムカージーは、この一派を厳しく批判している。とりわけ、ティフィン、アシュクロフト、グリフィスのよく知られた著書『文学における帝国の逆襲——ポストコロニアル文学の理論と実践』にあらわされた立場を激しく論難している。Mukherjee, "Whose Post-Colonialism and Postmodernism?"

つかの例に焦点を絞り、欧米の理論が生産される際のイデオロギー的な組成を解明することに決めた。私が考察の対象として取り上げる理論家や批評家は、長年にわたって私がもっとも刺激を受け、とりつかれてきた著作の著者たちである。このテーマに関連して、他にももっと取り上げるべき理論家や批評家がいるということは、はっきり言っておかなければならない。旅、移動、国境、民族離散、故郷などへの言及は、現代批評に溢れかえっている。本書は、これら重要な論議や、批評活動の多くの実例や、ありうる主題のなかからほんのわずかばかりを取り上げて、研究の方向をいくつか提示するものである。各章は、特定の二項構成（たとえば亡命／観光旅行）や、特別な意味をこめられた隠喩（たとえばノマド）を取り上げ、これらの用語が欧米の理論において流通し、特定の歴史的文脈のなかで批評の主題を産出しているさまをたどりながら、それらの用語の可能性と限界を、より深く理解することをめざしている。

　第一章「『移動というこの問題』――モダニズムにおける亡命／ポストモダンの観光旅行」は、モダニズム風に構成されて産み出された移動を考察するために、一連の脱構築を通じて亡命と観光旅行との対立を問題化する。[☆50] まず、モダニズムにおいて亡命を表現するときに見られる、二つの逆説的な流れを究明する。ひとつは、メトロポリス社会の表象を通じて移動を賛美しようとする流れであり、もうひとつは、レナート・ロサルドのいわゆる「帝国主義のノスタルジア」[☆51] の憂愁に満ちた表現である。「国際主義的美学」と過去ないし始源的文化への執着とのあいだのこの緊張は、モダニティが歴史と地理に対して両面感情に満ちた関係にあることのあらわれである。マルコム・カウリーがみずからの世代の欧米の故国喪失者たちについて世紀

☆50　最初から断っておくべきであろうが、私は本書で、欧米モダニズムの文学的な故国離脱を表現した、膨大な量にのぼる文学作品を概観しようと考えていない。ヘンリー・ジェイムズ、ジェイムズ・ジョイス、ジョセフ・コンラッドといった一流作家たちには、もっと別な本で丹念に研究する価値があることは間違いないが、私が選んだ方法は、それとは異なる方面を扱うことになった。私が選んだのは、個別作家というよりは、さまざまな作家グループを論じた文学史的な著作である。そうすることで、個々の作家としての業績を讃美するにとどまらず、文学的／批評的生産に関する社会史をあらわそうとしたのである。

☆51　Rosaldo, *Culture and Truth*.

半ばに省察を加えた『亡命者の帰還』は、亡命をモダニズム美学の比喩表現によってあらわした具体例として読み解かれる。つぎに私は、大戦間の欧米文学者の旅についてポール・ファッセルが書いた評判の研究書『外国へ』の読解を通じて、近代における亡命の表現と観光旅行の表現とのあいだのつながりを考察する。私が注目したファッセル、カウリー両者の著作は、学問の世界を越えた人気を得て広く流布した批評作品である。両者の「狭い枠を越えた」人気がうかがわせるように、モダニズムのこれらの批評にあらわれた物語は、文化生産の歴史について世間で広く受け入れられている見方を映し出している。これらの著作に、常識を逆なでするような読解を施すために、私が依拠したのは、近代における移動を批評的に論じたディーン・マッキャネルとドナルド・ホーンの労作である。彼らの著作においては、観光旅行が亡命に取って代わって、批評活動のなかで移動を特権化する役割を演じる。最後に私は、亡命と観光旅行の対立は脱構築すべきであり、そのうえで、モダニティを表現するこれらの批評すべてに貫かれている西欧中心主義を認識しなければならないと論じる。

第二章「ノマドになる――ポスト構造主義における脱領域化の諸類型」では、一般には移動をめぐる政治、特殊には欧米帝国主義の歴史は、一部のポスト構造主義思想に包摂されており、亡命やノマド主義に関する神秘化された考えかたを支えていると論じる。これらのモダニズム的な形象は、実験的な様式や詩学、ヨーロッパ中心的な見方から一般化された主体性などと同様に、いわゆるポストモダン理論にしみこんでいて、重視されている。私は、ジャン・ボードリヤール、ジル・ドゥルーズ、フェリックス・ガタリなどのようなフランスの理論家たちを、社会のポストモダニズム的空間の枠内で、移動のモダニズム風な比喩体系を産出した者たちとして読み解きつつ、合衆国におけるポスト構造主義の受容によって出現した錯綜した分野や、これに刺激された批評実践の文化的なあらわれかたを考察する。

欧米のポスト構造主義的なポストモダニズムの内部に、さまざまなモダニズムが展開されていることを検証することによって、美学上のポストモダニズムをひとつのまとまった観念として見るのは誤っているとか、じつは不純なのだとか、ということを立証するのが私のねらいではない。むしろ、移動についてのポストモダン言説の内部で、したたかなモダニズムの比喩表現が流通していることが示しているのは、ポストモダニティがモダニティと結びつく、矛盾した、不連続で、不均等な過程を通じて作動しているということである。もっと具体的に言えば、欧米のポスト構造主義理論における盛期帝国主義の遺産があらわしているように、ポストモダニズムは、モダニティを取り巻く諸関係を自動的に問題化したり、転覆したりするものではない。私は、ポスト構造主義の「先端」理論は、神秘化された形而上学（ボードリヤールの場合がこれである）や、非歴史的なモダニズム美学ないし文化の西欧中心的な横領（ドゥルーズやガタリの場合がこれである）をもたらす二項対立を構築していると論じるが、だからといってただちに、ポスト構造主義の批評実践を一蹴したり、拒絶したりしようというのではない。むしろ、ロゴス中心主義を脱構築するのと同じくらい公然と植民地主義的言説を揺さぶるたぐいのポスト構造主義に、賛意を寄せようとするものである。私のこの論法の特色を述べるとすれば、他方で、ポストモダニティの、多様で不均衡な関係におかれた諸文化にきちんと取り組む、トランスナショナルな批評活動増大への期待を力説しながらも、「フランス流の」ポスト構造主義と連帯できる領域を打ち立てようとする試みであると言いたい。

第三章「旅する理論家たち――コスモポリタンなディアスポラ」は、亡命の比喩に立ち返り、現代欧米批評で産み出されているさまざまなモダニズムをもっと具体的にとらえて、亡命のモダニズム風な比喩表現を、コスモポリタンなディアスポラについてのポストモダンと見える表現に結びつけてみる。エドワード・サイードの文学批評、文化批評を、モダニズムの亡命に対する論評の敷衍として注目することで、ポスト構造主義の方法論と現代地政学への彼の関与が、モダニズムのしきたりを揺さぶっているということを明らかにしたい。長年にわたり亡命について論じてきたサイードは、ポストモダンの時代における主体の多様な位置について、緊密な考察に到達している。彼の初期の批評ではもっと均質的なものとしてとらえられていた主体は、居場所やアイデンティティに関するより複雑な理論によって突き崩されている。その理論は、欧米のポストモダニズムによって決定されているとは言えないまでも、その影響を受けている。

いわばサイードを通して亡命を読解することにより、欧米におけるモダニズムとポストモダニズムのあいだの、陰翳にみちた交渉を示す見取り図が得られる。同様に、旅とコスモポリタン的な主体性に関するジェイムズ・クリフォードの理論活動は、亡命とディアスポラを複雑なかたちで再編成している。欧米の近代以降における旅の歴史を探究するクリフォードの研究は、民族や文化や政治の境界を突き崩すことをめざし、空間的次元をもっと重視して、地理に基づいた議論へ赴くものである。この章で私は、サイードとクリフォード両者を文化批評の急成長しつつある一分野のなかに位置づけ、彼らの著作やそれに対する主要な反応や批判を、亡命を扱う欧米の言説の有意義な改造として読み解く。にもかかわらず、これらの理論的著作においては、モダニズム流の亡命や旅の比喩表現が生産的なかたちで変形されているとはいえ、大衆の移民やもっと集団的な移動に関する歴史が、明らかにある種の抹消あるいは抑圧を受けてもいる。ツーリストと同様に移民も、移動をめぐるモダニズムの言説には、たいてい登場しない。ディアスポラの感性にかかわってカルチュラル・スタディーズの著作でよく触れられる「漂泊者」という言葉には、かつてのあの独自な人間像としての「亡命者」に通じるところがある。これら二つの人間像は「同一」とはみなせない——異なる契機や課題が異なる修辞的用語を産み出す——ものの、モダニズムの人間像とポストモダニズムの人間像とのあいだのつながりを考察すれば、文化批評の歴史がもっと詳細にわたって明らかになるはずである。

第四章「ポストモダン地理学——居場所に関するフェミニズムの政治学」で論じるのは、アイデンティティについてのポストモダン理論が欧米で目立ってくるにつれて、定位の政治運動は移動の政治運動に劣らず重要になってきた、ということである。地理学においては、時間の理論と空間の理論とのあいだで優位性をめぐってたたかわされた論争のために、「居場所」とか「現場」、「場所」などの空間的な観念をあらわす諸用語が再浮上してきた。カルチュラル・スタディーズ、フェミニズム理論、地理学のあいだで、さまざまな用語や概念が相互に貸し借りされながら流通するようになると、流動性のある富の蓄積とか、時空の収縮とかのような、ポストモダンの諸条件への批判から、空間軸と時間軸とが交錯し、相互作用を起こしている事態に対する新しい分析があらわれてくる。「地図の上のある場所」が「歴史の上のある時点」でもあると見えてくれば、批評活動の枠組みがある有意義な変化を起こしたことになる。

この章で私が主張するのは、近年——とりわけ欧米のフェミニズム理論において——通用しはじめた「居場所の政治性」という語が、移動をめぐる、矛盾しながらもつながりあっている**いくつかの**言説に依存しているということである。居場所の政治性という発想から論じられるように、アイデンティティは、ある特定の場——その場というのが、国家にせよ、文化にせよ、ジェンダー、人種、民族、階級、性志向、その他にせよ——への執着から形成されるのであり、その場とは偏頗なものであって、標準とも規準ともみなすわけにはいかない。しかしながら、居場所の政治性を活性化しているのが、普遍化をめざす「立場」である場合には、アイデンティティ・ポリティクスの反動的な側面が、見かけはポストモダンな批評活動を通じてあらわれてくる。「居場所の政治性」という語は、批評のなかで通用するようになったので、その用法を分析すれば、この語そのものの構築に影響を与えているモダニズムとポストモダニズムの伝統やしきたりが明らかになる。欧米のフェミニストたちにとって居場所の政治性の重要性は、ポスト構造主義の相対主義と、硬直した本質主義にもとづくアイデンティティの主張とのあいだに認められる懸隔を直視しようとする努力にある。居場所は、歴史に関連した位置のことであり、ノスタルジアや真正さによってジェンダーを物象化するためではなく、共有された共通体験という観念を顕在化させるために利用されるべき場所のことであるとみなしうる。

本書は、移動の問題をいかに提起すれば、それが歴史的、政治的な問題として成り立つかを問う。経済的、社会的秩序における大きな変化のなかで浮かび上がってきた具体的な主題を、いかに理論化できるだろうか。モダニズムにおける亡命と、ポストモダニズムにおける移動やノマド主義とのあいだの、つながりや食い違いは、ポストモダニティが多様な不均衡なかたちで産出され、受容されていることの実例になっている。そのことを示すには、どんなやりかたが可能であろうか。さまざまな種類のモダニズムやポストモダニズムが区別しうる以上、どのような連続性がどのような批評実践を産出し続けるだろうか。特定の用語が特定のイデオロギー編成を招き寄せるのは、いかになされているのか。また、自分たちが使う批評の言語について、どんな申し開きができるであろうか。

したがって、旅を問うということは、移動をめぐる言説における比喩のイデオロギー的機能を究明することなのだ。比喩は、不変の修辞的記念碑でもなければ、詩想の飛躍でもない。私が本書で問いを投げかける旅の比喩は、批評における絶え間なく錯綜した用法を通じて、脱構築へ差し向けられる。批評における旅と移動を空間化することによって、亡命やノマド主義、移動などへの言及のみならず、場所や境界、地図、ディアスポラなどへの言及もあらわれるようになる。これらの用語の価値や通用性を単純に前提とするのではなく、批評の実際におけるその用法を歴史化すれば、批評活動が政治的になり、より先鋭的で、より意味深いものになる。人間はみんな根無し草で、実存的に浮遊しており、限りなく可動的なものであるなどと私は思わないが、もしそのように感じている人がいて、そんなふうに言うことが人間や社会の実感をもっとも的確に表現しているとすれば、そういう用語についてじっくりと考えてみなければならない。人間はみんな居場所を得て、明快に見分けられるアイデンティティのなかに収まり、安定した類似性を享受しているなどとも私は思わない。物質的な状態を見れば、特定の地理や政治や経済活動のなかで人々が結びつきながら定まった位置を見出していると言えるのに、異境への脱出や移動を余儀なくされていると感じることには、いったいどんな問題が関わっているのか。これに劣らず重要なことには、アイデンティティや実践の位置を定めるしきたりが変化し、不安定化しつつあるときに、居場所の喪失よりも居場所の獲得を選ぶことに、いったいどんな利益があるのか。旅に突きつけられるこれらの疑問は、本書の課題をなす。つまり、欧米の理論をめぐる文化を批判し、われわれが批評家として立つ出発点や到着点とともにその経路を、もっとよく理解しようとめざすものである。

第一章　「移動というこの問題」

――モダニズムにおける亡命／ポストモダンの観光旅行

わたしがいつも、ましな暮らしができそうな気がしてならないのは
自分が今いないところ、だから移動というこの問題は
わたしがたえず自分の魂と議論をたたかわせている問題のひとつなのだ。

――シャルル・ボードレール☆1

モダニズムは、自分がどこに、またどの時代に身を置いているかによってきわめて異なって見えるものである。

――デヴィッド・ハーヴェイ☆2

亡命と観光旅行についての常識的な定義によれば、移動に関連した近代以降の経験のなかでも、これら二つは対立的な両極をなしている。つまり、亡命は余儀なくされたものであるのに対して、観光旅行は選択の行為として礼賛される。亡命には、出身共同体から個人が疎遠にされたという意味合いがこもっているのに対し、観光旅行には、全地球規模の共同体をめざさんばかりの勢いがある。亡命は、ヘレニズムの時代にまで遡る西欧文化における政治構造と文化的アイデンティティの物語のなかで、ある役割を演じている。観光旅行はポストモダニズムの

☆1　Baudelaire, *Paris Spleen*, 99-100.
☆2　Harvey, *The Condition of Postmodernity*, 25.

先駆けとなる。それは、消費文化と余暇と革新的な科学技術とが興隆してきたことからもたらされた産物だからである。文化的には、亡命はモダニズムの高級文化の形成に荷担し、観光旅行は、それとはまさに対極をなす、商業的で皮相なあらゆるもののしるしとなる。☆3 現代欧米においては、これら二つのカテゴリーのあいだの対立性が主張されていることに、いかなる利害がかかっているのか。亡命と観光旅行を文化的表象と見れば、さまざまな種類の移動と旅にかかわる社会活動の分析は、神秘化を乗り越えて、もっと歴史的、文化的な陰翳に満ちた解釈へ向かうことができるようになる。

欧米モダニズムにあらわれる亡命は、あらゆる象徴の構成と変わらず、法的あるいは社会的にある場所から追放され、帰還を阻まれた人々の実体験をはじめとする、さまざまな文化的、政治的、経済的な素材から、意味を摘み取っている。☆4 しかしながら、私がこれから述べるように、モダニズム流の亡命の比喩表現は、美学的なカテゴリーや非歴史的な価値を生成させるために、政治的な実例や歴史的に特定される出来事から切り離されたかたちで機能している。したがって、欧米で構成された「亡命」は、政治闘争や、商業、労働、民族主義的再編、帝国主義的膨張、ジェンダーやセクシュアリティの構造、その他多くの問題がすべて言い換えられるようになるときの、モダニティにおける媒介の場を示している。☆5

欧米モダニズムが礼賛するのは、独自性、孤独、疎隔、疎外であり、美学の見地から現場を重視して居場所を除去する姿勢である——すなわち、「異郷で亡命生活を送る芸術家」はけっして「居場所を得て安住」できず、いつも実存的に孤独であって、故郷喪失の緊張を強いられ

☆3 近代における観光旅行の構造と影響に関する緻密な研究については、Valene Smith, *Hosts and Guests* を参照せよ。亡命に関する包括的な研究については、Tabori, *The Anatomy of Exile* を参照せよ。

☆4 McCarthy, "Exiles, Expatriates and Internal Emigres" を参照せよ。

☆5 アイジャズ・アフマドは、メトロポリスに居場所を占めるディアスポラ的エリート知識人たちが「亡命」という用語を横領していることを、激しく糾弾してこう言った。「亡命と、移民と、職業に好都合な移住とが同義語となり、互いに見分けもつかなくなった。」欧米モダニズムの構成した「亡命」をめぐる私の議論は、モダニズムやポストモダニズムという知的専門化をめざす文化のなかで、このような政治と芸術とが合成されてきたさまざ

た結果、意味深い実験的手法や洞察にたどり着く。さらにもっと重要なことには、モダニストの亡命者は、慣れ親しんだものや愛するものを取り返しようもなく失い、それらから隔てられていることについて、憂愁やノスタルジアを覚える。こう言えば、亡命生活を送る特定の個人が、以上に述べた質をすべて経験するにせよ、一部しか、あるいはまったく経験しないにせよ、それら個々の事例とは関係なく、モダニズムの実験的な文化を産み出すために、みずから進んで疎隔や隔絶を経験する人々にとってもっともよく役立ったのが、モダニズム流の亡命という**構成物**だったように見える。[☆6] すなわち、欧米のミドルクラスの故国脱出者たちは、亡命者の属性を、芸術産出のイデオロギーとして採択したのである。彼らの移動は亡命として表象されてきたので、私はこれらの人々を、亡命と観光旅行との二項対立を脱構築するための重要な場とみなし、さまざまなモダニズムの生まれ方を理解する一助とする。

亡命と観光旅行との文化表象における差異を言い立てれば、「高級」文化と「低俗」文化との分裂、つまり、芸術と商業主義との分裂は、解消しないと見ることになる。この二項対立を脱構築すれば、欧米モダニズムが亡命を特権化できるのは、故国離脱や観光旅行をはじめとするさまざまな移動が合成されているおかげだ、と明らかになる。他方で観光旅行は、一九世紀から二〇世紀初頭にかけての亡命や旅にまつわる神秘的な雰囲気を重宝しているのである。『「まだ見ぬ」領域』の「探検と発見」として讃えられるにせよ、[☆7]「これまでの旅を可能にした伝統の枠外の土地を探し求めたいという欲望」と呼ばれるにせよ、[☆8] 移動の表象は、さまざまなモダニズムの文化的産物における強力な比喩表現として機能する。

まな歴史をつなぎ合わせるものである。亡命が一種の「文化上の資本」になるとき、そのような商品化を成り立たせる諸条件についての究明が必要になる。Ahmad, ***In Theory***, 85-87 を参照せよ。

☆6　Nixon, "London Calling" を参照せよ。
☆7　Calinescu, *Five Faces of Modernity*, 5.
☆8　Meisel, *The Myth of the Modern*, 14.

「芸術のまさに生成する場所」——モダニズムの地理学

というのも、モダニズムはメトロポリタンな芸術だからだ。ということはつまり、集団から生まれる芸術であり、専門家の芸術、知的な芸術、美学上の信条を共有する仲間内の芸術であるということだ。いかなるアイロニーや逆説を帯びていようとも、文明の帝国を想起させるものだ。じつは単にメトロポリタンというだけでなく、コスモポリタンでもある。形式の変容をめざす明確に美的な航海により、都市と都市とが結ばれる。作家は、特定の土地に執着することもある。ジョイスがダブリンに、ヘミングウェイがミシガンの森に執着したように。だが、作家のものの見方は、審美的な国際主義に貫かれた故国喪失者の視野という距離をおいたところからのものである。〔……〕こうして、出国あるいは亡命が、近代以降の芸術の国に入るための資格になることが多くなる。芸術の国では、多くの大作家たちが頻繁に旅をしている——ジョイス、ロレンス、マン、ブレヒト、オーデン、ナボコフなど。芸術の国には、独自の言語、地理、多くの人を引きつける共同体、亡命の場所ができあがるようになる——第一次世界大戦時のチューリッヒ、第二次世界大戦時のニューヨークが好例である。作家自身は、文化的探究に出てさまよう集団の一員となる——強いられた亡命（ロシア革命後のナボコフのように）によるにせよ、計画にしたがって好んで出かけるにせよ。芸術のまさに生成する場所は、遠く離れた理想的な都市になりうる。そこでは創造者が重きをなし、混沌が豊かな実りをもたらし、世界精神が流れているのである。

——マルコム・ブラッドベリー[☆9]

右の一節は、モダニズム文学についてのマルコム・ブラッドベリーによる古典的研究からの引用である。欧米モダニズムで文彩として用いられた亡命が熱心に説かれている。モダニズムのコスモポリタン的世界に関するこのブラッドベリーの研究書は、ジェイムズ・マクファーレインとの共著により、ペリカン版ヨーロッパ文学案内シリーズのなかの一巻として、一九七六年に出版された。そこで、独自の「言語、地理、多くの人を引きつける共同体、亡命の場所」をそなえた「国」が論じられている。モダニズムが国であるとすれば、その首都は、世紀転換期から二回の世界大戦のあいだの時期に及ぶ期間に難民や亡命者を引きつけた、ヨーロッパや北米の大都市であるということになるだろう。この物語のかぎりでは、モダニズムの国際主義も、地中海の南や、アジアや、合衆国国境の南側までは及んでいない。ブラッドベリーのモダニズム世界秩序のなかでは、ラゴスも、ブエノスアイレスも、デリーも、東京も、まだ「文明の帝国」とは認められていない。

　ブラッドベリーのような批評の枠組みをなす物語のなかで、モダニズム流の亡命に入るのは、「文化的探究に出てさまよう集団」であり、移動という実り豊かな混沌を通じて、形式の変容を探究する者たちである。その亡命が「強いられた」ものであるか、あるいは「計画にしたがって好んで出かけ」たものであるかにかかわらず、境界を越えて世界精神へ参入するのに必要なパスポートは、「明確に美的な航海」をするに足る能力だけである。ブラッドベリーが

☆9　Bradbury, "The Cities of Modernism," in *Modernism: 1890-1930*, ed. Malcolm Bradbury and James McFarlane, 101.

ここで参照しているのは、モダニズム作家を「租界の住人」あるいは「家なき人」と見るジョージ・スタイナーの見方であるが、文学と亡命について論じたハリー・レヴィンや、「失われた世代」について論じたマルコム・カウリーを引き合いに出しても、まったく同じことが言えたはずである。欧米のモダニズム文学について書かれた歴史には、亡命者や故国喪失者が頻繁に登場する。移動は、モダニズムの感性や批評活動を規定する特徴になっている。☆10

重要な批評家たちは、二〇世紀を通じてやむことなく亡命者たちの想像上の「国」を構築し続け、いわば家なき人に住まいを与え、あるいは、大まかに「モダニズム」の名のもとに包摂される多様な文化的産物をまとめて扱ってきた。そうであるかぎり、彼らの叙述の枠組みになっている物語のなかに潜む、居場所と居場所喪失とのあいだの、あるいは、民族主義と国際主義のあいだの緊張について考察してみるのも一興であろう。この点においてブラッドベリーは、コスモポリタンな主体にとっての「遠く離れた理想の都市」を想像している。ブラッドベリーのモダニズムの現場にやってきて住み着いた亡命者たちは、二〇世紀にあれほど多くの移動を産み出した現実の政治的、社会的葛藤から切り離され、国をもたぬ人たちである。☆11 メトロポリスのこれらの住人は、審美的な関心を有する点において、他の近代的主体から隔てられる。モダニズムの活動に入ることによって、芸術家たちは、国民国家などという俗世の居場所から自由になり、より高邁な目的を追求する集団へ組み込まれることになる。

ベネディクト・アンダーソンの主張によれば、いかなる共同体も想像上のものであり、したがって、どの共同体がより偽物か、あるいは本物かなどといった基準で判断できるものではな

☆10 たとえば Eagleton, *Exiles and Émigrés*; Steiner, *Extra-territorial*; Lamming, *The Pleasures of Exile*; Tabori, *The Anatomy of Exile* を参照せよ。

☆11 ブラッドベリーとマクファーレインの『ペリカン版モダニズム案内』において、主要なモダニスト作家の伝記を列挙した参考文献のなかに女性作家は、百人のうちのわずか四人しかいない。すなわち、ドロシー・リチャードソン、エディス・ソーダグラン、ガートルード・スタイン、ヴァージニア・ウルフである。国籍については、フランス、オーストリア、デンマーク、ドイツ、ロシア、イタリア、北アメリカ、ノルウェー、スペイン、アイルランド、スイス、スウェーデン、ベルギー、ポーランド、イギリス、フィンランド、である。どうやら、この種のキャノン編成における「美的国際主義」とは、

い。むしろ、共同体の区別は、アンダーソンが述べるように、「それが想像されるときに帯びる様式によって」可能となる。[☆12] だから、アンダーソンに従えば、欧米のさまざまなモダニズムが集団的に想像するように仕向ける状態では、国民的アイデンティティに意味があるのも、それが現在の空間と時間からかけ離れているからでしかない。あるいは、ロブ・ニクソンの言い方によれば、こういうモダニズムの枠組みにおける「居場所喪失」は「超脱」と混同され、「イデオロギーからの自由」に到達する手がかりとみなされる。[☆13] もっとも控えめに言っても近代後半以降は、国民国家から脱出してコスモポリタンな多言語的都市へ逃避することが、たいていのモダニズムのイデオロギー的な基礎となっている。モダニズムのこのような想像の共同体は、今世紀の民族抗争から避難するためのユートピアにすぎないなどと決めつける前に、こういう考え方がヨーロッパ中心的であることを考察してみるのがいいであろう。カルヴィーノ、カウリー、ブラッドベリー、エーコ、スタイナーなどのモダニストたちにとっての都市は、膨張し続けるメトロポリスというよりは、漂流する亡命者たちを収容するために築かれた中世の都市国家に似たものとして描き出される。すなわち、モダニズムとポストモダニズムそれぞれの想像の地理学のあいだにある差異は、一方においては、「田舎と都会」とのあいだの明確な二項的区別へのノスタルジア、他方においては、それほど対立を際立たせない雑種的なコスモポリタン主義への執着、これら両者の差異であると言えるかもしれない。ブラッドベリーが描き出すモダニズム流のメトロポリスには、異種混淆性を貫く統一が見られるだけでなく、特定の意味を込められたアイデンティティもあらわれてくる（たとえば、ブラッドベリー

この程度のものらしい。

☆12　Anderson, *Imagined Communities*, 15.
☆13　Nixon, "London Calling," 23.

とマクファーレインの共著による『モダニズム』においては、カフカのアイデンティティは「オーストリア人」とされ、イタロ・スヴェーヴォは「ユダヤ系イタリア人」とされている）。モダンな都市、とりわけ主要な港湾都市は、アイデンティティが形成され、変形され、固定される坩堝として機能する。このようなアイデンティティは、新参者がみずから選び取り、喜んで受け入れ、利益に浴するものになるとは限らないが、文学や芸術における正典《キャノン》編成の場でも、国家制度の側から見た政治的利害配分の場でも、まちがいなく効果を発揮する。

　メトロポリスの経験をロマンティックに描き出す欧米モダニズムの趨勢に逆らうような解釈は困難である。その原因は、さまざまな人々の交流や影響の交錯が神話のように尊ばれ、西欧の民主主義と民族性をめぐるイデオロギーにかくも強烈に結びついていることにある。しかしながら私は、レイモンド・ウィリアムズの示唆に導かれて、モダニズム流の亡命神話を受けとめ、その方法を転倒させてみたい。すなわち、「この神話を考察するにあたって、それ自体の齟齬感や距離感を幾分なりとも維持することをめざし、それが取り込まれ自然化したときの、心地よい、すでに内面にまで適応を遂げた形式を頼りにしたくない」のである。[☆14]

　ウィリアムズは、死後出版されたモダニズム論において、モダニズム流のコスモポリタン的都市にまつわる均質的神話を歴史化する必要を説いている。ウィリアムズは、モダニズムがみずからの流儀を普遍として解釈することに異議を唱え、「ときにはメトロポリスの外部に、つまり、収奪を受けながらも多様な勢力が活動している後背地に、メトロポリスの体制のなかでつねに周縁にとどまっていた貧者の世界に」視座を置いた批評が必要であると主張している。[☆15]

☆14 Williams, "Metropolitan Perceptions and the Emergence of Modernism," in *The Politics of Modernism*, 47.
☆15 *Ibid.*

私は、この指示を受け止め直して、欧米中心主義の新版としてのモダニズムにおけるメトロポリス観に揺さぶりをかける方針は引き継ぎながらも、ウィリアムズがノスタルジアをこめても ち上げた周縁を立て直そうとはしない。想像力をさらに働かせて、現代社会において神話が覆される場、普遍化がうまくいかない場を考察するほうがはるかにましである。ウィリアムズ自身が、この課題に取り組むのを助けようとするかのごとくに、モダニズムをになう新しい主体が登場する具体的な場についての研究を提起している。つまり、ヨーロッパとそのかつての植民地とのあいだだけでなく、ヨーロッパ内でも生じる不均等発展について考察している。ウィリアムズの論文「メトロポリタンな感性とモダニズムの出現」からの次の一節を、ブラッドベリーのモダニズム地理学についての叙述と対比してみてほしい。

かくして、モダニズムへの転換において鍵となった文化的要因は、メトロポリスの特徴である。一般的な条件としてもそうだが、もっと決定的なことには、メトロポリスが形式に及ぼした直接的な影響である。形式に関する革新のもっとも重要な一般的要素は、メトロポリスへの移住という事実である。そして、主要な革新者の多くが、まさにこの意味における移住者だったということは、いくら強調してもしたりない。この結果、主題のレベルでは、齟齬感や距離感の要素が重要になるのは自明である。それはじっさい、この種の作品群に、あれほどたえずつきまとう要素としての疎外感にほかならない。だが、決定的な美的効果は、もっと深いレベルであらわれる。この傾向に属する芸術家や作家や思想家は、みずからの民族的ないし地方的な文化から解き放たれ訣別し、他民族の言語やその地元の伝統的光景に対して全く新しい関係に立ち、その一方で、馴染みのある形式の大部分から明らかにかけ離れた、目新しく躍動する環境に出会うことによって、自分が入っていける唯一の社会を見出した。自分の実践のための媒体を共有する共同体である。[☆16]

ウィリアムズもブラッドベリーもともに、民族的、文化的な起源との訣別や、文化的実践による新しい想像の共同体の構成を強調しているけれども、モダニズム流のメトロポリスに対するウィリアムズの見方は、ブラッドベリーの超歴史的な世界精神とは対照的に、歴史的に生成した諸関係にもっと注目している。

にもかかわらず、ウィリアムズのモダニズムびいきを無視するわけにはいかず、したがって、ウィリアムズとブラッドベリーとの類似性は、差異に劣らず重要である。両者ともに、目新しい形式や方法を探究する芸術家の共同体を賛美する。二人とも、物理的に故郷から引き離される経験を、因習をうち破る洞察や芸術的実験に通じる道と見ている。さらに両者ともに、モダニズム流のメトロポリタン的な共同体が成立するのは、ヨーロッパや北アメリカというトポスであると考えている。このような配置図における周縁には、移民や亡命者は存在するけれども、モダニズムの文化活動そのものがあらわれることはけっしてない。つまり、周縁は、近代以降の西欧のメトロポリスという、創造がおこなわれる場に組み込まれるべき原料を提供し、あるいは、形而上学的な意味合いを帯びた移動を求めるメトロポリスの住人の側からの空

☆16 *Ibid.*

間的探究の機会を与えてくれるというのだ。☆17

したがって、近代以降のメトロポリスに対するウィリアムズの見方が証明しているのは、大衆の移動を強調するだけでは、モダニズムの文彩を脱構築することにはならないということである。また、ポール・ギルロイが主張したとおり、その種の強調は、新保守主義との見分けがつかなくなる危険性を免れられない。☆18 モダニズム流の亡命神話に揺さぶりをかけるためには、周縁のみならず中心もまた、モダニズムの産物として批判する必要がある。欧米モダニズム流の亡命などといったものの表現を通じて産出された文化的周縁を考察するためのとば口としては、近代帝国主義の黄昏にあらわれるノスタルジアの作用を綿密に観察してみるのも、ひとつのやりかたである。

帝国主義的ノスタルジアと審美的な獲物——亡命者の報酬

亡命をめぐる欧米の表現には、さまざまなあらわれかたをするノスタルジアがまつわっている。過去、故郷、「母語」へのノスタルジア、つまり、いったん失われたあとでなつかしいと思わせる特定の事物へのノスタルジアである。このようなノスタルジアの根にある考え方は、「故郷」にいるのは「自然」であり、そういう場から切り離されたときの思いを癒すには、そこへ戻るほかないというものである。シュールレアリストのルイ・アラゴンの妻エルザ・トリオレは、この亡命者の感情を次のように表現した。「人間にとって、生まれるのも死ぬのも、同じ場所で、あるいは少なくとも同じ地方で経験するのが自然である。誰もが、みずからが生

☆17 一部の植民地作家やポストコロニアル作家にも同様の考え方が認められる姿勢である。そういう作家としては、デレク・ウォルコット、ジョージ・ラミング、サルマン・ラシュディ、バラティ・ムカージーなどがいる。これらの作家たちに潜むモダニズム風のコスモポリタニズムに対する批判としては、以下を参照せよ。Nixon, "London Calling"; Grewal, "Salman Rushdie"; and "Autobiographic Subjects and Diasporic Locations."

☆18 Gilroy, "There Ain't No Black in the Union Jack," 4950.

まれ故郷と呼ぶ場、自分の故国と有機的なつながりをもった一部分であるべきなのである」[☆19]。トリオレは、人間を植物や動物になぞらえ、「よその環境にうまく適応」できない「いくつかの種」もあると主張している。この言い方にしたがえば、亡命者は「恐ろしい病、つまりホームシック」にかかっているのである。

故郷へ戻ることなしに癒すことのできない病としてのホームシックは、憂鬱病《メランコリア》に似ている。フロイトは哀悼と憂鬱病とを区別し、一定期間に限られる「正常な」悲嘆と、失ったものをいつまでも惜しんでこだわり続ける神経衰弱とは違うとしたが、この見方は、モダニズムの亡命をめぐる詩学や政治学を研究するための有用なモデルを与えてくれる。この精神分析のモデルでは、鬱病の原因が、死去したり再会不可能になったりした人に対する鎮めようのない怒りにあるとされる。鬱病にかかった人は、心中の葛藤を解決することができず、この怒りを公然と表現すれば後ろめたさを覚えずにはいられないので、喪失感にさいなまれる状態にいつまでもとどまっている[☆20]。この独特な種類の攻撃性が内面に向けられ、自我を責めるようになると、死や別離によって生じた空隙を転位したり埋め合わせたりするものとして、憂鬱がその人の心を占めることになる。

欧米モダニズムにおける亡命の表現は、ノスタルジアを伴う鬱病の文化を育む。レナート・ロサルドは、近代のノスタルジアにあらわれる表象の暴力に関する研究のなかで、幼児体験につながる通常のノスタルジアと、彼が「帝国主義的ノスタルジア」と名づけた、支配の文化的表現とのあいだには、さまざまな度合いの差異があると論じている[☆21]。一七世紀末に用いられる

☆19　Tabori, *The Anatomy of Exile*, 16 からの孫引き。
☆20　Freud, "Mourning and Melancholia."
☆21　Rosaldo, *Culture and Truth*, 70-71.

ようになったノスタルジアという語（ギリシャ語で帰還を意味するノストスに、苦痛を意味するアルゴスを付け足した造語[☆22]）は、擬似心理学における自明の理として当然視されるにいたっている。しかしながら、ロサルドが明らかにしているように、一見罪もないと思われるこの感情の奥には、攻撃的な衝動が潜んでいる。「帝国主義的ノスタルジアの中軸には逆説がある。その逆説とは、ある人間が誰かを殺しておきながら、その犠牲者への哀悼に沈んでいるということである。もっと穏やかなかたちでは、生活形態を意図的に改変しておきながら、この変更以前のままに事態がとどまっていないことを惜しむという逆説になる。さらに広げてみれば、みずからの環境を破壊しておきながら、自然を尊ぶ人々の姿勢にも通じる。いずれにしても帝国主義的ノスタルジアは、人々の想像力をとらえるためにも、残忍になることも少なくない支配に関与しているみずからの共犯性を隠蔽するためにも、『罪のないあこがれ』のポーズを取る。[☆23]」欧米の幼児体験へのノスタルジアと帝国主義的ノスタルジアとの構造的な類似性のおかげで、帝国主義的ノスタルジアは、モダニティのなかにうまく組み込まれるかもしれない。帝国主義的ノスタルジアは、集団や個人の責任を抹消し、釈明の義務を果たす代わりに強力な論述を展開する。被征服者や滅亡した者たちは、勝利者によって賛美（そういうかたちで表象）される。失われたのが一民族だったり、文化やある領土だったりした場合には、表象は、ノスタルジアのこめられた過去の姿を示すものとなる（近年続出した「旧植民地支配」ノスタルジアや、アフリカでの「大物」狩りに出かけたハンターたちによる発言は、この種の現象のもっとも明瞭な実例である）。したがって、帝国主義的ノスタルジアの構造の枠内では、欧米の過

☆22　*Ibid.*, 71.
☆23　*Ibid.*, 69-70.

去は、よその国ないし文化としてもっともはっきりと見て取れ、物語に仕立てられることになる。

ディーン・マッキャネルは、西洋の「近代人たち」が現実や真正さの目印を「よそ」に探し求めようとするこの傾向を、欧米のモダニティの主要な側面であると描き出した。よりよいモデルや、新しい形式、新鮮なイメージ、中心をなすメトロポリスの病弊からの息抜きなどを求める結果、モダニストは、世界の周辺と思われていたところをめざして、ますます遠くへ移動せずにはいられなくなる。マッキャネルが書いているように、「近代人たちにとって、現実や真正さはよそにあると考えられている。つまり、歴史上別の時代や別の文化のなかに、もっと純粋で単純な生活スタイルのなかにあるというのである。換言すれば、近代人たちが『自然さ』にこだわる気持ち、真正さに対するノスタルジアや探求心は、単に、破壊された文化や過ぎ去った時代の遺物に対する、害はないけれども幾分退嬰的な、軽い気持ちで抱き続ける執着心であると言うだけではすまない。それは、モダニティを構成する要素としての征服心でもあり、統一を図る意識の土台でもあるのだ。[☆24]」このようなかたちのモダニティの特徴を明示する一側面は、空間と時間とのあいだの複雑な緊張関係にある。過去が引き抜かれ、多くの場合は別な場所へ移されると、モダンな主体は、そこまでいわば旅をせざるをえなくなる。歴史は、ツアーや、展示会や、映画、文学、その他の文化的産物として表象する活動を通じて定着され、管理されるものになる。したがって移動は、モダニティにおける空間と時間との逆説的な関係を媒介することになる。

☆24　MacCannell, *The Tourist.*, 3.

モダニティに関するこのような理論の特徴をなす矛盾とアンビヴァレンスの配置図のなかには、進歩と伝統とのあいだの緊張も含まれる。すなわち、さまざまなモダニズムは、革新と因習、変化と安定の双方を促進する。モダニティにおいては、文化の変化は既定の事実である。マーシャル・バーマンのような社会理論家たちが論じたように、近代人たちは、変革を心の底から支持しようとする姿勢と、安定を望む強い欲望とのあいだで揺れ動く。人々は、バーマンが言ったように、「モダンな世界を把握するとともにそのなかに安住の場を築きたい」と望んでもがく一方、みずからをそこから解き放ち移動するために、きわめて念の入った特別なやりかたであがいてもいるのである。☆25 おまけに、これらの移動を具体的に見れば、それらは普遍的で全世界的なものだというにとどまらず、時間と空間に関して特定されうるのである。それゆえ、モダンな感性を、その不統一性において全体として統一されていると見るバーマンの見方は、修正されなければならず、さまざまなモダニズムの産物について、もっと微視的ないし局所的な研究がなされるようにしなければならない。

だから、亡命が、モダニティにおけるあらゆる移動をもっともうまく言いあらわす文彩として、批評のなかで存続しており、同時に、贖いや帰還へのアンビヴァレンスや、疎隔や疎外への礼賛がそれにつきまとっているとわかったならば、もっと研ぎ澄まされた疑問を提起してみる必要がある。すなわち、**誰**が**何**から距離をおくというのか。**誰**に対して**どんな**視野を得るというのか。これらの疑問に答えようとしたら、モダニズム流亡命の構築に関与している欧米の帝国主義的ノスタルジアの歴史を具体的に考察しなければならない。この構築のためには、文

☆25 Berman, *All That Is Solid*, 5.

化的産物の表象活動のなかで、亡命と故国脱出と観光旅行とが合成されなければならないのである。☆26

したがって、二〇世紀欧米の故国脱出が、作家の資格に関する言説を産み出すのも偶然ではない。この言説は文学批評において、移動の必然的産物として表現されるようになった。近代以降の作家や批評家たちがこのように亡命と故国脱出を合成したことを解釈するには、距離をとることが特権化されるようになった経緯に即したり、これに関連してあらわれる、亡命によって審美的な獲物が手に入るなどという言説に即したりして検討してみれば、問題に対する最良の見方が得られよう。離れることが創造性の前提条件であるならば、離反や疎外を感じる精神状態を経験することは、近代の「まじめな」芸術家や作家にとっての通過儀礼となる。モダニストは——その作家が文字通り亡命生活を送っているか否かにかかわらず——国家がない状態の効果を再創造してみようとするものだ。その結果、じっさいに亡命をしていない作家たちすら、この比喩を簡単に敷衍しうる。この種のモダニズムの枠内では、亡命を伴う移動は、特権化された位置を占め、視座に正当性を付与し、プロの作家の世界に参入するための突破口となる。

だから、今世紀の欧米文学批評は、亡命によって得られる審美的な獲物というモデルを提供してきた。ポーランドの作家ジョセフ・ウィトリンは、亡命を審美的な獲物とする見方を示す今世紀中葉の典型的な発言で、孤絶と悲哀感は、多くの意味において嘆かわしいものだとしても、作家にとっては格別の利益をもたらしてくれると論じた。国際ペン協会の一九五七年の集

☆26　知見に到達するための方法としての故国離脱を、この場合はもっと「ポストモダン」なやりかたで、特権化している近年の実例としては、Hartley, "Expatriation" を参照せよ。ハートレイはつぎのように書いている。「故国離脱という語は、妥当性はさまざまであるにせよ、移民、出国者、流れ者すべてを指示するほどに意味を広げられるだけでなく、カルチュラル・スタディーズの比喩としても使用できる。それは移動をあらわす用語であり、学識の領域において、あやふやで、不安定な、謎めいて、刺激的な——そして正常な——状態をあらわしている。」(451) まさにこのような、帝国主義（探検、ユニークさ、等々）の比喩を正常なものにしようとする姿勢こそ、もっと歴史的に正確な脱構築にかけられなければならない。私としては、「カル

会でウィトリンは発言し、亡命の「悲しみ」と「威光」との両方に触れた。「詩人だけが、人間の条件を適切な距離をおいて見ることができる〔……〕」と。「作家にとって故国の喪失は、申し分のない距離ないし視野を作り出してくれる」とウィトリンは書いた[☆27]。彼は、亡命によって得られるものの見方を「偉大な芸術」の創造に結びつけ、いやいやながらの移動の経験を引き合いに出す。自分自身の経験を、トルコの大官のような（フランスの地中海沿岸リヴィエラでけばけばしい贅沢な生活を送っている）人物のもっと華やかな遍歴から区別しようとして、「真の亡命」という語さえ使っている。だが、政治的亡命者の孤独や疎外感についてウィトリンが述べる言葉も、第二次世界大戦後の批評に見られる、故国脱出が創造にもたらす恩恵について述べる言葉とたいして変わりはない。

たとえば、マルコム・カウリーは、一九五一年に出版した『亡命者の帰還』という研究書で、二大戦間の時代に欧米の若い作家たちにとって、亡命が大きな文化的恩恵をもたらしてくれる魅力のあるものだったと記述した（「ヨーロッパの連中はもっとうまくやっている。あちらへ行こう」）[☆28]。亡命と文学生産をカウリーがいかに表現したかということについては、本章の次節でもっと詳しく論じるが、植民地解放、超大国間の勢力再分配、冷戦の緊張が頻発したこの重要な時代に、モダニズム文学を扱った批評や歴史のなかに、亡命に基づいた文彩が貫流していることは、ここで指摘しておく価値があろう。西側の経済繁栄や科学技術の革新のおかげで、余暇を利用した旅行がますます盛んになった一方で、戦争や飢饉のために大量の難民が産み出されていたのである。

チュラル・スタディーズ」なるものが、一連の新しい批評実践として、移動をあらわす用語に対するまさにこのような神秘化に依存しながら、確立されたりしないことを希望するだけである。

☆27　Wittlin, "Sorrow and Grandeur of Exile," 102.

☆28　Cowley, *Exile's Return*, 74. 初版は、合衆国ヴァイキング社一九五一年刊。〔この書誌情報は不正確である。初版は一九三四年というのが正しい――訳者注〕

しかしながら、この期間の批評における移動に対する見方は、亡命の超歴史的な、神話的とさえ言ってもいい側面にだいたいは注目し、「エデンの園からの失墜」とか、突き放した視座から得られる恩恵とかに焦点を絞っていた。ウィトリンは、物語を完結させる理論を提出するために、贖いとか再統合とかの聖書的なイメージに訴える。亡命から得られる視野は天命や美徳となり、それが想起させてくれるとおり、「壮大なヴィジョン」を有する作家は、われわれを導いて喪失という危険な浅瀬を切り抜け、甚大な犠牲を払ったうえで、再会という安全な港まで連れていってくれる。帰還はいつも、遠い未来に可能になる。モダニズムの亡命像においては、異文化への同化が文学創造に通じると表象されることはけっしてない。

一九六〇年代中葉に発表されてよく読まれたハリー・レヴィンの論文「文学と亡命」は、亡命を審美的な獲物としてもち上げるモダニズム批評の特徴がよくわかる実例である。レヴィンはこの論文の冒頭でまず、著作業を古典的な追放の話に結びつける（プラトンが詩人を共和国から追放したことを指摘しているのである）。亡命と著作との関係の歴史は、オヴィディウスに遡り、現代にまでつながるものとして構築される。この現代とは本質的に「モダン」な時代である、とレヴィンは規定する。亡命と文学は、過去の継承とその連続性からの切断との両方を象徴することになる。レヴィンの叙述によると、亡命は、「民族主義の勃興と、それに続いて生じる言語の混乱」を経た二〇世紀に、新たな意味をもつにいたる。[☆29] レヴィンは近代を「根こぎにされた文化」とみなし、「アテネの外来市民的な状態、多言語話者の犯す誤解の現代版」を特徴としている時代であると言う。[☆30]

☆29　Levin, *Refractions*, 70.
☆30　*Ibid.*, 65.

モダニズムの文体論や文化論においては、言語が中心的なカテゴリーの役割を演じる。言語の状態――それが純粋だったり不純だったりする状態、失われたり取り戻されたりすること、その規則性や破格――をめぐる論議は、モダニズムのなかでは独特のかたちで強調されてあらわれる。レヴィンは、意味が音声言語による発話のなかに見出されるとする現前の形而上学に肩入れする。この定式によれば、言語は居場所の重みを帯びてくる。居場所とはつまり、著作主体が占める位置のことである。ウィトリンが「言葉の帰還」を強調し、亡命を余儀なくされた作家の精神のなかに反響する故郷の言語の絶えざる帰還――言語を通じてなされる、「失われた」世界との断片的ながらも継続的な結びつき――に重きを置くのに対して、レヴィンは、言語的障壁の事例にもっとこだわっている。彼の念頭にある移動を強いられた作家は、新しい言語のなかに根拠地を築きながらも、そのなかで特に居心地がいいと感じるわけではない。失われたものは失われたままにとどまり、新たなものはいつまでも非現実的なままである。著作は、このような国家喪失状態に暮らす耐え難さのしるしとして機能する。ここでは、意味と言語との関係が張りつめているときに形式上の革新や洞察も生じうる以上、距離をおくのは望ましいということになる。

レヴィンは、移動とモダニズム文学とのあいだに比喩を通じて存在するつながりについて考察するときに、亡命の歴史的事例を軽視しているわけではない。彼が論じるには、一九世紀後半に新しい民族的アイデンティティが固まってきたのと平行して、芸術や創造性に関するさまざまな理論が発展した。レヴィンが指摘しているように、「ホームシック」はこの期間に、ル・マル・デュ・ペイ（Le mal du pays）〔ノスタルジア〕とル・マル・デュ・シエクル（Le mal du siècle）〔世紀病〕とが結びつけられ、芸術家も政治家もこれを気にしだすにつれて、まったく新たな次元を帯びる。芸術家と政治家とは、じつは重なっていたり、密接な関係を結んでいたりすることも多かった。政治的な異端のゆえに追放されたり、美学上の革命に参画したために中傷を受けたりした芸術家／政治家は、二重に疎外されているともみなしうる。亡命者とは、故国にいても離れていてもホームシックにかかっている人間であり、亡命につながる移動は、西欧では創造的観照生活の兆候となる。

だから、著作活動や、専門業として公認されるようになった作家業は、近代がもたらした喪失や不確実性を償ってくれるものになる。レヴィンの論文で考察されている作家たちは、「わびしい逼迫した事態をうまくこなして」、亡命の否定的な面も創造のために役に立つ獲物をもたらすと思いなす。レヴィンが論じるには、ジイドやジョイス以降、亡命を芸術に役立てようとする戦略は、置き去りにしてきたものと折り合いをつけようとして、「そういうものからある程度距離をおいて制作に励みながらも、故郷を視野に入れ、それを絶えず心のなかにとどめている」[☆31]。最後に指摘できる点として、作家は、大多数の人々、国民、集団から疎遠のままになるということがある。「一個人が多数者を突き放して見るのは、〔……〕いかなる独創的な思考にとっても必要な前提条件である」とレヴィンは書いている[☆32]。亡命は、作家という天職にとっての必須条件となり、集団的アイデンティティや歴史的経験とはそりの合わない孤独な生き方になる。

☆31　*Ibid.*, 77.
☆32　*Ibid.*, 81.

このような図式のなかでは、国籍とか政党とかの集団的アイデンティティは、著作業者という統合的なカテゴリーのもとに吸収されることになる。たとえば、レヴィンが論じる欧米モダニスト作家には、ナボコフ、パステルナーク、コンラッド、ベケットといった多様な人々が含まれる。「亡命」の意味を拡張して作家の資格と同じとみなす見方では、これらの作家はみんな、「根なしになった経験」の原型、「故郷を失った人間としての芸術家」の実例である。[☆33] だが彼らの個人史も、出身民族の歴史も、多様であり複雑であって、「放浪礼賛」によって一括できるようなものではない。最終的には、モダニズム美学を構築しようとしてこのように歴史的諸条件をはずしてしまうやりかたこそ、レヴィンのような文学研究で何がねらいとされているかを示している。亡命が近代文学産出の至上のモデルとなるかぎり、亡命に故国離脱が合成され、文学生産を規定する歴史的に特定された諸条件は抹消される。

　亡命を審美的な獲物として考えるモダニズム批評の伝統は、もっと後の研究にも引き継がれている。[☆34] マイケル・サイデルは『亡命と物語的想像力』（一九八六年）で、亡命者を定義して、遠ざかったことによって強められた記憶を通して、過去に対する「遅れたロマンス」を抱くにいたった人間であると述べている。失われたものは想像力によってとらえ返すことができる。作家は著作そのもののなかで「帰郷」し、「断絶の形象を『結合の形象』へ戻すように」変容させる。[☆35] 想像力のなかの空間において「ここ」と「あそこ」を組み合わせることにより、作家は虚構を利用して、居場所喪失と没価値状況から生じる最悪の恐怖を乗り越えようとする。

　サイデルは、移動と作家の資格に関するみずからの理論を、亡命の経験に影響される範囲の

☆33 *Ibid.*, 64.

☆34 本章でやや詳しく論じた著作に加えて、以下も参照せよ。Eagleton, *Exiles and Émigrés*; Steiner, *Extra-territorial*; Ilie, *Literature and Inner Exile*; Griffiths, *A Double Exile*.

☆35 Seidel, *Exile and Narrative Imagination*, ix.

外側で組み立てようと気をつけていて、「美的な代償が得られるからといって、歴史上無数に生じた難民や追放処分された者たち、亡命者、立ち退きをくった者たちにとって、それが十分な慰めになる」などと言いたいわけではないとことわる。[☆36] だが、亡命の理論を「役立つ虚構」として構築するために、サイデルは、きわめて限定され専門化された意味においてしか機能しない非歴史的な空間——つまり美学——を作り上げる。[☆37] サイデルは、亡命や移動のなかでもいかなる要素を研究対象からはずすかということを述べるときに、モダニズム文学批評の範囲からはずれるものの輪郭を描き出しているのである。批評対象の枠外にあるとしてあげられるのは、翻訳や、マルクス主義的な意味にせよ心理学的な意味にせよ、近代の疎外の一形態となる亡命や、「近代の亡命政治や国外脱出者の状態」などである。[☆38] これらの「抑圧された」諸要素は一体のものとして、文学批評の一原理を構成する。

ロバート・ニューマンの研究書は、読者と作家による物語構築のなかで亡命が演じる働きについて論じながら、サイデルと同じく非歴史的な普遍化の轍を踏んでいる。[☆39] ニューマンの精神分析的枠組みにおいて亡命は、近代の主体すべてに一般化しうるし、たいていの物語の土台をなしていると言える。したがって読者は、断片化した物語の荒野を切り開きながら進むときに、いつも「帰郷」の道を探し求めている。ニューマンは、このめざされている「故郷」が移動の過程で変化すると注意深くことわってはいるものの、亡命や物語に関する彼の考え方は、彼が示唆しているほど普遍的なかたちで敷衍できそうもない超越的カテゴリーを前提として展開されている。

☆36 *Ibid.*, x.
☆37 *Ibid.*, xii.
☆38 *Ibid.*
☆39 Newman, *Transgressions of Reading* を参照せよ。

以上のモダニズム批評で構築された亡命論が前提としている見方によれば、あらゆる時代も人物も、この亡命という同じ概念に同じやりかたで荷担しており、西欧における美学的カテゴリーの発展という枠組みの内外を問わず、亡命という概念の歴史は（それが歴史などと言えるとしても）一次元的な歴史である――要するに、亡命は完全に脱歴史化されている。批評のなかで「亡命生活を営む芸術家」を神話化する方法は、亡命を正常なものとみなし、ホームレス状態を美学化しながら、移動という歴史的な基礎を有する経験から生まれた文化的産物について論評することから、亡命の効果を見習う**様式**の産出へ進んでいく。こうは言っても、私は、「偽の」故国喪失経験の表現に対置して、「真の」亡命を伝える言説を讃えるというような道徳的序列を打ち立てることには、抵抗を覚える。それよりはむしろ、いろいろな型の移動がいかに文化的活動を生じさせるのか、それをもっと歴史的に事実に即して考察するべきだと言いたい。欧米のモダニズムにおいては、外国移住の過程における「視覚的言語的な齟齬感の経験」とウィリアムズによって描き出された事情が、普遍的な神話の勃興をもたらした。その神話とは、「それまでの住まいから引き剝がされ、ホームレスになり、孤絶して、貧困に覆われた自立生活を送ることになった経緯に関する張りつめた独特の物語であり、孤独な作家が、自分のみすぼらしいアパートの窓から、親しみを覚えるようになれそうもない都市をじっと見つめる光景の物語である[☆40]」。

　歴史的に産み出されたこの主体がいったん神秘化され、脱歴史化されると、亡命を審美的な獲物と見る考えが、故国喪失者にもツーリストにも等しく（亡命生活者にも同様に）あれほど

☆40　Williams, *The Politics of Modernism*, 34.

うまく当てはまるようになるのは何故か、と問う術がなくなる。ツーリストが、亡命生活の長引く物質的な不如意を経験もしないくせに、亡命の美学に荷担していけるのはどうしてなのか。故国喪失の文学的経験が、特定の歴史的結節点において可能になるのは何故か。これらの疑問に答えるとば口につくためにすら、批評家たちがまさに避けてきた諸要素について、考察を加えていかなければならないのである。その諸要素とはつまり、モダニティにおける移動が孕む歴史と政治である。

『亡命者の帰還』――移動によって作家が生まれるという見方のモダニズム的構築

われわれは文学の海へ、定まった目的地もなく、水先案内人もいないままに乗り出そうと、あるいは漂流しようとしていた。

――マルコム・カウリー[☆41]

亡命を審美的な獲物と見る考えは、作家の資格をめぐるモダニズム的言説のなかでは随所に見られるが、なかでももっとも興味深い例は、依然としてマルコム・カウリーの『亡命者の帰還』である。『亡命者の帰還』は、自伝的回想録と批評とが合体したもので、二大戦間の時代について考察している。この本は、一九二〇年代欧米の故国喪失者について語っているが、一九五一年に初版が出版されたのち何度も再版されて、第二次大戦後の主要な批評書としてのその人気と生命力を証明している。きわめておもしろいことに、カウリーのこの文学史は、移動の美学を確立しているだけではない。ニュー・クリティシズム隆盛が始まり、「冷戦」のまっ

☆41　Cowley, *Exile's Return*, 19.

ただなかの時代に出版された『亡命者の帰還』は、旅や作家業の商品化を強調することによって、故国喪失を包む神秘的雰囲気に対する批判をも提起している。それでもこの本は、モダニズムについて語りながら、移動をめぐるモダニズム的言説のなかで亡命と故国喪失との合成を強化するような、神秘化された天職という観念を構築している。

モダニズム流の亡命についてのこのように高度に審美化された解釈は、作家業を説明し正当化する試みのなかで、経済的ないし史的唯物論的な要素を大部分押し隠している。このイデオロギー的な構築物の枠内では、著述は、権威と信憑性を発信するかぎりにおいて、社会的実践としての権力を発揮し始める。芸術が超越的なカテゴリーと見られるうちは、それを産み出す過程は隠されていなければならず、その生産過程が目立たないようなやりかたで、価値を感じさせる装いを帯びていなければならない。かくして、様式や形式を強調することが、「高級」文化と「低俗」文化の区別をするのに不可欠となる。現代芸術に関する言説は、新奇さやユニークさや断片化からなる表象をもたらし、それに頼りながらも、正当とされた価値の確実性を請け合っている。

作品と価値を生み出すこのモダニズム芸術生産体系のなかで、著作家という天職には特に負荷がかかっている。愚直な(「低俗」芸術を連想させる)商業主義を避け、ユニークたれという規範に迫られ、先輩芸術家たちの作品や業績だけでなく彼らの「ライフスタイル」をも気にかけている欧米のモダニズム作家たちが、故国離脱(その期間はさまざまでも)を進んで受け入れるとしても、なんの不思議もない。このやりかたによって見出すのは、新鮮な題材、工面できる経費でやっていける暮らし、孤独のうちに集中して仕事ができる程度に馴染みのない土地なのである。それに劣らず重要なことに、故国を離脱した作家は、ある種の読者集団に対して特殊な世界像を確認してくれる。文学的な「亡命」の表象は、モダニティに根ざした価値や実践には意味があるということの証拠として役立ちながら、故国の文化のなかに疼いている、物象化した作品を求める欲求を満たしてくれる。著作が文学市場に入るときに避けられないこの商品化の過程は、モダニズム美学の大部分との極端な緊張関係におかれている。『亡命者の帰還』は、世間に倦怠を感じていると同時に素朴とも思われる一群の作家、芸術家を描き出している。彼らは不可能なこと——芸術への完全な逃避と市場からの解放——を熱望しつつ、経済的必要、歴史的具体性を帯びた葛藤、外国移住の不如意を見出すことになった。

『亡命者の帰還』においてカウリーが関心を寄せているのは、主として北米の現象である。つまり、第一次世界大戦後の故国離脱の大きな波である。若者たちの脱出願望、自由と芸術的霊感は他国でこそ得られるという感覚をたどった彼の歴史叙述は、伝統と過去に対する複雑な関係に依拠している。故郷を離れようと願ったアメリカ人たちは、ブルジョア的な生活に浸透する商品化や、ピューリタン的な社会や、家族の因習を拒否しようとしたのかもしれないが、ヨーロッパの魅力それ自体が一種の伝統の上に成り立っていた。カウリーは、一九世紀の上流子弟にグランド・ツアーを勧める宣伝そっくりの調子で、こう述べている。「英国やドイツには、何世紀にもわたる過去の知恵があり、ラテン民族は、その異教的な遺産をみごとに温存している」[☆42]。

☆42 *Ibid.*, 61.

カウリーによれば、「失われた世代」は、世紀転換期に生まれた一群の作家からなっている。この呼び名は、どうやらガートルード・スタインによって造語されたものだが、「ロスト・ジェネレーション」という語は、こう呼ばれる作家たちの頭の回りに、ノスタルジアを帯びた光背のように浮かんでいる。「ロスト」という語の辞書のなかの定義には、「もはや所有も保持もされていない、もはや見つけられない、迷って道を見失った、破壊ないし滅亡した、とりつかれて心を奪われた」などが含まれる。[☆43]「ロスト」のニュアンスは、それぞれ少しずつ異なることを意味しているが、だいたいは、荒廃、破滅、恍惚、統制力の喪失、混乱に強調がおかれる。カウリーが油断なく指摘しているように、「失われた世代」の典型的作家は、大学出身者で、若くして文名（および快適な生活を営める収入）を獲得した。一八九〇年代の作家たちとは異なり、この「新しい」世代は、意に染まない仕事に従事したり、彼らの文体や主題を受け入れる用意が整っていなかった読者大衆のために書いたりする必要に迫られなかった。彼らに「ロスト」の称号はつきまとっていたものの、とりわけて「不幸だったり、挫折したり」したわけではない。[☆44]それゆえ、彼らが何かを失ったとすれば、つまり彼らの「ロスト」と呼ばれる質は、もっと心理学的な特質に帰せられなければならない。この世代が「ロスト」と言えるのは、それがモダンだからだった。カウリーはこう書いている。

　この世代が失われたと言われたのは、何よりもまず、いかなる地域や伝統への執着からも根こぎにされ、そういうものから離れたところで鍛えられ、ほとんど引き剝がされていた

☆43　*Random House Dictionary*, s.v. “lost.”
☆44　Cowley, *Exile’s Return*, 8.

からである。この世代が失われたと言われたのは、受けてきた訓練のおかげで、戦後に存在したのとは別の世界へ入ろうという覚悟ができていたからである（また、戦争のおかげで、旅と冒険へ乗り出す覚悟ができていたからである）。亡命生活を送ろうとしたからである。生き方に関していかなる年上の指導者も認めなかったからであり、社会とそのなかに占める作家の地位について間違った見方を抱くようになっていたからである。〔……〕彼らは古いものからの分離運動を進めながらも、執着できそうな新しいものはなんら見いだせなかった。いまだ明確になっていないもうひとつの生き方を求めて手探りしていた。[☆45]

カウリーの研究において取り上げられた欧米作家たちは、みずからの文化的な位置を伝統とみなして一貫して拒絶し、文化的なコンテクストを想像力にかけられた枷として拒絶した点において、正真正銘のモダンに属する。彼らは、歴史と文化のシニフィアンを他国（モダニズム流の故国離脱につながる状態をもたらしたあのほかならぬ戦争によって、経済的荒廃に突き落とされたとも言える国々）で探し求めようとした点においても、モダンの構造を露呈している。神話と歴史、本拠と外地、中心と周縁とのあいだを振幅しているからである。

カウリーの著書の副題「一九二〇年代の文学的オデュッセイア」が示唆しているように、ジョン・ドス・パソス、アーネスト・ヘミングウェイ、F・スコット・フィッツジェラルド、エズラ・パウンド、ハート・クレインなどといった故国離脱者たちは、故郷から遠く離れたところへ赴く叙事詩的な旅に乗り出していたのだ。故国離脱という「オデュッセイア」に乗り出し

☆45　*Ibid.*, 9.

た人々は、年齢も背景もさまざまだったが、この特殊な文学的ディアスポラは、一世代のみの、しかも一国だけからのものだったとされたのである。『亡命者の帰還』のような研究にある程度は影響された世間の見方では、「失われた世代」とは、その大部分がカウリーの取り上げたような人間からなっていた。つまり、ミドルクラスから反逆した若い男性たちである。白人男性だけからなるこんなパンテオンは、一九二〇年代の故国離脱や移動という現象の人的構成全体をあらわすものではないとしても、この集団の文学的成功を伝えているのは間違いない。モダニズムのキャノンにおける男性支配に異議を申し立てた、フェミニズムの立場からの重要な文学史があらわれたにもかかわらず、カウリーの研究によって数え上げられた作家たちは、ひとつの世代全体を代表するまでに一般化されてしまった。[☆46]

　この世代の故国離脱に関するカウリーの叙述には、過去と現在の関係に対するモダニズム特有の不安があらわれている。影響を重荷と感じ、霊感を求める姿勢について、彼はつぎのように述べている。「われわれの専門的職業としての文学は、その偉大な過去の影のもとに息づいていた。感動的な象徴としての、恋愛や死や別離といった主題は、使い古され干涸らびてしまった。一見してあらゆることがすでにとっくに言われてしまっているというのに、新しい主題をどこに見つけられようか。文学は、世界を呑み込んでしまったために、滋養分を見つけられなくなって死にかけていた。われわれに残されたものは何もなかった。ただ、周辺的な経験や異常な実例を扱うか、さもなければ、同じ主題をわれわれ自身の技巧を用いて申し訳なさそうに何度も繰り返すか、どちらかしかなかった。[☆47]」カウリーや彼の研究書で扱われている作家た

☆46　たとえば以下を参照せよ。Benstock, *Women Writers of the Left Bank*; Hanscombe and Smyers, *Writing for Their Lives*; Broe and Ingram, *Women's Writing in Exile*; Jay "The Outsider Among the Expatriates"; Scott, *The Gender of Modernism*.
☆47　Cowley, *Exile's Return*, 19.

ちは、安定しすぎていると彼らには感じられる世界の出身者なのである。カウリーが述べるには、彼らには「偉大な無階級社会に属しているという幻想」があった。[☆48]むしろ特権を享受していたこのグループは、アメリカの移民たちが置かれた状況や、彼らの社会をむしばんでいた人種的、階級的緊張について頭を悩ますこともなく、脱出のなかに慰めを見出した。大学卒で、安定したミドルクラスに属するこの一群の青年たちにとって、その脱出というのは、やがて自分たちも入っていくものと期待されているような、父親たちの退屈で非生産的な職業生活や、分別くさく魅力のない結婚生活や社会生活から逃げ出すことだった。そう指摘してやっても意地悪にはなるまい。外国で浮遊して落ちぶれていく暮らしは、冒険にもなりうるし、きわめて重要なことには、何か言うべきこと、ある視点を与えてくれそうでもある。本国の貧者は目につかず、おもしろくもないし、脅威を覚えることもないのに、外国の貧者の光景は異国情緒をかき立ててくれる。ヨーロッパの政治は活気に満ち、芸術との関連を感じさせるのに対し、本国の政治は、ミドルクラスのくだらない儀式に堕しているか、労組や無政府主義の活動にたずさわる移民の下層階級的雰囲気に包まれているように見える。[☆49]

　故国脱出がおこなわれたのは、依存を恐れる気持ちに対処しようとしてであり、さもなければ厚顔な野心や打算としか言えないような願望を合理化するためであった。故国離脱者は、自身の文化が干涸らびて、重要性を枯渇させてしまったと思っていた。他国の文化は、北米の青年たちには「新しい」と見える伝統や慣習を与えてくれそうだった。ディーン・マッキャネルは、このような伝統探究がモダニティの目印になる特徴であるとして、次のように述べた。

☆48　*Ibid.*, 5.
☆49　この時期の合衆国における社会史に対する有益な概説は Brier et al., *Who Built America?* vol. 2. である。

「そこで伝統が呼び起こされるのは、ノスタルジアから生じた出来心を満足させたり、モダンな主題に彩りを添え、あわよくば深みを与えるためである。新しい人間、新しい集団、新しい事物、新しい観念を開拓せよと急き立てる力が働いており、同じことを反復することに対する敵意が瀰漫している。戦争から音楽にいたるあらゆる集団的作業のなかに組み込まれた、段階的拡大の原理である。地平を思いきり拡張したいという欲望があり、家族関係などというありふれたことに関してさえも、そのフロンティアを見出そうとする試みがあらわれる。[☆50]」

カウリーは、彼の扱う故国離脱者たちを、伝統（ヨーロッパ式の）への願望と、伝統（合衆国式の）への嫌悪とのあいだで揺れ動いている者たちとしてあらわしている。このように亡命を理想化する見方によれば、故国離脱は、個人的な解放をもたらしてくれるだけでなく、職業養成の機会ともなる。故国離脱によってのみ、個人生活においても芸術においても突き当たっていた袋小路からの脱出が可能となる。カウリーの表現によれば、「芸術家は故国を脱出し、パリ、カプリ、あるいは南フランスで暮らすことによって、ピューリタンの枷を打ち壊し、酒を飲んで気ままに暮らし、あくまでも創造に邁進することができる[☆51]」。

逃避に寄せるこの空想（性的な比喩で表現されることも少なくない）は、二つの有力な言説を引き寄せた。別な場所や国の過去を異国趣味で彩る言葉づかいと、別のジェンダーや人種や文化を異国趣味で彩る言葉づかいである。カウリーの表現に従えば、「われわれが夢見ていたのは、曲がりくねった街路の走るヨーロッパの都市に逃避することであり、伏せたティーカップのように小さくしまった乳房の女性たちがいる東方の島々に逃避することであった[☆52]」。この

☆50 MacCannell, *The Tourist*, 34.
☆51 Cowley, *Exile's Return*, 61.
☆52 *Ibid.*, 16.

ような空想を普遍化する、『亡命者の帰還』のような文学批評的「歴史」によって、モダニズム文学のキャノンにおける男性支配は強められている。かくして、本国からの脱出には、平等を実現したいという衝動も、ブルジョア的な性的規範も投げ捨てるということが含まれていたと同時に、男性に見立てられた階級の社会権力や特権を強化することも含まれていた。旅に潜む性的解放ないし性的刺激を侍もうとするこの姿勢は、著述業を亡命と同じものとみなす欧米モダニズム理論の核心をなす、欲望と離隔をめぐる諸言説のなかに深く組み込まれている。「亡命」の代償、あるいは、そのような移動の終着点さえも、征服と誘惑という性的な比喩のなかにある程度表現されていると言える。モダニズム文学史に見られる、故国脱出を男性的な現象として、ためらいも見せずにジェンダー化するやりかたは、帝国主義的ノスタルジアに荷担するものである——不安の対象を抹消ないし冒瀆しながら、鬱病患者のように実利を追求する行為だからである。

亡命をめぐるモダニズムの文彩は、むしろ観光旅行に似通った移動を利用し、芸術への関心を押し立てて、その陰に商業や大衆文化を隠し、それらにいっさい触れないようにする。近代以降の商品化は、審美的なものを極端に評価したり、「経験」を礼賛したりすることによって押し戻され、否定される。故国脱出者たちの商業的活動に関するカウリーの論述は、観光旅行業界の価値が古典的な労働価値説によって規定されてはいないという、ディーン・マッキャネルの主張を証し立てている。「プログラムや、旅行、連続講座、レポート、論文、興業、大会、パレード、論評、催し事、景色、見せ物、モダンな感性に訴える場面や情況などといったもの」の価値を規定するのは、「そういうものが約束してくれる**経験**の質と量」である。[☆53] 商品は、古い型の経済的分析においては最終産物であるのに対して、マッキャネルは、モダンな時代においてはまったく異なる原理が働いていると突きとめている。「商品は、最終的目的に到達するための手段になった。最終的目的は、心的経験の膨大な累積であり、その累積によって虚構と現実が、大きな象徴主義のなかに統合されるのである。」[☆54]

この分析の枠組みに照らしてみれば、カウリーが取り上げた一九二〇年代の故国離脱作家たちは、価値と労働との関係におけるこの特殊な変化に絡みとられた最初の世代に属すると見ることができる。彼らが生みだした作品は、売れる商品となったのみならず、植民地拡大や、何十年にもわたっておこなわれた大規模な移民や、第一次世界大戦の余波としてあらわれた新しい世界秩序を、故国を失った作家たちの想像力による産物によって際立たせ、肯定してもらう必要に迫られていた世界のなかへ行き渡ってもいったのだ。失われた世代の作家たちは、片田舎だけでなくメトロポリスをもうろつき回り、国境を越えて、諸民族間の差異を目撃して歩ける。そのおかげで、カウリーの回想録に記録されているような、多様性に対する特殊な見方が生まれてきた。「ドルの力に導かれて、われわれは、芸術や金融や国家の未来を必死に探っている混沌たるヨーロッパを目にした。われわれは、ベルリンの街路に据えられた機関銃や、イタリアの黒シャツ党を見たし、クルフルステンダムに徘徊する男娼に声をかけられ、モンペリエのカフェでエジプトの革命家と同席した。この革命家は、『このベルモットはイギリス人の赤ん坊の血だと想像してみることにしようじゃないか』と言って、グラスをぐっと飲み干した

☆53 MacCannell, *The Tourist*, 23.
☆54 *Ibid.*

──われわれは『ブラーボ!』と言うと、闘牛を見にパンプローナめざしてふらふらと歩きだした。」[☆55]

右に引いた一節において、放浪する者の視点から発せられる文化相対主義者めいた大言壮語は、経験を蒐集して歩くツーリストの言説に近づいている。「他者性」を経験しようという企てを除いては、何かに結びついたり肩入れしたりすることから、ほとんど虚無主義的なほど距離をとろうとするために、このグループの人々は、「彩り」と興奮を与えてくれる文化的周縁へ引き込まれる。想像力のおかげで、反植民地主義のエジプト人と一夜の楽しみを分かち合っても、経験──闘牛──の「新しい」国へするりと移っていくだけに終わる。ここでは、コスモポリタンなメトロポリスにおける文化生産を通じて、定住できる新しい国を見出すための理論を提供してくれていた「モダニズムの地理学」は、永遠に根を失ったツーリストの群を作り出すだけのものへ堕していく。すなわち、彼らの存在は、まさにある種の自発的ホームレスになることによって成り立っているのに、彼らは、いっさいの係わりあいや根をもたないために、他民族の革命や、他民族の悲劇や成功、身のまわりで渦巻いているその他すべての「現実の」出来事を、目撃するだけの役割しか演じることができない。故国脱出者は、デカダンと異国情緒を覗き見て楽しむ者にますます似通ってきて、「他者」や「他性」を**見**はするが、彼らが観察しているだけと思いこんでいる世界を、実はみずから作り出している行動者としての役割も演じていることには、思い及ばずにいる。

カウリーの著書が脱神秘化をめざしてたえず示そうとしているように、これらの故国離脱者

☆55 Cowley, *Exile's Return*, 82.

たちは、亡命者（孤独で、疎外され、すっかり根こぎにされて、憂鬱病に冒されている）のように感じ**たかった**のかもしれないが、ツーリストのように振る舞うことが多かった。近代以降のあらゆる形態の移動には（とりわけ表象の領域においては）いくつかの共通する特徴があるかもしれないが、両者が重なり合ったり、区別がはっきりしなくなったりするとなれば、亡命に関する言説と観光旅行に関する言説との差異がさんざん力説されているだけに、注目してみる価値がある。言うまでもないことだが、亡命の経験は、創造的な洞察の源泉になりうるのに対し、観光旅行は、商業や余暇（芸術至上主義や専門家気質ではなく）と結びつきやすいために、いわば「地下に潜行」せざるをえなくなるか、あるいは、特別なかたちで烙印を押された。観光旅行が、越境的文化の構築における決定的な要素になっていると解すれば、故国を離脱した芸術家たちは、商業と経験と表象が織りなすこの複雑な網の目のなかで、受け身の目撃証人としてではなく、モダニティを作り上げるのに不可欠の行動者にして張本人としての役割を演じることになる。

　だからカウリーが論じているように、故国脱出者のやむことのない放浪は、ほんとうは、近代以降の観光旅行業を含めた商取引の発展を一変させ、あるいはそのために一役買ったのである。それゆえ、欧米の故国離脱の動きは、合衆国とその他の国々とのあいだの交流を増大させた。「芸術上の亡命者たちは、貿易上の使節でもあった。彼らは、意図せざる結果として、万年筆、シルク・ストッキング、グレープフルーツ、ポータブル・タイプライターなどに対する外国の需要を高める手助けをした。彼らは、そのあとに続いて大挙して押し寄せるツーリストたちを引き連れ、その結果、定期航路船会社や旅行代理店の利益増大に貢献した。何もかもビジネスには好都合に働いた。[☆56]」

カウリーの著書は、欧米のモダニズム式故国脱出に対して批判と同時に礼賛をしている点で、かなり独自の存在である。亡命をひとつの文化的生産様式として描き出すモダニズムの文彩に、「ビジネス」などが組み込まれることは、普通はないので、『亡命者の帰還』はおそらく、「文学的」というよりも「大衆的」な書物にとどまる。もしかしたらこの回想録の方法を解く鍵は、その題名に見出せよう。その題名は、「亡命」という比喩を提出しながら、「帰還」に強調をおいてもいる。この本のかなりの部分を割いて文学上の同僚たちの合衆国への帰還について述べることによって、カウリーは「亡命者」という言葉に明らかにアイロニーをこめている――この本における故国脱出者たちの「文学的オデュッセイア」がたどり着くのは、故国への再帰であり、終わりなき放浪や憂鬱病ではない。二大戦間の時代にナショナリズムが強まり、一九三〇年代の不況の影響のもとで世界経済があがいているなかで、故国脱出者たちは、いわば立場を選ぶように迫られていることに気づく。興味深いことにカウリーは、この故国への帰還を、世界はどこも同じと見る言い方であらわしている。「これらの若いアメリカ人たちは、当初、狂騒のヨーロッパを発見し、かの地のミドルクラスの知識人たちが故国の知識人たちよりも打ちのめされ、意気阻喪していることを見出した。のちに、戦争の影響を差し引いてみれば、どこの国民も同じようなもので、ある方面ですぐれている国民もあれば、別の面ですぐれている国民もあるという結論に達した。〔……〕この印象を得た亡命者たちは、ヨーロッパ

☆56 *Ibid.*, 62-63.

諸国民に見出していた美点がどれも自国民のなかにもあると認めることができるようになっていた。」[☆57]

マッキャネルは、この弁証法の必然的帰結を「抑圧的な循環の推力」と名づけている。すなわち「現代の道徳的合意に誰もが合流すべきだとする運動ないし思想」のことである。[☆58] かくして霊感を求め、過去から訣別したいという願望は、不可避的に、より強力な終結とより偏狭な世界像にたどり着く。ゆえに帰還あり。しかし、一九二〇年代末に、どの国民も「同じようなもの」だったであろうか。大戦間の世界は流動状態にあった。ファシズムの台頭、さまざまな段階にある植民地や帝国主義の拡大と縮小、法律を通じて制度化された人種差別、国内資本や多国籍資本と闘争している労働運動、その他多くのたたかいや問題が共存していた。このような国際情勢をどのように解すればいいだろうか。このような情勢は、諸国民を同化するであろうか、それとも差異を拡大するだろうか。「差異」と「類似」をあらわす言語はつねに暗黙の約束事につきまとわれており、つねに表象の権力によって作り上げられる物語であるとすれば、世界をどのように**記述**するかという問題は、とりわけ重要となる。「差異」の言説（たとえば「ヨーロッパの連中はもっとうまくやっている」という表現）が用いられるときには、類似が包摂されている。「類似」の言説（たとえば「どこの国民も同じようなもの」という表現）が採用されているときには、差異は消えるか、歴史的に特定されたやりかたで「自然化」される。以上の二局面、二項対立の二面が、同一のテクストにあらわれる場合は、この対立の産物を詮索することが可能になる。すなわち、『亡命者の帰還』のようなテクストのなかで、差異

☆57　*Ibid.*, 95-96.
☆58　MacCannell, *The Tourist*, 34.

と類似のあいだの往復によって何が産み出されているのかと問うてみるのである。もっと特定して言えば、このような表象によって、国際関係あるいは世界の統一性に関していかなる修辞が構築されているかと問うのである。

私が論じてきたように、帰還に関するカウリーの言説は、亡命としての故国離脱に対する批判になっている。故国離脱を亡命と合成することに対する部分的脱構築をおこない、観光旅行の文彩に注目し、故国への再帰にかなりの紙数を割くことによって、亡命の神話を掘り崩しているからである。にもかかわらず、この本は、モダニティにまつわる二項的なモデルにとらわれ、過去と現在、本拠と外地、中心と周縁とのあいだを往復している。したがって、カウリーの著書で論じられている欧米の故国離脱者の移動は、視野を広げる経験であるとか、差異に対する再認識であるとは言えず、帝国主義的ノスタルジアに通じる行為となっている。差異を抑圧しようとして鬱病を意図的に招き寄せようというのは、欲望の対象を根こぎにしようとするものである。カウリーの注視した一群のモダニストたちは、「亡命」という移動によって、彼らが旅をしてきた場所の歴史や特殊性をより深く理解するようになるのではなく、権力への意志を抱いて、ナショナリストとしてのアイデンティティを強化し、価値の抑圧的な階層秩序を確認することになる。モダニティについてのこのような物語のなかでは、「国際的な美学」も、「ビジネス」やそれと結託したナショナリズムがめざす企てに太刀打ちできない。

客引き、ツーリスト、旅行者——モダニズム文学の地図

亡命を作家の資格と見る欧米モダニズム批評のもうひとつの型は、二大戦間期の男性旅行者の第二のグループを中心に構築されている。ポール・ファッセルは、一九八〇年にはじめて出版された『外国へ』のなかで、「最後の旅の時代に、若くて頭が良くて文学に通じているということが、どういう感じのものだったかを示唆すること」をめざしたと述べている。[☆59] ファッセルの英国作家研究は、「亡命」という語を避けて「旅」という言い方を好んでいるが、『外国へ』で扱われている文学生産は、『亡命者の帰還』における「亡命」と共通する特徴を有している。『外国へ』はモダニティに毒づき、「旅」を、すでに失われたひとつの芸術であるとみなして、その衰退に哀歌を捧げる箇所で、とくにその姿勢を明確にしている。しかし、この本もやはり、離隔や文化的な差異を重視するその見方を通じて、欧米モダニズムを批評の分野で構築することに荷担しているのである。もっと限定して言えば、『外国へ』は、近代における欧米文学史の記述において、亡命と故国離脱と観光旅行とを合成しようとする批評の実例になっている。

『外国へ』は、欧米モダニズムの亡命の文彩が、一九世紀の上流および中流階級の旅行をめぐる言説に、いかに依存しているかということを示している。だから、グランド・ツアーで金持ちの欧米人たちが追求した余暇の過ごし方（スケッチを描いたり、日記をつけたり、旅先の思い出の品々を集めたり、慣習や風俗を観察したりする）は、盛時帝国主義の経済的、軍事的活動に伴う、知的専門家（とその家族）の実際的移動に結びついていた。旅行が、工業化のもたらした科学技術や財政に支えられるようになるにつれて、全世界は「西欧」のものであるよう

☆59 Fussell, *Abroad*, vii.

に見えてきた。メアリー・ルイーズ・プラットの著作が明らかにしてくれたように、一九世紀初期に、旅をめぐるさまざまな言説から産み出された著作は、その後数世代にわたって、西洋の外交政策のみでなく科学や文学にも影響を与えた[☆60]。したがって、世紀転換期には、旅は、ヨーロッパと合衆国の上中流階級の想像力にとって不可欠なものになっていた。

　このように形成された文化のなかで主要な地位を占める「旅人」とは、西欧の個人のことであると言える。たいていは男性で、「白人」、金に困らない身分で、内省的な観察者、文学に通じ、芸術や文化の思想をわきまえ、なかんずくヒューマニストである[☆61]。なるほど、あらゆる人種、階級、国民の男女のなかにも、部分的にせよ、全面的にせよ、この「立場」に立った人物がいたのは事実だろう。「旅人」をこのように特徴づけるときに私の念頭にあるのは、矛盾した多様な実践や言説を通じて産み出された神話的な人物なのである。近代以降このような「旅人」は、あとで私が論じるように、高尚な芸術においてばかりでなく、民衆文化においても産み出されてきた。理想的な人物たる「紳士の旅人」は、この時代に無数にあらわれて想像力をとらえ、インディ・ジョーンズのモデルや、ポール・セルーの霊感を提供してきた。

　ポール・ファッセルの『外国へ』は、モダニティのなかにこの伝統を復活させ、「旅行記」には「文学」としての威光があり、その著者には文化的に高尚な地位が与えられるべきであると主張している。たとえば、ペーパーバック版裏表紙には、軽視されてきたジャンルの歴史があらわれたと歓迎する、つぎのような「推薦広告」がある。「本書によって、著作の一領域全体が——ついに！——文学史のなかでふさわしい地位を与えられた」とジョナサン・レイバン

☆60　Mary Louise Pratt, *Imperial Eyes* を参照せよ。

☆61　遊歩者（フラヌール）とも変わらないこの男性の旅人という形象は、欧米モダニズム文化の作品のなかで目立っている。Pollock, *Vision and Difference* を参照せよ。一九八〇年代におこなわれた、欧米および西欧外の女性旅行家たちが演じた役割についての歴史的再発見や理論的分析は、男性の紳士旅行家に与えられてきたヘゲモニーに対する異論を提起した。以下を参照せよ。Grewal, *Home and Harem*; Enloe, *Bananas, Beaches, and Bases*; Strobel, *Western Women and Imperialism*; Donaldson, *Decolonizing Feminisms*; Ware, *Beyond the Pale*; Sharpe, *Allegories of Empire*; Shohat and Stam, *Unthinking Eurocentrism*; Kaplan, "'Getting to Know You'" and "'A World

Without Boundaries."

が書いた、『ニューヨーク・タイムズ書評』からの言葉もあれば、『ニューズウィーク』に掲載された、この本は旅行記の「体面をおおいに」回復してくれたという、ピーター・S・プレスコットの主張もある。さらにおもしろいことには、ファッセルの著書の受け止め方をあらわそうとして、旅の比喩に焦点を絞った書評者も二人いる。クリストファー・レーマン＝ハウプトは、国際的美学に関するモダニズム地理学に目を向けさせようとして、「社会学、文学批評、文学史、伝記、楽しい逸話をボーダーレスに融合した、まったく目もくらむばかりの大陸のような書物であり、どれほど壮大な知的な旅をすることになるのか、読者には測りかねる」などと書いている。『タイム』に執筆したポール・グレイの見解では、『外国へ』は、「ほんとうの旅に代わるものとして格好のものであり、時空を旅するに等しく、放浪の意外性に満ちた楽しみを与えてくれる」[☆62]。したがって、『外国へ』は（それに対する主流批評の反応と相まって）、「大陸」、「ほんとうの旅」の代用品、読者を「壮大な知的な旅」へ連れ出すさまざまな要素を「ボーダーレスに融合」するテクストとして、欧米モダニズムの主要な文彩を産み出し、それに荷担している。

ファッセルの研究書は、第一次世界大戦終結の時期から説き起こしている。ファッセルは、大戦がさまざまな社会関係を一変させたと論じ、旅の様式の変化を、英国市民の国内外への私的旅行を厳しく制限した、一九一四年、一九一五年成立の国土防衛法に結びつけている。この制限のために放浪癖や閉所恐怖症がかき立てられた結果、ファッセルが言うには、「英国の文学的ディアスポラ」――二〇年代、三〇年代に、他国の風土を求めて故国を脱出した若い作家

☆62　以上の引用は、一九八〇年刊ペーパーバック版の裏表紙に見られる。

たちの波——があらわれた。したがって、ファッセルのこの文学史は、カウリーの『亡命者の帰還』と大差なく、戦後世代の故国脱出を扱いながら、移動とモダニズム文学誕生を結びつけている。「このディアスポラは、モダニズム文学の兆候のひとつと思われる。おそらくプルーストを除けば、『本来の』居所に居続けたモダンな作家は一人もいないと言ってもいいということからも、それがわかるだろう。すぐに思い当たるのは、ロンドン、パリ、イタリアのパウンド、ロンドンのエリオット、トリエステやパリのジョイス、最終的には合衆国に行ったマンなどである。ヘミングウェイ、フィッツジェラルド、シンクレア・ルイスが中西部から戦後逃げ出したのは、現実にしろ、思いこみにしろ、窮屈になってきた空間から逃げ出したこれらのヨーロッパ人たちのアメリカ版である。[☆63]」

ここでは二つの世界地図が用いられている。第一次世界大戦前とその後との世界地図である。大戦前には、ファッセル好みの英国作家集団は、広大な空間を放浪していた（この後生楽な見方においては、帝国の作家たちの想像力と題材には日が沈むことがなかった）。旅を望む作家たちにとって、パスポートもなければ法的制限もなく、世界中に越えられない国境などもなかった。ファッセルが引用しているC・E・モンタギューは、この二〇世紀初頭の考え方を代表している。「ヨーロッパは、放浪者の足の向くままどこにでも行けた。〔……〕どこのフロンティアも開放されていた。ヨーロッパ大陸中がまるで自国でもあるかのように自由にさまよっていたものだ。[☆64]」ヨーロッパ諸国を横領したようなこの見方は、大英帝国の諸地域にもまちがいなく及んでいた。ロバート・バイロン、J・R・アッカリー、E・M・フォースターをはじ

☆63　Fussell, *Abroad*, 11.
☆64　*Ibid.*, 24.

めとする数多の作家たちは、ファッセルによって英国モダニズムの権化の実例としてあげられている。彼らにとって、外国（植民地であることが多かった）旅行者であるという身分は、芸術家としての体面とほとんど切り離しがたいのである。☆65

ファッセルの主張によれば、第一次世界大戦がある世代の作家たちに与えた影響は、とりわけ残酷で大規模な戦争を体験したということだけではなく、銃後に残された者たちが、戦前の旅行に伴っていた快楽を味わえなくなったことだけでもない。第一次世界大戦は、世界地図を文字通り塗りかえたのだ。新しい国境ができ、新しい法的制限が課されるようになった。パスポートや身分証明書は、それらが使われはじめるきっかけになった戦争が単なる記憶になってしまったあとも、ずっと使われ続けた。これらの変化や喪失や改変はすべて、新しい「モダンな感性」の要素になった。そして、ファッセルの主張によれば、このモダンな感性は著作そのものを変えてしまったのだ。「細分化、新たな分割、分配、転換、位置替え——これらすべての操作が露呈しているように、関心の的は時間や伝統ではなく、現在の空間にある。そこからうかがわれるように、現実は脱臼しており、分裂し、バラバラになっていると意識されている。新たな分割や転換などというこれらの操作は、目立って『モダン』なものと認められる方法、変則的な併置の方法をもたらしている。☆66」

ファッセルは他の批評家と比べ、「モダンな」文学や「モダンな」感性一般の可能性について煮え切らない態度をとっている。『外国へ』は、旅行文学について、ヨーロッパのルネサンスに遡り、末は現代にいたるまでの目的論的な歴史を語っている。この連続体としてとらえら

☆65　同時代における英国の故国離脱に関してイアン・チェンバースが述べていることを対比してみよ。「別世界への欲望は、産業文化や都会生活を拒否し続ける姿勢に結びついていた。」（35）チェンバースは、英国の国民文化に注目し、それがモダニズムを「外国風」、「非英国的」、「民主的」とみなして受け入れようとしなかったと述べている。この視野から見れば、故国離脱は芸術上の実験には好都合かもしれないが、同時に、保守的で、特定の階級に結びつき、ファシズムの原型となる運動でもあったということになる。Chambers, *Border Dialogues*, 30-37 を参照せよ。

☆66　Fussell, *Abroad*, 36.

れたジャンルは、各「時代」を代表する三つのカテゴリーに分けられる。つまり、探検、旅行、外国観光の三つである。探検は、ヨーロッパ・ルネサンスと関連づけられ、冒険をめぐる言説に荷担している。ファッセルは、初期の起業的資本主義を肯定して帝国主義を正当化するだけでなく、旅行文学の開花をもたらしたヨーロッパの膨張主義を礼賛している。だが、一九世紀ブルジョア文化の勃興こそ、ファッセルのいわゆる旅行文学の「黄金時代」を招来する。旅行は、学問かつ天職となるのである。ファッセルのもっとも手厳しい批判は、二〇世紀の観光旅行に対してぶちまけられている。

『外国へ』においては、観光旅行は、「真の」旅行を台なしにし、また（暗に）「良質の」文学の息の根を止めたものとみなされる。ファッセルの著書の関心は、探検時代の極端な英雄主義と、観光旅行時代の愚劣な悪趣味とのあいだにくるグループとしての「本物の旅行家」にある。「探検家が、無定形と未知という危険へ向かっているとすれば、ツーリストは、純粋な紋切り型という安定に向かっている。これら両極のあいだを取り持つのが旅行家である。旅行家は、探検の意外性に引きつけられる興奮からできるだけ多くのものを引き継ぎつつ、それを、観光旅行に伴う『みずからの居場所を知っている』という喜びに混ぜ合わせるのである。」[☆67]「発見」の神話は、ツヴェタン・トドロフからマーティン・グリーンにいたる批評家たちによって脱構築されてきたし、「発見された」土地の先住民が欧米人による表象において抹消されたことの文化的影響は、何世代かにわたる批評家たちによって綿密に調査されてきた。[☆68] 冒険と探検の文学は、強烈な男性中心的言説として、帝国主義原理の構築に重要な役割を果たしたと理解

☆67 *Ibid.*, 39.
☆68 たとえば以下の著作家たちによる書物を参照せよ。Frantz Fanon, Aime Cesaire, Albert Memmi, Ngugi wa Tiongo, Homi Bhabha, Gayatri Spivak, Mary Louise Pratt, Patrick Brantlinger.

されるようになった。マーティン・グリーンが主張したように、「イギリスが夜伽物語として語ってきた」冒険物語は、国民のアイデンティティや植民地政策に影響し、それらを決定されした。[☆69]「帝国を活性化する神話」として、英雄的な旅行文学、探検文学の伝統は、「世界に乗り出し、探検し、征服し、支配するためのエネルギーをイギリスの意志に注ぎ込んだ」[☆70]。ファッセルが、この強烈な神話的構築を容認し、支持さえしているさまは、帝国主義的ノスタルジアの一形態として、その著書のいたるところであらわれており、ファッセルが帝国弁護論者であることを証し立てている。

俗悪な観光旅行があらわれる以前の楽園的な時代を呼び戻そうとするファッセルのやりかたは、単純化した論法であり、それはちょうど、ルネサンス時代の旅行に対する彼の白人中心的な見方とつりあっている。ファッセルの関心は、ある特定の文学ジャンルの発展にあるのだから、彼がジャンルと階級的活動とを融合するのは、とりわけわかりやすい。彼が書いていることには、「真の旅行のひとつの副産物は、もはや消滅したと言ってもいいもの、つまり、旅行者の探究の記録にして、その探究が精神と想像力に及ぼした影響の報告でもあるような旅行記である」[☆71]。ここでファッセルが強調しているのは、彼の第一の目標であるにすぎない。つまり、価値のあるテクストと著者からなるキャノンを打ち立てようという目標である。「真の」旅行は「真の」旅行記を産み出す。それ以外のいかなるかたちの旅と結びついたいかなる著作も、ほんとうの価値はもちえない。ファッセルが当然の前提と考えているところでは、一九世紀後期から二〇世紀初期にいたる時代の欧米中産階級の旅行者は、規範となるような世界観を抱

☆69 Green, *Dreams of Adventure*, 3.
☆70 *Ibid.*
☆71 Fussell, *Abroad*, 39.

き、そのためにどんな叙述も実質的に事実と同じとみなされた。旅行記の「真実効果」は、旅行者の**見聞**のおかげでテクストが真実に**近づく**にきまっていると期待するように教え込まれた読者には、もちろん、とても強力な影響力を発揮する。☆72 ファッセルは、ヴィクトリア朝の人々がルネサンス時代の探検記を歴史的事実として読んでいたと論じることで、二〇世紀末の読者も、**彼が**キャノンと認めた著者たち——グレアム・グリーン、ロバート・バイロン、イヴリン・ウォー、D・H・ロレンス、ノーマン・ダグラス、クリストファー・イシャウッド、W・H・オーデンら——による旅の記録から、最近の過去についての正確な見方を引き出すべきだと示唆している。

ファッセルがキャノンとみなす欧米作家には女性が一人もいないことからもわかるように、「真の」旅行記（および「歴史」や「真実」）とは、二大戦間の英国男性作家からなるエリート・グループが作り上げたものである。☆73 このように描き出すことこそ、まさにファッセルの主張の主眼である。すなわち、**この**特定の階級、ジェンダー、人種、国民が、まさにこれらのアイデンティティにあぐらをかいて、文学的達成や文化的前衛主義を判定するためのある種の規準をふりまわし、湧き起こる嵐のようにたえず変化する規範や文化活動に対峙したというのである。ファッセルのねらいは、みずからのキャノンの価値と、旅行文学というジャンルについてのみずからの考え方に合致する美学的な言説とを押し出すことにある。

だから、観光旅行の隆盛で衰退に追い込まれるのは、本物の旅行（自分と同じ階級の道連れを伴い、自分の身分を認めて尊重してくれる他人に囲まれながらなされる、暇にまかせた旅）

☆72　ドキュメンタリーの「真実効果」についての議論や、自伝ジャンルに対する批判については、以下を参照せよ。Kaplan, "Resisting Autobiography"; Foley, *Telling the Truth.*

☆73　フレヤ・スタークについての伝記のなかでキャロライン・ムアヘッドは、スタークが第二次世界大戦後の英国の重要な旅行記作家とみなされているにもかかわらず、ポール・ファッセルの旅行記研究では彼女が取り上げられていないと指摘している。「アメリカの批評家ポール・ファッセルは、何年ものちになってはじめて、わずかばかりの嫌みな言及をひとつした。彼は、旅行記について書いたのに、彼女の著作について論及しなかった理由を、こう述べた。『すぐれた旅行記を書くためには、（一）旅行と（二）文章との両方に同じくらい関心を抱いている必要がある』のだが、だけでなく、「最良の」旅行文学である。ツーリストは、ファッセルが言うには、目的や活動に関して欺瞞を弄する。人目につく集団をなし、限られたシーズンだけに旅行するなどの点である。「ツーリストの特徴はその動機であるが、それは、公然と明かされることがめったにない動機である。つまり、故国での社会的地位を上げることで社会的不安を鎮めたいとか、常日ごろ夢見ている性的な自由を手に入れたいとか、きわめて重要な動機としては、自分よりも上の社会階級の一員みたいな振りをしてみることで、一時的にせよ、秘かな楽しみを味わいたいとか、買い物をすることで権力をふるっているかぎりにおいてしか意味もなく面白みもない生活をしている『買物中毒者』や消費者の役柄を演じてみたいとか、そういった動機である。」[☆74]だが、性的な自由を手に入れたのは、西欧の旅行によってもたらされた経験や著作の歴史を通じて、ツーリストだけに限られないことは、揺るぎない事実ではないか！　グリゼルダ・ポロックが「モダニティと女性の空間」で論じたように、一九世紀末ヨーロッパの男性遊歩者は、ブルジョアの客間から、都会のアーケード街や広小路へ、そこからまた売春宿へ順番に入り浸ることでメトロポリスのモダンな空間を作り上げた。まさにジェンダーと性の色彩を帯びた一連の活動は、モダンな空間やモダニズム芸術の誕生につきまとう特色であり、このような「自由」や「エロティシズム」の限界を揺るがし、そのコンテクストをなすものである。[☆75]もっとも控えめに言っても、性的な搾取をツーリスト特有のものとみなすのは、不正確である。ファッセルの憤りをかき立てたのは、このようなエリートの男性主義者のみに許されていた特権が民主化されてしまったという事実なのであろうか。

フレヤは、旅行家であることについては疑問の余地がないけれども、『言語や構成に対する楽しみ、文学的工夫に対する楽しみといった次元が、彼女の著作にはない。』」Moorehead, *Freya Stark*, 125 を参照せよ。

☆74　Fussell, *Abroad*, 42.
☆75　Pollock, *Vision and Difference*, 50-90.

現代の旅行を文字通り台なしにしてくれたとみなされる階級にファッセルが向ける敵意は、あるひとつの癪の種に再三ぶちまけられる。彼の最大の恐怖は、ツーリストが一回限りの「擬似的な場所」を好むために、「真の」場所が汚染されるということにある。「真の」場所しか文学を生み出さない。「場所というものは奇妙であり、解釈を必要とする。[☆76]」世界は収縮しつつあり、解釈を産み出すほどかけ離れたり、異なっていたりする場所はもうないのかもしれないというファッセルの感じ方には、ノスタルジアが染みついている。だが、ノスタルジアは、偉大な神話が機能しだすきっかけである。すなわち、ファッセルが嘆いている世界は、彼の好きな旅行者たちが手を貸してそうなるようにした世界にほかならない。ツーリストを非難するのは、文学が生まれるにあたって移動が果たした役割や越境的文化に、少しでも練られた評価を与えるという課題を、不平たらたら回避するだけに終わってしまう。

驚くにあたらないが、ファッセルは、彼の文学上の同志が「訪れた」先の人々の視点を尋ねることは決してしない。理想的な旅行者を構築するのとまったく同じ手を使って、理想的な原住民《ネイティヴ》を構築している。ツーリストを論難する途中で、「客引き」に対するとりわけ毒々しい悪罵が差しはさまれる。旅行者からなにがしかの金をせしめようとして行楽地や港に出没する、あの厄介な乞食やしつこい金儲け連中と思われるような人々に向けられる悪罵である。ファッセルの言葉によれば、「客引きは、現代の観光旅行を、しつこい連中に満ちた地獄に変える。私の観光旅行の思い出の大部分は、特定の客引きの思い出になり下がっている[☆77]」。たとえば、客引きのおかげで、「真の」旅行者志願者たるファッセルはホテルを出られなくなる。そ

☆76　Fussell, 43.
☆77　*Ibid.*, 46.

ういう客引きと好対照をなすのは、英語を学びたがっている少数の好ましいウェイターや学生である。一般化して言えば、ファッセルにとって、しつこくずぶとい「原住民」が痛切に思い知らせてくれるのは、先住民の経済がヨーロッパ帝国主義によって攪乱されたということではなく、こちらの耳に届くような文句も言わずに階級や民族の上下関係を受け入れるものだと、旅行者が決め込むことのできた時代は、どんなによかったか、ということなのである。☆78

ファッセルの読者はファッセルを「反ツーリスト主義者」と色分けしたくなるだろうが、ファッセルは、真の「反ツーリスト主義者」と真の「旅行者」との違いを言い立てている。前者を後者と混同してはならないわけは、前者の「動機は探究ではなくて、自己保身と虚栄心にある」からだ。☆79 ファッセルによると、休日に出かけた大勢の同国人を見て、スノッブ然と怖じ気をふるったり、カメラを持っていかないと言ったり、快適なホテルを避けて穴場の「本物の」宿を探したりするミドルクラスの旅行者は、格別な軽蔑に値する。この種の「ツーリストの苦悩」はどうやら、ミドルクラスと労働者階級との境界が少しでもぼけてきたことに対するミドルクラスらしい不快感の兆候であるようだ。ファッセルの図式では、庶民を喜んで真似ようとするのは上流階級である。「上流階級は、誰から軽蔑されようとびくともせずに、リンドブラッド社のツアーに喜んで参加したり、窮屈な集団を組んでナイル川遡航をしながら、オクスブリッジ出身の考古学者を巧みに装ったツアー・ガイドの講義を受けたりする。☆80」『外国へ』における旅の序列には、いくつかの段階の美点が想定されており、それらの起源はいずれもご立派な系譜に結びつけられている。真の旅行者は、探検物語（および地主階級）の

☆78 「原住民」という構築概念について、Arjun Appadurai, "Putting Hierarchy in Its Place" を参照せよ。
☆79 Fussell, *Abroad*, 46.
☆80 *Ibid.*, 49.

黄金時代に遡る伝統にしたがっている。真の旅行者は、上層のミドルクラスないし民主化された英国貴族階級の騎士道精神の代表者である。「真の」旅行者をめぐる言説は、独特なかたちでモダンな人物像の誕生を告げる。この人物は、旅行と探検の系譜の最良な部分から創造され、自意識的に自分を押し隠さないまでも独自のやりかたで旅をし、妥当な部類の他者を特別視して観察しつつ、なんらかの賛辞を呈するのもやぶさかではないし、もっとも重要なことには、解釈の客観性とか普遍性とかを恭しく信奉している。

さまざまな種類の旅行や旅行者に区別をもちこむ論述を結論まで進めたあげく、ファッセルは、いかなる旅行も観光旅行と同じ構造で成り立っていると認め、「いまやわれわれはみんなツーリストであり、それ以外のありようなどはない」と言うにいたる。[☆81] したがって、旅行文学の黄金時代を論じるファッセルは、必然的に懐古的であり、哀歌調になる。彼がキャノンに押し立てようと苦心している、かつて若かりし作家たちは、世にあらわれる先から色褪せてくる新しい集団の権化として、ノスタルジアに満ちた言葉づかいで描き出される。それはあたかも、第一次世界大戦が果たせなかったことを、近代化によってもたらされた効果が成し遂げてくれたかのようである。ファッセルの文学史においては、二〇世紀のある輝かしい一瞬が、作家たちからなるみごとな星座を生み出し、それは燃え立ち、やがて下火になったかと思うと消えていったとされる。カウリーの『亡命者の帰還』のなかの作家たちは、故国へ戻ることによって故郷喪失の意味全体を変化させてしまったとすれば、ファッセルの扱った一群は、モダニティのもっと劇的な犠牲者としてあらわされている。モダニティは、あまりに多くの人々を、

☆81 *Ibid.*

あまりにも無差別に移動させ、そのために、彼が注目したエリート集団の特別な旅も無意味なものになってしまったのだ。

『外国へ』のような文学史は、高級文化と低俗文化、「大衆的な」文学作品と「エリートの」文学作品のあいだに区別を設ける。アンドレアス・ヒュイッセンが論じたとおり、モダニズムの構築は、「意識的に排除の戦略を用いることで、つまり、こちらをますます包囲し取り込んでくる大衆文化という、対立する他者に汚染されるのではないかという不安をてこにして」なされる。[☆82] だが、欧米モダニズムは、革新や新しい視点を重視する結果、みずからの排他性をたえず足元から掘り崩す道をたどってきた。たとえば、ファッセルの予型論《タイポロジー》におけるツーリストと真の旅行家／作家とのあいだの緊張が示しているように、モダニズムの構造には、それ自体の内部に異なる傾向が潜んでいるために、かならず無理が生じている。旅行や作家の資格についてのエリート的な見方と通俗的な見方のあいだの、いわば断層線をたどってみれば、モダンからポストモダンへの推移を批判的に読み解くことができよう。その推移とはすなわち、モダニティの文化のなかで種々の特定のモダニズムが生まれてくることにほかならないのである。

ツアーをするモダニティ——主体を移動させる

欧米モダニズムのなかで、作家の資格に関して移動の比喩を用いる種々の理論はたいてい、観光旅行志向と同一視されまいと苦心しているが、欧米の批評家には、観光旅行こそがモダニティの利点であると論じた者もいる。観光旅行を重要視する理論家は、構造主義の方法論に依拠

☆82 Huyssen, *After the Great Divide*, vii.

し、美的関心よりもむしろ経済的交換や消費文化に注目して、モダンな都会的生活の浮遊性や没価値状況を、旅というしたたかな比喩に訴えることによって説明しようとする。なるほど、モダンな主体をツーリストとして措定すれば、文化におけるさまざまなモダニズムに潜むエリート主義は、多くの点において揺さぶられ、文化生産に関する理論は、もっと歴史的な具体性や経済的な基礎をそなえなければならなくなるだろう[☆83]。しかしながら私は、ディーン・マッキャネルの『ツーリスト――有閑階級に関する新理論』、およびドナルド・ホーンの『大美術館――歴史の再現前』を、モダニズムのテクストとして読むことを通じて、ツーリストを、モダンな時代におけるあらゆる主体の位置をあらわすものとして普遍化できるわけではない、とも言いたい[☆84]。

マッキャネルにとってもホーンにとっても、ツーリスト志向は、モダニティの構造を見るためのレンズの役目を有する。マッキャネルによれば、「ツーリストの経験」は、具体的にモダンな世界に依存してあらわれるのであり、その世界の特徴は、過去への愛憎半ばする関係、同時性を可能にする科学技術、経済的社会的変動の世紀に起こった多数の人々の移動などである。このモダンな世界システムは、地上のあらゆる部分が経済的な紐帯で結合されており、ホーンのいわゆる「モダンな人々の観光旅行」を可能にする[☆85]。マッキャネルとホーンによれば、旅行はモダニティを肯定し、旅行とモダンな想像上の共同体とのあいだの弁証法的な関係を作り出す。モダニティは、大勢の人々を形而上学的な意味でも具体的な意味でも移動させる一方、モダンな人々は、旅することによって、居場所の関係構造についての知覚を組み立てると

☆83　ジョナサン・カラーは、旅行家とツーリストの対立は、文化批評にとって基本的な関心を呼び起こすと論じた。マッキャネルとファッセルについての彼の論評は、厳密に欧米のモダニズム／ポストモダニズムに限った論壇における、旅について入念に仕上げられたポスト構造主義的言説の有益な実例となっている。Culler, "The Semiotics of Tourism" を参照せよ。

☆84　「ツーリスト」という概念の限界をめぐるとくに有益な議論としては、デニソン・ナッシュの重要な論文「人類学上の主題としての観光旅行」、および、それに続いて『現代人類学』(*Current Anthropology* 22:5 (October 1981): 461-481) 誌上でおこなわれた議論を参照せよ。この論文のもうひとつの版とも言うべき「帝国主義の一形態としての観光旅行」は、以下の書物に収録されている。

ともに、その確証を得る。マッキャネルは、「ツーリスト」を、実際の観光客という意味の言葉から「モダンな人間一般」を意味するメタ社会学的用語にまで拡張する。[☆86] モダニティは、さまざまな主体の位置を通じて把握されうるにしても、ツーリストは、特に複雑な利点をもたらしてくれるとマッキャネルは主張している。彼の主張によれば、モダニティは、宗教、言語、民族などといった個別のカテゴリーを考察することによっては説明できない。「発展」の不均等性のために、世界のあちこちの地域がモダンなものを取り入れる程度は、異なったままであるからだ。「モダニティは外側から規定することができない」と彼は書いている。むしろ、「いろいろなものの質や関係に付与される特定の価値を数え上げることによって、内側から規定しなければならない」と言う。[☆87] ツーリストはこれらの辺境を、字義どおりにも比喩的にも横断していくのである。

しかしながら、ツーリストは、気ままな世界を思いどおりにうろつきまわれるわけではない。ツーリストは辺境を横断するとしても、その辺境を作り出すことにツーリストも荷担している。すなわち、「周縁」や「中心」を作らざるをえない経済的社会的秩序は、そういう構造上の区別をあらわさずにはおかないのである。ツーリストは、「第一世界」や「第三世界」、「先進国」や「後進国」、「中心都市」や「辺地」といった構築物からなる社会現実を、確証し公認させるのである。産業国家で増大しつつある余暇から生まれ、アイデンティティや居場所の確実性が掘り崩されている世界で、そういうカテゴリーを安定させる必要に駆られているツーリストは、モダニティを担う執行人の役割を演じる。

Smith, *Hosts and Guests*, 33-47. 観光旅行と開発政策に対する真っ向からの告発を詳説したものとしては、以下を参照せよ。Bodley, *Victims of Progress* and Kincaid, *A Small Place*. 合衆国フェミニズムの枠内にあるものとしては、以下を参照せよ。Jordan, "Report from the Bahamas"; Lorde, "Notes from a Trip to Russia," and "Grenada Revisited: An Interim Report," in *Sister Outsider: Essays and Speeches*, 13-35 and 176-190; Davis, "Women in Egypt: A Personal View," in *Women, Culture, Politics*, 116-154.

☆85 Horne, *The Great Museum*, 45.

☆86 MacCannell, *The Tourist*, 1.

☆87 *Ibid.*, 4.

モダンなものについてマッキャネルが論じるときに、モダニティと過去との関係が中心的な関心事となる。彼の論述においてモダニティそのものは、モダンでないとかモダン以前とかとみなされるものによって認可され、規定されるようになる。モダニズムは、モダニティにおける伝統的なものの突発とか、伝統的な社会におけるモダンなものの突発とかの矛盾に注目するよりも、過去を抹消する進歩史観を措定するのが常である。「消えゆく」原住民。「失われた」理想的文化。「素朴な」経験の終焉。モダンな時代にあらわれるこれらの文彩すべての奥には、過去の伝統的ないし非モダンな様相は破壊され、救出しえないという確信が潜んでいる。モダン以前のものが抹消されるのは当然だとみなすのは、過去が抹消されるのは当然だとみなすのと同様に錯綜した姿勢であると、マッキャネルは論じている。彼の記述によれば、モダニティは、「それ自体の過去にも、現存するモダン以前ないし未開（後進）的な社会にも、対立しているもの」としてとらえられる。[☆88] だから、モダニティにおいては、モダンならざるものは、モダン以前のものとして、つまり、モダンな時代という現在にとって歴史的に過ぎ去ったものとして、解されなければならない。モダンならざるものを過ぎ去ったものとして構築する姿勢をさらに強化するのは、「モダン以前のものを博物館行きにする」、つまり、モダン以前のものを儀式化された静態的なかたちで保存しようとする動きである。文化のなかの不安定要因や抵抗分子は、「消えゆくもの」、「絶滅の危機に瀕しているもの」、「ローカルなもの」として固定されてしまえば、見せ物になりうる。「本拠」でも見られるような状態や慣習を見物しに、わざわざ別の場所まで出かけていくツーリストの旅は、まだ十分に皮肉の槍玉にあげられていな

☆88 *Ibid.*, 89.

い。ツーリストたち、つまり豊かな国のモダンな人々が、ほんとうに欲しているのは何なのか。

マッキャネルによれば、ツーリストは誰でも、文化や社会に対する「深い関心」を共有している。すなわち、表面的な観光旅行の限界を乗り越えて、「社会や文化をもっと深くから堪能」したいと望んでいる。[☆89]だから、故国を離脱したモダニズム作家と長期休暇旅行を楽しむ人とのあいだには、普通とは異なるものを「見」たり「感じ」たりするための、目新しい経験や場所を必要としているという共通点がある。心躍るとは言えないような決まりきった日常生活から、長期、短期を問わず脱出したいという願いを共有しているのである。両者ともに、過去の名残りや、モダンなものに取って代わるものが、何であれ、見つかるかもしれないと教わったところへ行ってみたくなる。しかし、私があとで述べるとおり、こういう「経験」は、地上の誰もが等しなみに、問題なく共有できるものではない。マッキャネルのいわゆる「モダンな人々」は、どこにでもあらわれるにしても、全世界規模で普遍化できるような存在ではない。にもかかわらず『ツーリスト』を、歴史のいくつかの捉え方に限定して読めば、経験を「モダンな」現象として一般化する見方は、移動をめぐる欧米の言説について多くのことを物語っているとわかる。

欧米のツーリストにとってのモダニティの逆説は、意味の全体性が孕む矛盾した動力学にある。ツーリスト体験があらわれるのは、モダニティのさまざまな断片を統合しようとするあがきからであるが、こうして獲得された統一性ははかない。マッキャネルが書いているように、

☆89 *Ibid.*, 10.

モダニティは、全体性を構築しようとしながらも「差異化を讃えている」からである。[☆90] ツーリストという形象は、この矛盾を完璧なまでに体現している。ドナルド・ホーンがその著書で論じているように、ツーリストは、他の居場所に、他国の風景や都市や社会慣習に、新たな意味を探し求めるくせに、「帰国するときには昔ながらの意味に対する確信を深めている。」[☆91]「昔ながらの」意味に対する確信を深めて帰国することで、現実を見定めようとしたときに陥った危機は解消される。

現実との調停をはかるこの過程の一部として、ツーリストはみんな「真正性」のたしかなしるしを探し求めるものだと、ホーンとマッキャネルは主張している。ツーリストにとって、おみやげや写真、先住民との友好、慣習や風俗や風景の記録、外国語の学習などは、「本物」のなかに「入っていく」入り口を示すしるしの役割を果たしてくれる。マッキャネルは、この真正性の探究を、モダニティに広く見られる不安への反応として描き出している。すなわち、ツーリスト向けの光景（および見せ場）の確実性は、西欧のモダンな主体を悩ませる、漂流し細分化されているという感覚を、緩和する助けになるというのである。[☆92]

マッキャネルは、「表」の領域と「裏」の領域というアーヴィング・ゴフマンの概念を借りて、旅行の言説における「演出された真正性」の意味合いをあらわしている。第一段階は、表の領域であり、「ツーリストが乗り越えたり抜け出したりしようとする社会空間」である。第二段階は、ツーリスト向けの表の領域であり、裏の領域に似ていて、「雰囲気」を出すためにわざと裏の領域のような装いを凝らしさえしている。第三段階は、公然と裏の領域を装う表の

☆90 *Ibid.*, 13.
☆91 Horne, *The Great Museum*, 45.
☆92 MacCannell, *The Tourist*, 14.

領域である（これはもっとも曖昧な段階である）。第四段階は、「外部者に開かれている」裏の領域のことである。第五段階は、ツーリストの訪問を認めて用意された裏の領域である。第六段階は、旅行者の想像界を刺激する究極的な社会空間であり、理想的な、外部者未踏の裏の領域である。[☆93] ツーリストは、この第六の空間、「真正性」をそなえた理想的な場所に入りたいと願うものだ、こうマッキャネルは主張している。「偽の」裏の領域には何よりも警戒する。旅行の目的は、無類の本質的な真正性をそなえた究極の場たる第六の領域を経験することだからだ。新しい土地では「表」と「裏」の見分けがつきにくいということも、この探究にいっそう拍車をかけるだけである。

ドナルド・ホーンが『大美術館』のなかで論じているのは、モダンな人々は、旅行を通じてモダニティの正しい表現を獲得することに神経をすり減らし、したがってモダンなものを記録する必要に迫られるということである。[☆94] 観光旅行は、現実における危機のあらわれであり、本物の証拠をあくまでも要求する。旅の記録の一部をなす写真。おみやげ品の蒐集。絵はがきや旅日記を書くこと。これらの活動は、「現実」を記録するテクノロジーの一部となる。ツーリストが、究極の「現実」を発見したとか、「裏」の領域にたどり着いたとかと信じると、証拠を求める必要はとくに差し迫ってくる。ホーンの指摘するように、写真を撮ることでツーリストは、世界に対して「知――そしてそれゆえに力――を得た気がする」関係に立てる。[☆95] 何かの写真を撮ることでそれを手に入れられるとすれば、それについて書くことによって得られるのは何であろうか。

☆93 *Ibid.*, 101-102.
☆94 Horne, *The Great Museum*, 21.
☆95 *Ibid.*, 11.

民族誌を批判する者たちは、書く行為が一種の権力テクノロジーであり、表象を通じて支配的な関係を築こうとするものだと述べてきた[☆96]。あらゆる種類の表象は、民族誌から大衆映画、絵はがきにいたるまで、移動に関する言説にしたたかに荷担する世界観を作り出す。表象は、「経験を手に入れる」とか「現実を把握する」とかと見られるにせよ、偏った見方をあらわしていると見られるにせよ、権力関係と無縁になることはけっしてない。いかなる種類の権力が、いかなる方法で発揮され、それが誰の利益に、そして誰の損失になるのか、ということが問題になるだけだ。マッキャネルやホーンが論じる一般化されたツーリスト／主体のものする著作は、モダニティの権力関係に深く関与している。批評という著作も、この移動をめぐる言説に荷担しており、「亡命中の芸術家」や、故国離脱者や、ツーリストの作り出すモダニズムに劣らず、複雑で影響力の大きいモダニズムを産み出している。これらの論述は、欧米のモダニティに必要とされた現実との調停作用と、この調停作用の全世界規模への普遍化とに携わっている点において、相互に結びついている。

マッキャネルもホーンも主張したがっているのは、ツーリストが、現実効果構築の執行人としての役割をみずから果たしていると認めることなく、現実を確認したいと考えている、ということだろう。まがい物で空虚と感じられる文化からの息抜きとして「真正性」を探究するのは、責任を個人から、不安の漠然としたあらわれへ転嫁することである。探検や発見は、欧米人の旅が物理的にも精神的にももっと困難だった時代から喧伝されてきたために、もはやあまり注目も引かなくなっているのだが、これを合理化するには、文化的な「差異」という一般化

☆96 以下を参照せよ。Clifford, *The Predicament of Culture*; Clifford and Marcus, *Writing Culture*; Marcus and Fischer, *Anthropology as Cultural Critique*; Asad, *Anthropology and the Colonial Encounter*.

した発想に頼ればよい。この発想は、今日の観光旅行にかかわる言説に取り込むことができる。既知のものを探究したり、よその人々がとっくに知っていたことを発見したりするには、一種の集団的錯覚を前提にしなければならない。ツーリストの言説がモダニティの模範となるときの要諦は、欧米ミドルクラスのものの見方が普遍へ変容するという点にある。別のありうる視点を無視できるほどの特権を有する集団だけが、この種の旅の言説の出現に見られるような、文化的近視症に安住していられる。

このような文化的近視症の限界を見抜く強味に立って観光旅行に対する批判を展開しているのは、ジャマイカ・キンケイドの、アンティグア島での生い立ちの回想録『ささやかな場所』である。「**あなた**がツーリストとしてアンティグアに行くなら、**あなた**が目にするのは以下のようなものだ。」（強調はカプラン）[☆97] この本は、どこにでもいる「モダンな人々」に語りかけているのではなく、「ツーリスト」と「アンティグア島民」とを区別している。「醜悪なるもの、それこそあなたがツーリストになったときの姿だ。醜く空しいもの。愚かなもの。あちこちで立ち止まって、これを見つめたり、あれを味わったりする、一片のゴミのような存在。たったいま立ち止まった場所に住んでいる人々から見れば、あなたは鼻持ちならない人だなどとは、あなたには思いもよらないのだろう〔……〕。」[☆98] だが、たったいま引用した一節が示しているように、ツーリストはその行動を通じて構成される。彼らが観光旅行を実践するかぎりにおいてのみ、人間集団として、訪れる場所とともに商品化されるのである。キンケイドの二項対立は、「観光旅行」の普遍化を糾弾する戦略的作戦として機能し、「原住民」と「訪問者」との真正な区

☆97 Kincaid, *A Small Place*, 3. キンケイドの本については拙稿で論じた。"Reconfigurations of Geography and Historical Narrative" を参照せよ。

☆98 Kincaid, *A Small Place*, 17.

別を本質主義的に演出してはいない。「原住民がツーリストを好まないことを説明するのは難しくはない。というのも、どこの原住民もみんな潜在的なツーリストであり、ツーリストもみんなどこかの原住民だからだ。〔……〕だが、どこにも行けない原住民もいる——世界中のたいていの原住民がそうなのだ。〔……〕あまりに貧しくて、生活の現実から逃げ出すこともできない。あまりに貧しくて、暮らしている場所でまともな暮らしもできない。その場所こそ、ツーリストであるあなたが行きたがるところなのだ〔……〕。」[☆99]

だが、政治的経済的不均衡を強調するキンケイドの著作のような、観光旅行に反対する言説があらわれても、ツーリストをすぐれてモダンな主体の立場とみなす発想は存続する。このツーリストは、旅行し、国境を越え、自由に動きまわり、商品を消費し、経済を産み出し、その代わりに多かれ少なかれ商品化される。ツーリストは、認識と記録の過程を通じてただモダニティを作り出すというよりも、モダニティの解体の目撃者として振る舞う。この見方からすれば、ツーリストは、複数の時代、生産様式、思考体系を股にかけている。このツーリストはパスポートを持っているが、このパスポートがあらわすものは、国民国家中心の時代から越境的な時代へ移るにつれて変わったのかもしれない。

マッキャネルやホーンの論述におけるツーリストは、モダニティに対する批判を可能にするが、モダニティに宿るヨーロッパ中心主義を覆すものではない。したがってツーリストとは、経済的不均衡を構造として抱えている世界を旅することによって、移りゆく周縁の選定役を果たす、すぐれて欧米的な構築物なのであり、不安を覚えているモダンな人々のために雑種性を

☆99　*Ibid.*, 18-19.

打ち出してくれる、ポストモダンな時代のコスモポリタン的主体などではない。だからツーリストは、現代の第一義的な形象に変貌するというわけにはいかない。ツーリストは、いかなる他の文彩と同様に時間に拘束され、歴史的に構築されたものであり、それが意味してもいないものをあらわすようになることなどは、できはしないからだ。観光旅行は、その植民地時代の遺産から切り離せない。いかなるかたちの移動も、脱歴史化したり、ロマンティックに描いたりしてはならないのと同じことである。ドナルド・ホーンは、ヨーロッパの観光旅行について書いた文章のなかで、ツアーをすることは「ヨーロッパの——世界を支配するという——壮大な野望の挫折に捧げられた記念物」のなかを経巡り歩くことだと述べた。[☆100] 帝国主義は、世界中にその建築物や標識を残してきたし、観光旅行は、陸軍元帥などに捧げられた実際の記念碑だろうと、かつての植民地の変貌を遂げた経済だろうと、これらの標識を訪ねるものである。したがって観光旅行とは、他の国々が「手ごろな訪問地」になったり、「開発」の対象になったりするという結果をもたらした、その国々の経済的破綻から発生するのである。それは、長期にわたって確立された文化的経済的覇権の伝統を悪用し、今度は、新版の覇権から生じた関係に荷担しようとするものである。

最後に指摘しておきたいのは、マッキャネルのツーリスト観は、欧米モダニズム批評の覇権的な動力学に荷担しているという点である。この特定の意味において、彼の著作は、無数の批評的企ての特徴となる、知や構造的全体性に対する、あのがむしゃらな探究を明らかにしている。ジョージ・ヴァン・デン・アッビールは、マッキャネルの著作に対する洞察にみちた解釈

☆100 Horne, *The Great Museum*, 211.

において、ツーリストと理論家の**両者ともに**、研究の真正な実体や対象に直接接したいと望む観光客であると論じている。「だが、理論家のそぶりは、観光客のそぶりよりももっと大仰である。もうひとつの意味における見者、つまり、ものを知っている人間になりたがっているからだ。理論家は、景色を見たがるだけでなく、人並みすぐれた知を武器にして、その景色も、それをいっしょに見にきた他の観光客も、とらえてしまいたいとも願っている。[☆101]」

しかし、そういう捕獲の夢は、欧米の女性旅行者よりもむしろ男性旅行者のものである――あるいは、そのような権力的な行為は、想像力や旅行願望の構造を、特定のジェンダー化、階級化、人種化されたかたちにする。ミーガン・モリスは、観光旅行についてのマッキャネルやヴァン・デン・アッビールの相互に関連した理論を、二項的な分業に対する男性中心主義的な価値づけとして読み解いている。この分業によって、移動は知的労働の空間として構築され、「本拠」で生じている文化や政治への関与は抹消される。[☆102]本章で検討を加えてきた亡命や観光旅行への志向は、それらが出発地や定住状態とは違うということをてこにして確立される。「本拠」と「移動」との二項対立にモリスがフェミニストの立場から加えた批判は、「超越的なホームレス状態」を賛美するモダニズムの限界をえぐり出している。この賛美は、もっと通例の言い方では到着地とか出発地とか呼ばれる空間についての、成熟した文化的研究をないがしろにすることによってなされるのである。

したがって、亡命と観光旅行は、両者のもたらす効果の違いにもかかわらず、両者の構造化された類似性を通じても、構造的な対立を通じても、結びつけられている。たとえば、亡命も

☆101 Van Den Abbeele, "Sightseers," 13.
☆102 Morris, "At Henry Parkes Motel."

観光旅行も、真正性を構築する。亡命者にとっては、本物の場は、たえず別の国に移動され、位置づけられる。ツーリストにとっても、真正性はどこかよそにあり、現在は本物ではない。亡命者の形象は、過去との一回きりの断絶をあらわし、ツーリストは、経験の無数の裂け目や断片化と折り合おうとする。だが、どこか別のところにもっと真実の、もっと意味のある生活があるという信念は、亡命者とツーリストの両者に共有されている。これら二つの形象はともに、第一義的な主体の位置に神秘化されると、失われた実体や、けっして到達しえない統一を探し求める憂鬱病患者を表象することになる。

本章で私は、移動をめぐる一連の言説を、モダニティの内部にさまざまな同類のモダニズムをもたらすものとして結びつけ、欧米の文化生産が帯びる覇権的な効果を理解しようとしてきた。このあとに続く各章では、これら特定のモダニズムが、もっと明瞭にポスト構造主義の方法論や、ポストモダニズムの文化的表現に結びついた批評活動と、どのように連続し、また、断絶しているかを見定める。これらの批評活動のなかでさまざまなモダニズムが作動しているさまをたどれば、ポストモダニティにおけるさまざまな様式の表象や批評活動の発生の仕方がはっきりしてくる。二項的な構図のなかの第二項を抹消し、ヨーロッパ中心主義やその他の文化的支配形態を作り出すことによって、それを発生させている様子がわかってくるのである。

第二章　ノマドになる
——ポスト構造主義における脱領域化の諸類型

私たちはベドウィン族のようにやってきた〔……〕
——セルゲイ・エイゼンシュテイン[☆1]

カリフォルニアはもうかつてとは違う
ローマももうかつてとは違う
帝国の都市はもはやない
狂騒の社会はもはやない
どこへ行けばいいのか
ベルリンか、ヴァンクーヴァー、サマルカンド?
——ジャン・ボードリヤール[☆2]

ロシア人が革命ソヴィエト映画を「発見」した一九二〇年代初頭の高揚していた日々について語りながら、セルゲイ・エイゼンシュテインは、この文化形式を「想像を絶する大きな可能性にみちた場所」、「これまで存在していなかったもの」になぞらえた。「私たちはベドウィン族のようにやってきた」と彼は書き、そして「天幕を張った」と言っている。[☆3] 映画という新しい分野を、劇場（それには、書き言葉に頼る伝統、様式上の制約、名匠の存在などがつきまとっていた）から区別しようとしたエイゼンシュテインは、わざわざ砂漠とベドウィン族を比喩に

☆1　Eisenstein, "Through Theatre to Cinema," in *Film Form*, 3.
☆2　Baudrillard, *Cool Memories*, 233.
☆3　Eisenstein, "Through Theatre to Cinema," 3.

用いて、自由、雑種性、モダニティなどの価値を強調した。エイゼンシュテインが「劇場から映画へ」に加えた、ちょっと可愛い自伝的な序文は、先行する時代から引き継がれた一群の比喩や文彩のしたたかな拘束力を思い知らせてくれる。その比喩や文彩は、ポストモダンのポスト構造主義的な理論のなかで、植民地的な空間を依然として構築し続けているのである。

エラ・ショハットが説得力のある主張で述べたように、植民地主義の想像界は、「『西欧』それ自体を規定する」ために異なる地域を位置づけるやりかたに、長いあいだ頼ってきた。[☆4]「未知の世界《テラ・インコグニタ》」の地図を作るためには、植民地をめぐる言説によって構築された、誰のものでもない空間や無人地帯が必要だった。「暗黒大陸」は、帝国のモダンな文化の自己構築というモザイクにアフリカが利用されたことのしるしだとすれば、砂漠の目のくらむような空白の空間は、欧米の自我の発明を可能にするもうひとつの可能性を提供してくれた。[☆5] イザベル・エバーハートからジャン・ボードリヤールにいたるまで、また、T・E・ロレンスからデヴィッド・リーンにいたるまで、砂漠をさまよう哲学的／文学的な旅は、ノマドの形象への賛美に通じている。ノマドとは、論理を受けつけないと思われる空間のただなかのか細い道をたどっていきながら、国民国家そして／あるいはブルジョア組織やその支配に屈しないでいられる人間だというのだ。砂漠は、欧米のモダニティにおける批評や個人を解放してくれる場の象徴である。ノマドは、はてしない移動をもとにして思い描かれた移住の、理想化された模範となる主体の位置を表象している。[☆6]

欧米が砂漠やノマドの比喩に訴えるのは、けっして無邪気なものではありえず、近代を通じ

☆4　Shohat, "Gender and Culture of Empire," 45. 関連する議論としては、以下を参照せよ。Shohat and Stam, *Unthinking Eurocentrism.*

☆5　「暗黒大陸」に対決した議論としては、ショハットとスタムによる著作に加えて、以下を参照せよ。Christopher L. Miller, *Blank Darkness*（とりわけ序説から第一部まで）, 365.

☆6　ジョナサン・ラザフォードの自伝における、「アラビアのロレンス」や「砂漠」に彼が「一体化」したと述べている箇所を参照せよ。「西欧人の目から見ると、砂漠は不気味な空間と思える。その縁辺は、居住可能と居住不可能とのあいだの境目を示しているからだ。だが、その異境性にもかかわらず、砂漠には蠱惑的な魅力がある。……われわれの文化や、その土台となっている学識や価値の縁辺をあらわしながら、

て流布している支配的なオリエンタリズムの文彩から切り離せない。だが、砂漠のノマドをロマンチックに描き出す、欧米文化を貫く伝統に注目しながらも、私は、それぞれの事例でまったく同じ形象が用立てられていると主張するつもりはない。むしろ、ポスト構造主義理論（とりわけ欧米の文学理論）がジル・ドゥルーズとフェリックス・ガタリの「ノマド思考」という発想を熱心に取り込もうとしていることからもうかがえるように、用語をもっと歴史化しなければならない。[☆7] 神秘化されたかたちの「砂漠のロマンス」が、ポストモダンの時代にも、しばしば「ポストコロニアル」批評に役立つというたてまえのもとに用いられ、生きながらえているからだ。欧米のポスト構造主義が「脱領域化」という関連概念を通して「ノマド的なもの」を通用させている事態に疑問を突きつけつつ、植民地主義的言説というレンズ越しにしか表象しえないような地域や形象を、ロマンチックに描いたり神秘化したりする批評に対して、私は警戒するように呼びかけるつもりである。もっと具体的に言えば、みずからの権力によって打ち立てられた周縁や周辺に同化したり融合したりしたいという欲望は、「観光旅行」的な理論の落とし穴を示している。ポスト構造主義理論が「無人地帯」を構築して、批評家が主体の位置を抹消するのを許しているうちは、歴史的に多様な形態をとる植民地主義的言説が相互に結合されて、文化的ヘゲモニーを握るポストモダンなポストコロニアル批評が作り出されるだけである。

私は本章で、ポスト構造主義理論を通じてヨーロッパ中心的なモダニズムが構築された、二つの主要な事例を考察する。ジャン・ボードリヤールの『アメリカ』[☆8]は、モダニズムの旅行記

砂漠はまた、それらが無に帰する場所でもある。ロレンスにとって砂漠は、彼をアラブ人でもイギリス人でもない存在に変えた力だった。」（"A Place Called Home," 9-10）

☆7　私は、以下の二つの重要な論文集をあげたい。そこに見られるように、ドゥルーズとガタリの「脱領域化」や「ノマドロジー」という観念は、北米の文学批評において大まじめに扱われているからだ。JanMohamed and Lloyd, *The Nature and Context of Minority Discourse*; "Post/Colonial Conditions: Exiles, Migrations, and Nomadisms," *Yale French Studies* 82/83 (1993), edited by Francoise Lionnet and Ronnie Scharfman. この二つの論集で、ドゥルーズとガタリの著作に対する活発な反応の全貌を伝えるまでには至らないにしても、これらの論集

という言説の一例である。挿話をつなげただけの、詩的な、断片的で、ノスタルジアにみちた書き物である。理論としての『アメリカ』は、八〇年代のボードリヤールの著作の特徴をよく示している。この八〇年代に、「ポストモダンの理論家」としての彼の名声は、国際的に広まった。とりわけ北米とヨーロッパでは、ボードリヤールの著作は最先端ポストモダニズムの代名詞である。たとえば、英国の批評家マイク・ゲインによって賞賛され、フレドリック・ジェイムソンから本気の関心を寄せられ、ダグラス・ケルナーからクリストファー・ノリスにいたるさまざまな批評家からの激しい批判を受けている。[☆9] だが、『アメリカ』や『クールな記憶』のような八〇年代中葉の著作は、二項対立と本質主義に依存した理論を送り出し、「ポストモダン」とされているもののなかにさまざまなモダニズムをもちこんでいる。ポスト構造主義の理論活動の枠組みから飛び出しそうな限界ぎりぎりのところでなされた、このような矛盾した著作は、数々の批評上の問題をともなっている。モダニズムが欧米のポストモダン理論に浸透しているとすれば、モダンとポストモダンの関係はいかなるものか。確かなことは、このような矛盾し不均等な作品が示唆しているように、両者の関係は明確な訣別などではなく、つながりや連続性にあるということだ。ボードリヤールが、ポストモダンの理論家として、「亡命中の芸術家」とか、離隔から得られる美的な恩恵とかのモダニズムの文彩を奪回しているとなれば、このような批評は、欧米の植民地主義的言説を再生産するしか能がないのか。

　この最後の疑問に答えるとっかかりとして、私は本章の後半で、ノマド思考や脱領域化に関するドゥルーズとガタリの理論に取り組む。[☆10] ボードリヤールは、西欧自由主義の伝統から訣別

は、特定の批評実践をまざまざと示す実例にはなるし、その象徴とさえ言えるほどである。

☆8　フランス語初版は *Amérique* (1986). この本からの引用箇所は、本文中に括弧のなかでAという略号のあとに英語版のページ数を記して示す。

☆9　たとえば以下を参照せよ。Gane, *Baudrillard*; Kellner, *Jean Baudrillard*; Jameson, "Postmodernism"; Best and Kellner, *Postmodern Theory*; Smart, *Modern Conditions*; Connor, *Postmodernist Culture*; Harvey, *The Condition of Postmodernity*; Chambers, *Border Dialogues*; Collins, *Uncommon Cultures*; Norris, *What's Wrong with Postmodernism*; Callinicos, *Against Postmodernism*; McGowan, *Postmodernism and Its Critics*.

☆10　本章では、ドゥルー

しようとして政治を拒絶するタイプのポストモダニズムの代表者だが、ドゥルーズとガタリによる移動の表象は、異なった戦略にもとづいている。ドゥルーズとガタリは、『アンチ・オイディプス』、『千のプラトー』をはじめとする重要な共著において、解放闘争をラディカルな精神分析の枠組みで捉え返した。精神分析学主流のヒューマニズムや自由主義哲学の伝統を拒絶して、ポストモダンの主体性や、従来のものに取って代わるべき政治活動のありかたを理論化したのだ。だが、ドゥルーズとガタリの著書には、モダニティからもっとも断固たる訣別を遂げていると彼らが主張するまさにその瞬間に、抜きがたいモダニズムの流れが貫かれている。☆11 これらの矛盾があらわれているくだりこそ、移動をめぐるポストモダンの言説群がモダンとポストモダンをつなげている様子を考察するための好機として読み解ける、そう私は主張するつもりである。

ボードリヤール――欧米における受容の脱構築

ジャン・ボードリヤールはわれわれにとってのジェリー・ルイスだろうか、あるいはわれわれが彼にとってのジェリー・ルイスなのか。

――J・ホバーマン☆12

ボードリヤールをヨーロッパ中心主義的なモダニストとして読み解くのは、彼の著作に対する主流の受けとめ方に逆らうことになる。消費文化を論じるヨーロッパと北米の批評家や社会理論家たちは、ボードリヤールを非常に高く評価している。じっさい、正統派マルクス主義に対

ズとガタリの主要な著作を英語訳によって論じる。

☆11　私は最初、学位論文「移動の詩学――現代の自伝的著作における亡命、移民、旅」において、これと同じ主張を展開した。ドゥルーズとガタリの「脱領域化」という観念に対する私のこの批判は、はじめは以下の論文として発表され、またのちに以下の論文集に収録された。"Deterritorializations: The Rewriting of Home and Exile in Western Feminist Discourse"; JanMohamed and Lloyd, *The Nature and Context of Minority Discourse*, 357-368.

☆12　Hoberman, "Lost in America," 15.

するボードリヤールの批判は、商品化やメディアや文化についての現代欧米理論を修正しようとする、いくつかの華々しい試みに拍車をかけた。[☆13] 過去二十年間以上にわたるボードリヤールの仕事は、右翼からのみならず左翼からの激しい反応をも引き起こしてきた。現代「フランス」ポスト構造主義理論家の錚々たる偉才が居並ぶなかで、彼は、その一匹狼の構えゆえになおさら、ひいき目からの弁護も受けやすく、悪罵まじりの論難も受けやすくなった。合衆国では一九八〇年代を通して、ボードリヤールは理論界における挑発者として受けとめられていた。ボードリヤールはマルクス主義そのものには拒絶を示しているのに、彼の著作には、フレドリック・ジェイムソンのような米国マルクス主義文学批評家が本気で取り組んでいる。[☆14] サイバーパンクについての批評があらわれだし、テレビや消費文化についてのカルチュラル・スタディーズが広まったことも、ボードリヤールの読者が国際的に増える原因になった。[☆15]

　このような受容の経緯から見れば、デリダやドゥルーズ、ガタリの著作に懸命に問いかけ、修正を加え、取り込んできたほどの関心を、ボードリヤールの著作に寄せる欧米フェミニスト批評家がほとんどいないのは、注目に値する。[☆16] また、ポスト構造主義の立場から人種差別反対の戦略を組み立てたり、民族主義的なアイデンティティ理論を立て直したりすることに関心をもっている理論家も、ボードリヤールには大して興味を示さない。ボードリヤール受容のなかでもあまり論議されることのないこの特徴は、本書にとって意味深い。ボードリヤールの理論が矛盾にみちて偏ったものであることをもっと深く理解すれば、欧米のポスト構造主義がヨーロッパ中心的な社会論と共犯関係にあることは、もっとはっきりとわかるようになるからだ。

☆13　一九八〇年代中に、ボードリヤールの著作は、コロンビア大学出版局とスタンフォード大学出版局から出版された一連の旗幟鮮明な翻訳や論文集を通じて、ヨーロッパや北米のより広範な読者層に届くようになった。ポスト構造主義理論を専門にしている、たとえば以下のような雑誌もまた、ボードリヤール特集を出したり、常時翻訳論文を掲載するようになった。*Telos, October, Artforum, Semiotext(e), Thesis Eleven, The Canadian Journal of Political and Social Theory.*

☆14　以下を参照せよ。Ross, "The New Sentence," and "Baudrillard's Bad Attitude"; Aronowitz, "Postmodernism and Politics"; Willis, *A Primer for Daily Life.*

☆15　たとえば以下を参照せよ。Chang, "Mass, Media"; Chen, "The

ボードリヤールの「形而上学的な傾向」は、彼がモダニズムの詩学に依拠し、民族的アイデンティティや民族性に関するヨーロッパ的な発想に固執していることから生じてくる。他の解説者がすでに十分すぎるほど論証したように、ヒューマニズム的なマルクス主義理論に対するボードリヤールの批判は、生産も、革命も、合理的な社会変革もありえないと見る立場に通じている。[☆17] そうなると、モダンとポストモダンとの切断は、あらゆる意味をグローバルな規模で揺るがす突発的な黙示録的事件のなかに見出される。いかなる真正性もありえず、シミュレーションしかない。このような理論的宣告は、クリストファー・ノリスのような批評家を激怒させて、発作のような反対宣言を招くけれども、ボードリヤールは**間違っている**とか不道徳であるとか証明しようという（湾岸戦争と現代欧米理論について論じたノリスの著書でなされているような）努力は、控えておくほうがいいと私は思う。それよりは、ボードリヤールの用語を脱構築するほうがましである。[☆18] すなわち、ボードリヤールのもっとも過激で、一見人を馬鹿にしたような文章表現は、モダンとポストモダンとの関係をあらわす地図として扱うほうが有益だろうということである。あまつさえ、ボードリヤールをその表向きに逆らって読み解くならば、移動をめぐるいわゆるラディカルなポストモダンの言説群のなかに潜む、欧米モダニズムのヘゲモニーが明らかになる。きわめて重要なことには、『アメリカ』をこのように読むならば、欧米の統一性と見えるものは脱構築され、かつての植民した側の国民国家と植民された側の国民国家のあいだで、表象の権力をめぐっておこなわれている争奪戦が見えてくる。ボードリヤールは、旅を理論化の一方式として用いつつ、「ヨーロッパ」（つまりフランス）と「ア

Masses and the Media"; Hayward, "Implosive Critiques"; Kroker and Cook, *The Postmodern Scene*; Kroker, *The Possessed Individual*.

☆16 注目に値する例外としては、以下のものがある。Gallop, "French Theory"; Braidotti, *Patterns of Dissonance*; Morris, "Room 101," and "Great Moments." ギャロップによる批判に加えて、以下も参照せよ。Moore, "Getting a Bit of the Other." ドリーン・マッシーは、ふと差し挟んだような論評として、ボードリヤールの『アメリカ』における毒々しい性差別を批判している。以下を参照せよ。Massey, "Flexible Sexism" in *Space, Place, and Gender*, 227. ポストモダン理論一般に見られる男性中心主義的傾向に対するすぐれた批判としては、以下を参照せよ。Bondi and Domosh,

メリカ」との目に見える関係を構築している。それは、主体と客体両方の途方もない紋切り型を産み出しながら、表象し、判断し、解釈する権力はどちらにあるのかということに関して、疑問の余地を残さないような関係である。[☆19]

ボードリヤールの『アメリカ』――バス運転手の休日

> みずからを脱中心化するのに、私がフランスのなかで、民族的なものや地方的なものを求めて出かけても仕方がないではないか。そんなものは、中心性のかけらや名残りにすぎないではないか。みずからを中心の外へ連れ出し、エキセントリックになりたいのだ。だが、世界の中心たる場所でそれをおこないたいのだ。(A二八)

『アメリカ』のなかでジャン・ボードリヤールは、欧米モダニズムの用いた一連の文彩、すなわち、亡命、孤独、離隔、空虚、ノスタルジア、喪失などに依拠して、移動をめぐるポストモダンの言説を作り出している。欧米モダニズムの移動をめぐる表現に見られる諸要素を借りつつ、ボードリヤールは旅をロマンチックに描き出し、えらく神秘的な形而上学を通じて、相互に二項対立をなすような本質主義的対象を構築している。観光旅行を斥けて、「純粋な旅」を信奉している。それは、「意味の雲散霧消」を早める「目的のない旅」だというのである(A九)。だから、砂漠という広大無辺の空間が理論家/旅行家に見せてくれるものは、深層構造ではなくむしろ表層でしかない。彼が書いていることによれば、「私は、神智学の謂う星気のア

"Other Figures in Other Places."その他の場合、たいていのフェミニスト論者は、たとえボードリヤールに言及するとしても、批判をためらっている。たとえば、ロシ・ブライドッティはボードリヤールを「現代思想に対する鋭い観察家」(122)と言っているし、リディア・カーティは、カルチュラル・スタディーズのポストモダン的背景を叙述する際に、ボードリヤールを一般的な言い方で引き合いに出している。Curti, "What is Real and What is Not"を参照せよ。

☆17　たとえば以下を参照せよ。Kroker, *The Possessed Individual*; Kellner, *Jean Baudrillard*; Hutcheon, *A Poetics of Postmodernism*; Harvey, *The Postmodern Condition*. エド・コーエンは手際よく、北米の大衆文化に対するボードリヤールの貶損を批判し、それが、「文化」とり

メリカを求めに行った。アメリカの社会や文化ではなく、空っぽで絶対的な自由を有するフリーウェイのアメリカを、習俗や心性から探られる深層のアメリカではなく、砂漠のスピードとモーテルと鉱物的な表層にあらわれるアメリカを求めたのだ」(A五)。だが、ボードリヤールの「社会的な次元からの解放」探究にもかかわらず、『アメリカ』を真空のなかで読むわけにはいかない。ボードリヤールは、いかなる歴史、文化、コンテクスト、意味をも拒絶することによって、批判の可能性も与えずに、特定の価値観に立つ主張を提起している。J・ホバーマンが『アメリカ』に対する書評で指摘しているとおり、合衆国のあらゆるものがシミュレーションであっても、ボードリヤール自身の視点だけは例外なのである。「ボードリヤールは『アメリカ』のなかで最後のシミュラークルならざるものである。[☆20]」旅がモダニズムの用語で捉えられているかぎり、モダニティから解き放たれることなどありえない。

こうして、ボードリヤールの『アメリカ』は、文化、政治、社会性からの根源的な脱領域化を主張しているけれども、モダニズムの亡命詩学の一変種に依存しているために、ヨーロッパ中心的なステレオタイプや、ヘゲモニーを示すその他の表象につきまとわれている。私が言おうとしているのは、欠陥のある表象に取って代わるべき、より真実な、あるいはより純粋なアメリカ「像」があるなどということではない。むしろ、欧米の連続性を保った表象や認識における暴力は、一部のポストモダン的ポスト構造主義のなかに再生産されていると主張したいのである。『アメリカ』における移動をめぐる言説は、亡命や旅という非歴史的で神話的な形象を強調し、主体性に関する欧米モダニズム流の発想をもちこんで、「理論」を公認させたり権

わけモダニズム文化を特権化する、ヨーロッパの伝統に与しているとしている。Cohen, "The 'Hyerreal' vs. the 'Really Real'" を参照せよ。

☆18 ノリスは『無批判的理論』のなかで、さらに感情むき出しの調子で論じている。

☆19 ボードリヤールの文章は、北米の特殊性についてヨーロッパ人が論じるときに、昔から見られる姿勢を引き継いでいる。もっとも近年の例としては、ミシェル・ビュトールの『モビール』とウンベルト・エーコの『ハイパーリアリティのなかの旅』が、批評家の注目と賞賛をかち得た。

☆20 Hoberman, "Lost in America," 16.

威づけたりしているのである。

前章で私は、レナート・ロサルドの「帝国主義的ノスタルジア」という考え方に依拠して、「西欧」文化における表象の暴力的作用を叙述した。この表現形態は、移動をめぐる欧米モダニズムの言説のなかで働いている場合が多いと論じたのである。すなわち、移動が、亡命とか、エリートによる活動としての「真」の旅行とか、観光旅行とかとして表象される一方で、ノスタルジアがあらわれて、つねにすでに消滅した空間や主体（パラダイス、本拠、原住民）の終焉が嘆かれる。このような鬱病的な嘆きは、構築されたものとして読み解くことができる。すなわち、離隔や差異は望ましいものとみなされて獲得されるが、類似性やつながりは隠蔽される。モダニティにおいて失われたと考えられるのは、ある領域の空白や所有権だけでなく、「過去」であることも多い。だから、帝国主義的ノスタルジアが関わっているのは、空間概念と時間概念との、つまり場所と歴史とのアンビヴァレントな関係であり、それが、欧米のモダニティの表現にたいていつきまとっている特徴となる。

『アメリカ』では、冒頭の第一行目からノスタルジアを中心的な問題として提起している。

テキサスの丘やニューメキシコの山々の巨大さから生まれるノスタルジア。フリーウェイを滑るように疾駆する車。クライスラーのステレオ・ラジオから響くヒット曲。熱波。スナップショットを撮るだけでは不十分だ。旅の始めから終わりまでリアルタイムで撮ったフィルムが必要だろう。耐えがたい暑さと音楽を含めてだ。家に帰ったら暗くした部屋のなかで、それを始めから終わりまで再生しなければならないだろう。フリーウェイや、距離感や、砂漠で飲む冷やした酒や、スピードの魔術を再発見し、家庭のビデオでそれをすべてリアルタイムで経験し直すのだ。その思い出の楽しみのためのみならず、そういう無意味な反復が、あの旅の抽象された本質のなかにすでにあらわれているからでもある。砂漠が繰り広げる光景は、ビデオの無時間性に限りなく近い〔……〕（A一）

この一節は、そのあとに続くテクストで何度も繰り返されるテーマや問題を予備的に示している。そのテーマとはつまり、「リアルタイム」の単調さと拮抗する旅のロマンス、シミュレーションを通じて構築されるポストモダンな「現実」、北米の大衆文化を代表するさまざまなもの、ノスタルジアを喚起する砂漠の独特な絵図などだ。『アメリカ』の姉妹篇とも言えるテクスト『クールな記憶』[☆21]の最初の一節は、広大な空間の土地とノスタルジアとのつながりを入念に叙述している。「砂漠やカリフォルニアの当初の衝撃はなくなっている。だが、公平に言って、世界にこれ以上美しいものがあろうか。ありそうもない。したがって、私は、今後も目にすることのないようなもっとも美しい場所に——**一生に一度の経験として**——出会ったのだと考えざるをえない。それと同じくらい当然と思えることに、私は、かつてなかったほど度肝を抜かれるような最高に美しい女性にも出会い、彼女を失ったことでこのうえなく傷ついた。」（CM三）両書を通じて、理論化に従事する主体は、取り返しのつかない喪失というトラウマとたたかっているように見える——無数の形象（女性、さまざまな景色、「馴染みの薄い国の」

☆21　初版は *Cool Memories: 1980-1985* (1987). 以後、本書からの引用は、本文中にCMという略号とともに英語版のページ数をカッコに入れて示す。

文化、等々）への執着となってあらわれる、とらえどころのない喪失感である。したがって、これらの書物は、ある体系をそなえた意味作用としては、亡命の憂鬱感をもちこむことで、実体が消えて方向性を失った世界を作り上げる。欧米の一部のポストモダニストたちによってグローバルな規模で打ち出されているカーニヴァル的雑種性どころか、ボードリヤールのテクストがはまっている泥沼は、ロマンティックに描き出され、強固な統一性を帯びた崇高な領域であると見えてくる。『アメリカ』と『クールな記憶』の理論家は、苦悩し、相反する感情につきまとわれ、矛盾に苛まれながら、ニーチェ的虚無主義だけでなく、ヘーゲル的な観念論をも歓呼して迎え入れる。いわばミネルヴァのフクロウは、これらの本のなかで飛びまわっているだけではない。砂漠の道路をどこへともなく、究極の消失点めざして疾走する、ボードリヤールの乗ったクライスラーの上を旋回しているのだ。

　ボードリヤールのテクストは根っから鬱病に冒され、亡命の詩学と移動をめぐるモダニズム言説とに彩られているけれども、フロイト的な読解を単純に許すものではない。ボードリヤールは、たとえば死と失踪とを区別し、死に対する不安に取りつかれて落ち着けないのだろうなどと言われると、黙っていられなくなる。「死ぬことは生物学上の偶然にすぎず、なんの意味もない。失踪こそ、もっとはるかに高度の必然性に属する。いつ失踪するかということについての決定は、生物学にまかせておいてはならない。失踪することは、生でも死でもない謎の状態に入っていくことである。失踪の仕方を心得ている動物もいるし、野蛮人もそうだ。生きているうちに仲間に見られないところへ隠れてしまうのだ。」（CM二四）

ボードリヤールは明確に否定しているけれども、失踪に取りつかれていることには、鬱病的な不安の兆候がうかがえる。彼の著書にあらわされているのは、変化と格闘するくらいなら失踪することを望むような主体である。このような鬱病的な絶望感は、『クールな記憶』のなかの亡命に関するいくつかの重要なくだり、たとえばつぎのような一節にあらわされている。「われわれを変化から守ってくれるものがひとつある。亡命である。」（CM八三）ここでボードリヤールは、亡命に関するモダニズムの文彩をすくい上げて、自分のポストモダンのパラダイムに組み入れている。彼のいわゆる亡命者は模倣者である。歴史上に特定される民族や本拠の喪失を嘆き悲しんだりしない。むしろ、想像上のアイデンティティや模擬的な居場所を個別に折り合わせようとする。「亡命に追い込まれた者たちだけが国を有する。私の知人のなかには、同胞に追い払われ、一万キロも離れてはじめて自分の国を身近に感じる人がいる。」（CM八三）このような見方を背景にしてボードリヤールは、亡命を「すばらしく快適な構造」であるとみなす。

いっさいを考慮すれば、他の人々のなかにわれわれが探し求めるものは、旅のさなかに探し求めるのと同じゆるやかな脱領域化なのであろう。相手の欲望のなかに亡命し、その欲望を横断する旅をしたくなるような誘惑は、自分の欲望や発見に取って代わるようになる。しばしば、まなざしや愛のしぐさには、亡命のもたらす離隔がすでに見られ、言語は、意味することを恐れる言葉へ離脱していくし、身体はホログラムのように、目にはやさしく、手には柔らかで、空中の楼閣のように欲望次第でどのようにでも簡単に筋目をつけることもできる。われわれは自分の情動のなかを、つぎつぎに異なる感情を味わいながら、無数の渦巻きからできた精神の惑星の上で慎重に動きまわる。そして、旅からもち帰るのと同じような透明な記憶を、われわれの激情からもち帰る。（CM一二〇）

この一節は、欧米モダニズムの亡命詩学に直接荷担している。だから言語は「離脱していく」し、個人生活の激情は旅という比喩を通してあらわされるし、亡命の「離隔」は人間同士が親密になれる限界をなぞるし、云々。この言説がこれほどまでにモダニズムとつながっているとすれば、欧米の批評や理論のなかでポストモダニズムと呼ばれているものはどうなるのか。審美的な見せ物を強調するボードリヤールは、「ポストモダンの社会理論」をもたらしてくれそうもない「新しい形而上学」を演出しているというダグラス・ケルナーの主張に、私は賛成したくなる。[☆22]「離隔」についての亡命者の鬱病的ロマンスは、その対立物——つまり現前の形而上学——への根深い執着をごまかそうとするものである。この理論家が、「アメリカ」という想像上の空間の「星気の」風景をいかに猛スピードで突っ走ったところで、そのことを取り繕えるものではない。

ポストモダニティを示すさまざまな現実に対する恐怖が、両書に取りついている。『アメリカ』と『クールな記憶』は、変化あるいは混淆しつつあるさまざまなカテゴリーについての根深い不安と格闘している。民族文化や、ジェンダーや、人種のあいだの区分を支える特定の二

☆22 Kellner, *Jean Baudrillard*, 153.

項を脱構築するような社会勢力はいかなるものも、猜疑の的となる。モダニティとポストモダニティが相互に作用しあっているときに、後期資本主義のシミュレーションとアイロニーのみを強調するテクストは、北米の社会変化を説明できない。ヘゲモニーのみならず抵抗に対しても新たな可能性をもたらす、越境的な類似性を有する文化は、これら両書にはまったく言及されない。その代わりにあらわれる論述は、外人恐怖症的な区別立てや、女性嫌悪的な差異化や、いたるところでなされるスピードと離隔のロマンス化である。変化を受け入れることができず、変化のなかに飛び込んでいくこともできないこの姿勢から生まれる主体は、世間から離脱した状態——つまり、ますます純粋になって実現できそうもないようなやりかたで、社会から脱出し、脱領域化しようとする努力に、いっそう拍車をかける状態——に寄りすがる。

『アメリカ』と『クールな記憶』が旅行記にすぎなければ、メディアおきまりのやらせだとか、甘ったれた回想録だとかと言って見逃してやることもできよう。だが、旅行記が「理論」として言いふらされるとなると、おもしろいことが起きる。ボードリヤールの著書は、スピードを増しながら表層を滑走し、「健忘症」に媚びを売ることで、探検と英雄主義の比喩をもちこみ、この比喩のおかげで理論家は、すぐれてノマドたる位置を与えられる。しかし、このような型の帝国主義的ノスタルジアからは、特殊な形態のモダニズム形而上学が生まれる。とりわけ、空間の詩学におけるノマド的主体としての理論家は、他者を通じ、他者に対置されて、その位置を与えられる。他者とは、他のジェンダー、他の人種、他の民族や文化のことだ。西へ移動しつつ、理論家は西欧を、砂漠という鏡のような空間に映し出された神秘的なヨーロッパ像として規定する。そして、砂漠という哲学的快楽に手が届く主体とは、ノマド主義を衒うことができ、何ものにもとらわれないと見え、脱領域化する権力や能力を誰にとがめられることもなく保持している者だけなのである。

ジェンダーの不可思議——ポストモダンの形而上学

デス・ヴァレーは相変わらず大きく神秘的だ。火、熱、光。犠牲の儀式にともなう要素が、ここにはすべてそろっている。砂漠に入るときには、必ず何か犠牲にするものを持っていき、それを砂漠に捧げなければならない。女だ。何か、美しさにかけては砂漠に匹敵するものが消えなければならないとすれば、女だっていいだろう。(A六六)

ボードリヤールの著書におけるジェンダー関係は、欧米男性中心主義の因襲的な差異の枠組みを遵守している。女性を客体化する彼のやりかたは、人種や民族や国民を本質主義的に構築する彼のやりかたと同じである。これらのテクストは、あからさまで挑発的な性差別や人種差別を含んでいると単純に非難するよりも、私がむしろ主張したいのは、まさにこういう形而上学的な構築物こそが、帝国主義的ノスタルジアと、欧米モダニズムの亡命の詩学と、認識上の暴力とをつないでいるということである。ボードリヤールの著書に見られるもっとも男性中心主義的で人種差別的な修辞は、脱構築のレンズを通して厳密に読解しなければならない。そうすることで、欧米のモダニズムが弱者に新たなかたちの攻撃を仕掛けようとして理論や哲学を用い、ポストモダンなポスト構造主義的テクストの戦略さえも用いているさまを認識できる。『アメリカ』と『クールな記憶』において女性は、喪失、征服、復讐のしるしとしてもちだされる。つまり、権力に対する主体の関係を象徴する構築物としてである。女性間のいかなる差異も、社会的なカテゴリーの構築や、理論による表象の優位性をより広い視野のなかで理解させるのに役立つようなものは、新型の客体化や紋切り型のアイデンティティのなかに包摂されてしまう。だから、砂漠の論議のなかには、欲望や喪失や誘惑などの表現に関連して、一般化された「女」が登場するのである。特定の女性は、地位（たとえば学生）とか、人種や民族（たとえば黒人、プエルトリコ人、等々）とかの特徴を有し、それらに関わる逸話は、メトロポリスの環境のなかであらわれることの方が多い。「ニューヨークの黒人やプエルトリコ人女性の美しさ。あれほど多様な人種が混じり合って密集していることから生じる性的興奮はさておき、どうしても言っておかなければならないが、黒人種の肌の色のあの黒さは、天然の化粧のようなものであり、人工的な化粧とは対照的に、性的ではなくて崇高にして動物的な美をもたらす。白人にはどうしようもなく欠けている美だ。」（A一五一―一六）この一節におけるボードリヤールの言葉づかいは、彼のいわゆる星気の☆23砂漠がもたらす顕現《エピファニー》に代わりうる美学を確立している。ここでは、崇高なるものは、空虚や空間や記念碑性ではなく、密集や動物性や民族的個性で成り立っている。☆24このようなテクスト上のほころびは、構造主義らしい二項対立に依拠して縫合される。つまり、都会／砂漠、自然／人工、女性／男性、ヨーロッパ／アメリカ、黒人／白人、等々である。

☆23　『アメリカ』の翻訳者クリス・ターナーは、この語を「星の」とか「星座の」とかと訳している。英語版五ページの訳者注を参照せよ。

☆24　一般にはポスト・ヒストリカルの自然状態、特殊には合衆国に対するコジェーヴの見方のなかで、動物性への回帰が果たしている役割について、ジャン＝フィリップ・マティが論じていることを参照せよ。マティは、歴史の終焉と人間の動物化を論じたこのフランス新ヘーゲル派論客による言説を、明示的にボードリヤールに結びつけている（*Extreme-Occident*, 209-215）。

これらの客体化は、ボードリヤールの理論的方法の論理をあらわしている。すなわち、客体の「決定的戦略」は、支配する主体と奴隷化された客体のあいだの権力関係を左右する古典的な動力学を逆転させる。客体は、ボードリヤールによって、惰性的な「モノ」としてよりも抵抗の能動的行動体とみなされ、特権化される。その結果、欧米の伝統になっていた啓蒙主義的な権力理論に異論が突きつけられることになる。客体の優位性は、ボードリヤールのスピード礼賛にも結びついている。スピードが増すにつれて、周囲はいっそう表層的で客体化されているように見えてくるとも言えるからだ。「指示作用が起きる箇所」の効果から脱出しようと急ぎ、いっそう多くの客体をシミュレーションに取り込もうとあせって、理論家はステレオタイプや一般化をつぎつぎにもちだす。このようなことを理論的根拠にしているからこそ、マイク・ゲインのようなボードリヤール釈義の第一人者が、ボードリヤールに「人種差別」や「性差別」のレッテルを貼れないと言い張るのである。ゲインが書くには、ボードリヤールの「文化批評は、深層分析ないし弁証法的な分析をめざす［ものではない］。〔……〕読者にとって問題は、それゆえ、適切な表層的読解方法を見出すことにある」[☆25]。

ゲインから見て理想的な読者は、意味を空疎にし、コミュニケーションのいわば抜け殻を押しつけるという企てに荷担することになるだろう。だが、まさに**こういう**読者も、このようなテクストの要求に応じられるほど、みずからのさまざまな主体としての位置から自由になることはできない。「あの女は尻軽女だ。あまのじゃくな気分になっているだけなくせに、こちらを避けていられるなんて」（CM二九）などという文章を読んで、この理論家の主体の位置に同化

☆25　Gane, *Baudrillard*, 182.

することなどは、私にはできない。彼のいわゆる「こちら」は、普遍的なものとして意図されている。だが、私の「こちら」は彼とは違う。これは意味の脱領域化なのか、それとも、制度化された「理論」のかたちをとった攻撃なのか。比喩のみならず代名詞も、欧米文化の武器庫にそなわる武器であることは、すでに証明済みである。[☆26] きわめて重要なことに、ボードリヤールのテクストには「深層」がないと認めてやるならば、多様な読者の主体としての反応は、「理論」の枠外のものとして相手にされなくなる——したがって、ボードリヤール風の理論に荷担するためには、誰もが歴史や個人にまつわるコンテクストを放棄して、この理論家の強大なくせに秘匿されている特権に一体化しなければならなくなる。この排他的な修辞は欧米のたいていの理論に組み込まれており、そのために大多数の白人女性や非白人は、「理論」は自分たちになんらかの力を貸してくれる魅力的な分野などではないと思いこんだままでいる。そうであるにしても、ボードリヤールの「旅行」書には、男性中心主義的、ヨーロッパ中心的な理論に組み込まれた権力の動力学が、驚くほど明瞭にあらわれているのが見える——いわば、ヒューマニストの「手袋」が脱ぎ捨てられているのだ。

ボードリヤールが主体よりも客体を重んじる過程で、女性を客体化したあげくに「讃える」場合もありうるだろう。明白なように、ボードリヤールの理論構想は、いかなる型の現代フェミニズムにも友好的ではない。彼は、やや狭い定義で理解されているフェミニズムを、近代のリベラル・ヒューマニズムと同じ課題を掲げそれに完全に包摂されるものとして拒絶している。フェミニズムのなかで、彼がどうやらなじんでいるらしい唯一の流派たる「フランス・フ

☆26 とりわけ以下を参照せよ。Said, *Orientalism*; Shohat and Stam, *Unthinking Eurocentrism*; Miller, *Blank Darkness*; Hulme, *Colonial Encounters*.

ェミニズム」に対しては、本質主義に立っていると批判している。だが、リュース・イリガライの生物学主義を攻撃する彼の言葉は、「女たち」について彼自身が普遍化しているつぎのような言い方によって、あやしげなものになる。「女たちは秘密結社をなしている。みんないっしょに秘かな議論にふけっている。」（CM一〇一―一〇二）あるいは、「タイの女たちは、アラビアン・ナイトの色っぽさをおのずと体現しているようだ。」（CM一六八）[☆27]このような言葉は、ポストモダンの批評という分野に深く埋め込まれた、もうひとつのモダンな言説を指し示している。すべての女性と他者の文化に対するボードリヤールのものすごい敵意は、啓蒙哲学の歴史に最近つけ加えられた新たな一章にすぎないとも読み解ける――ここにモダンからの根源的な切断などはなく、どんな「西欧」の理論にも見られる、因習に従った「他者」の構築があるだけだ。

ボードリヤールのもっとも悪名高い「女性性」論は、誘惑という概念に関する著作にあらわれる。[☆28]生産に関するマルクス主義理論と、ポスト構造主義の「欲望のミクロ政治学」とに対する批判の一部として提起されたボードリヤールの誘惑理論は、生産主義的なセクシュアリティの論理を拒絶し、象徴による交換に取って代わる誘惑の体制転覆的な力を主張する。この筋書きのなかで、ある抽象的なカテゴリーの表象たる「女たち」は、文化のなかで優勢に立っている（誘惑を梃子にしながら権力に参入する道を切り開いてきた）と想定される。この想定によれば、こうして得た心理的、文化的優位性は、「女たち」が欧米近代社会で嘗めてきた、平等とは言えない法的、社会的地位の代償となる。ボードリヤールは、ここでまたふたたび、本質

☆27　このような何げなく差し挟まれたくだりのなかに、ボードリヤールは、欧米の数世紀にわたる「ハーレム言説」を凝縮している。隔離された女性や、異国趣味のセクシュアリティについて、西欧の読者が先入主として抱いているステレオタイプや、その他のオリエンタリズム的文彩という道具によって、南アジアの文化を中近東の文化と取り違える常套の誤読を犯しているからだ。ハーレム言説によってこのように南アジアと中近東をいっしょくたにするやりかたは、枚挙にいとまがない。大衆文化における近年の一例としては、テレビ放映された一九九三年度オスカー賞授与式に見られた。そこで演じられた、デビー・アレンの振り付けになる『アラジン』のサウンドトラックに合わせたダンスは、ありきたりの「中近東の」舞台装置のなかで、「ハーレムの踊り

主義の立場を批判するために対抗的本質主義を構築する。彼のテクストにあらわれる「女たち」は、いつも均質で、いかなる歴史的社会的なカテゴリーによる差異化も受けず、フィルム・ノワールに登場する危ない女とラディカルなフェミニストを混ぜ合わせた、ありえないような女性――いつも彼を愛してくれると同時に拒否し、いつも彼を誘惑しながら結局は捨てていく女性である。このような記念碑的に拡大されたジェンダーの差異にボードリヤールがとりつかれているために、理論の煙幕が張られることになる。ジェーン・ギャロップが鋭く突いているように、「ボードリヤールは、彼の真理を餌にしてフェミニズムを誘惑することはできない。その真理を、フェミニズムから誘惑されないように保護しているからである」[☆29]。だから、ポストモダン文化に関するボードリヤールの理論を修正し、換骨奪胎するかもしれないようなフェミニズム批評を、彼は取り入れたり認めたりすることができない。

『アメリカ』では、「女性」という一般化された言葉は、しきりに風景、とりわけ「砂漠」に結びつけられる。ボードリヤールが砂漠を「根源的な無関心」と描き出すのは、いつも誘惑をちらつかせているくせにけっして完全には誘惑されることのないものとして女性を構築する彼の修辞と近い。同様に、砂漠が「文化に対するうっとりするような批判」としても表象されているとなれば、つぎにくるものとして予想できることだが、女性は、欧米近代にはありふれているように、文化の外に位置づけられ、いわゆる中心を占める者たちによって構築された、あの魅惑的に見える縁辺の存在とされる。この表象の内部で、ボードリヤールの形而上学的論理の奇妙なひねりがあらわれる。砂漠が女性**であり**、限りないと認められている探究において、

子」が「南アジア風の」（擬似ヒンドゥー風の）衣裳と髪型で登場したのである。このような混同を批判する文献は、この十二年間ばかりのあいだに数多くあらわれた。一般的な序論としては、サイードの『オリエンタリズム』を参照せよ。

☆28　*De la seduction* を参照せよ。英訳は *Seduction*.

☆29　Gallop, "French Theory," 114.

根源的な無関心から引き出してやるために（そのなかを猛スピードで通り抜けることによって？）誘惑しなければならない相手であるとすれば、女性を「犠牲」に供さなければならないというボードリヤールの主張は、どのように理解すればいいのか。つまり、女性は、消えてもらうために砂漠へ連れていかなければならないというのが、彼の主張ではなかったのか。

このような手口は、モダンな形而上学ではめずらしいものではない。「女性」の形象は、謎めいた欲望の対象としてだけでなく、理論化の領域ないし空間を示すために必要とされているのだが、これを管理するには、排除によるしかないからだ。この筋書きによる物語は、「愛しきもの」を構築し、管理し、そのあげくに排除ないし包摂するという努力についての「お話」からなっている。崇高なるものをめぐる詩学は、欧米の男性中心主義的な攻撃性と権力への意志に潜む、この崇拝と侮蔑の過程の表現である。『アメリカ』と『クールな記憶』においては、「女性」という言葉は、超過勤務を課されて働く一種の浮遊せるシニフィアンとして機能している。意味作用を寄せつけなくなるまでに使いまくられるのだ（いかなる言葉も、あらゆることでもどんなことでも意味するなどということはできない――あるいは、ひとつの言葉がそんなふうに無理強いされると、それは意味というロゴス中心的なシステムを混乱させる、と言うべきか）。「女性」は、したがって、崇高なものを求めるテクストの偏執的な探究から生じる、ほとんどヒステリカルな「効果」となる。「女性はみなそれぞれひとつのタイム・ゾーンである。旅のなかの夜の部分である。つぎの夜へたゆまず連れていってくれる。〔……〕コンゴ人の丸木舟や、アリューシャンの真珠の振りをする女たちもいる。タイム・ゾーンの振りをする女がいても不思議ではない。あるいは、旅の恍惚の振りをしても。どこに行っても、変装している女性が見つかるという快楽がある。個々の女の特徴はなくなる、あるいは、変容を遂げて事物の恍惚になる。どこに行っても、女が死にかけている。」（CM一九六）女性は「タイム・ゾーン」であり、「コンゴ人の丸木舟」であり、「アリューシャンの真珠」である。「男性」は何だと、この理論家に尋ねてみるのもいいだろう。どうやらこの問いには答える必要がないらしい。これらの著書には、そんな直截な言い方で男性があらわされてはいないからだ。「男性」とは、視点を担う権利、理論化して著述する権利、そして言うまでもなく、旅によって恍惚を探究する権利を有する人間のことだと推定されるのみである。この「男性」とは、欧米人の特典として構築されたものであるともみなしうる。「中心」たる彼は、縁辺を訪れる。「空虚」たる彼は、周囲の世界に空虚を再創造する。「モダン」な彼は、モダンからの脱出を探し求める。

多すぎるウェスタン——客体の復讐

ローカルなものはつまらない。自分のちっぽけな一角、自分自身の領域に連れ戻されるよりもまずいことはない。乱雑な隠れようもない現実と顔をつきあわせることになるのだ。（CM二一〇）

ボードリヤールのモダニストとしての探究は、終わりのない旅である。対象との距離そのものによって駆り立てられる発見への形而上学的な旅、「理論」を産み出す異化と疎外に訴える英雄的な作戦行動である。モダニズム的亡命の特質を旅にふたたび与えることによって、ヒューマニズムの枠組みから脱却しようとするボードリヤールの試みは、欧米モダニズムの美的価値を再評価するものである。だから、『アメリカ』でボードリヤールは、観光旅行という不純な旅に勝り、それに対抗するものとして、「純粋な旅」という領域を設定する。

じつは、なんの目的もない旅、したがって終わりのない旅は、私にとって徐々に構想されてきたにすぎない。ツーリスト用の勝景地も、観光地も、ただの風景さえも、私は受けつけない(灼熱のプリズムを通して残るのは、それらの抽象物だけである)。観光旅行や休暇旅行ほど、純粋の旅からかけ離れたものはない。だから旅は味気ない砂漠に限る。あるいは、砂漠と同じくらい味気ない大都会に限る――つまり、いかなるときも、楽しい場所とか文化的な場所とかみなされず、テレビのように場面として、シナリオとして見られる場所である。(A九)

すでに私が論じたように、「純粋な旅」をもち上げて観光旅行を否定するのは、モダニティにおける社会政治と美学とのあいだに設定された、価値の上下関係や辺境に対する強烈な不安の兆候である。ツーリストの視点をモダニストが拒否すればするほど、それは構造化する凝視として再浮上してくる。ボードリヤールの理論は、「社会的なものからの解放」を求め、「地方の習俗の発見」という幻想を拒否して、共時的な「場面」を讃える。『アメリカ』における使い古しの比喩や大げさな常套句は、ツーリストの言説を模倣している。二項の両極として配置された「純粋な旅」と観光旅行は、差異であると主張されているということにしか存立の根拠がない差異についての、いつもの自明の理を産み出す。『アメリカ』は、この二項対立を脱構築するよりも強化し、ラディカルな反ヒューマニズムからの批判を慎んでいる。反ヒューマニズムと言いながら、にもかかわらずそれは、欧米モダニズムの美学をあからさまに再生産しているのだ。

もっと特定すれば、ジャン゠フィリップ・マティが論じているように、ボードリヤールの終わりのない航海への志向は、近代フランス知識人の合衆国をめぐる言説において古くからの伝統になっている移動観を普及させるものだ。ノスタルジアをにじませながらも黙示録的なボードリヤールの口調は、合衆国における生産と消費の規模と速度に対するアンビヴァレンスに根ざした反米感情と、南西部と西海岸のユートピア的風景に魅惑された経験とに結びついている。それは、トックヴィルからボーヴォワールにいたるフランス人識者たちの長い系列に連なっている。[☆30] マティの指摘によれば、「フランスにおけるアメリカをめぐる相互関連的テクスト」は、何にでも結びつき、昔から一貫して見られるし、そういうテクストは、特定のヒューマニズムや貴族的エートスに根ざしていながら、フランスの国民文化形成に大きな役割を果たしてきた。「フランス**の側から**合衆国に対して下された審判は、フランス**についての**言説であると読み解かなければならない。アメリカ社会内の社会的、文化的事象についてよりも、フランスの知的、イデオロギー的戦場における著者の立場について語るところの方が多いからだ。[☆31]」

☆30　デヴィッド・モーレイとケヴィン・ロビンズは、この伝統を、一九三〇年代英国文化にまでたどってみせ、イヴリン・ウォーからジョージ・オーウェルにいたる多様な批評家たちに、このような心情が見られると述べている。とくに、労働階級の趣味や習慣の「女性化」が、憂慮すべきこととみなされていた。アメリカ文化の大衆性は、階級分裂を緩和するのに役立つと論じることもできたであろう。「おそらく問題は、厚かましく物質的なアメリカ文化にほんとうはなく、むしろ、まがい物の骨董的なヨーロッパにあるのではないか。アメリカ文化はフロンティアを位置づけ直す——社会的、文化的、心理的、言語的、地理的なフロンティアを。アメリカはいまや内部にある。アメリカはいまや、ヨーロッパの文化的財産の一部、ヨーロッパのアイデンティティフランスの知識人が合衆国をどのように表象してきたかという問題に取り組んだマティの著書のなかで、砂漠は、哲学的なエピファニーをもたらす場としてもっとも重要な場所とみなされている。歴史や伝統のないところに入りこんで、知識人の旅行者や理論家が、ヒューマニズムやモダニティと直面せざるをえなくなる場なのである。マティの注釈によれば、砂漠は、先史《プレヒストリー》の象徴としても、歴史終焉後《ポストヒストリー》の象徴としても利用される（どちらに訴えるかは著者の哲学的傾向次第で決まる）けれども、それにつきまとう一貫した要素は、途方に暮れる思い、近代文明における不滅の特徴の不在、文字通りの方向感覚喪失の経験であることに変わりはない。

ボードリヤールの『アメリカ』は、ノマドの根なし状態や意味作用の無化を特別重視しながら、歴史の消滅をきわだたせる国民的な風景に想像をめぐらせている。したがって、むしろ予想通りのことだが、北米の南西部が、理論家の「純粋」な旅にとっての最良な黙示録的背景となる。砂漠の空間、キッチュなモーテル、記念碑的な地形などの道具立てがそろっているからだ。ボードリヤールの表象において、北米の「うっとりするようなハイパーリアリズム」は、旅行者／理論家をヨーロッパの対極へ連れていってくれる。「電子レンジ、生ゴミ・ディスポーザー、ゾクッとするほどふかふかの絨毯。この心地よい、行楽地のような文明は、世界の終わりをいやおうなく思わせる。」（A三二）

『アメリカ』には五〇年代、六〇年代がみなぎっていると言えるにしても、この常套句だらけのテクストに充満しているのは、マッカーシーの聴聞会でも、公民権闘争でも、インドシナ戦争でもなく、ロックンロールとポップ・カルチャーの二十年間である。このテクストは、ステ

の一部になっている。」(Morley and Robins, "Spaces of Identity," 1920)

☆31 Mathy, *Extreme-Occident*, 7.

レオタイプを選択的にもちこんで普遍化するような言明と、「紀行」風の底の浅い語り口を通じてそれを一般化している。このテクストで取り上げられるのは、どんなステレオタイプでもいいというわけではなく、アメリカの文化的産物のなかでも、五〇年代、六〇年代にヨーロッパに入ってきたものに限られ、そのなかから選び取られている。映画、音楽、雑誌、ベストセラーの翻訳小説、等々である。だから、ジョディ・ノートンが論じているように、『アメリカ』は時代錯誤の本である。「アフロ・ヘアやフラフープ、ボビー・ライデルやレスリー・ゴーアのアメリカを表象したものとしては納得ができても、ブラック・フラッグや暗殺されたケネディ兄弟、クイーン・ラティファやジャングル・ブラザーズのアメリカはあらわされていない。[☆32]」『アメリカ』は、冷戦時代の地政学や文化的因習につなぎ止められ、第二次世界大戦後のフランスが受容した合衆国のポップ・カルチャーから一歩も出ていない。

『アメリカ』は、合衆国の生活の表層と、厳密に文化に限られる現象に焦点を絞り、反ヒューマニズムの立場に立つポストモダニズムを表現している。この理論家／旅行者は、見慣れたものから身を放してみることで文化的な定式を免れられると思いこんでいる。私が前章で論じたように、このような手口は、帝国主義的想像力のロマン主義的な型とモダニズム的な型を合体するものであり、特権化された主体に好機を与える世界を作り出す。

旅をし、動き続けなければならない。大海を渡り、都市や大陸や緯度を横断しなければならない。もっと事情に通じた世界像を手に入れるためではない――旅をしたところで、手

☆32　Norton, "America by Jean Baudrillard," 169.

に入れられるような普遍性などはないし、経験の綜合などもありえず、厳密に言えば、「美的な」ないし「ピクチャレスクな」新趣向に接する楽しみすらもない——そうではなくて、世界中に広がる交換にできるだけ近づき、遍在、つまりコスモポリタンな外面性を楽しみ、馴染みという幻想を脱却すること、それが目的である。一連の逃走としての旅、水瓶座の時代にふさわしい回帰軌道を描く航海である。(CM一六八—一六九)

『アメリカ』では、砂漠は「一連の逃走」としての旅の可能性を凝縮して示す。探究者は、砂漠の地質学的特性のためにある種の空虚感を示唆され、消失の原テクストを見出す。そういう感じ方をスピードは強化するばかりだ。だが、砂漠にまつわる別種の美学を想像することもできよう。『アメリカ』が喚起する、不毛の、鉱物的な、よそよそしい形姿ではなく、それらとは対立的な比喩としての生命や無限の多様性としても、砂漠を見ることができるからだ。ほんとうは砂漠にも、どんな場所とも同様に、いくらでも多くの解釈をほどこせる。無、純粋の客体、痕跡の不在、消失、等々を讃えるテクストを読まされたのちに、最終的に残る感想は、ボードリヤールにとって探究とは、やはり何かに通じるものであり、彼が望む実体のそばへやはり到達し、失われたと彼が嘆くものを指示しているのではないかという疑惑である。文化やヒューマニズムや主体性を粉砕しようというのが『アメリカ』の旅の動機だとしても、だからといってそれは、反ヒューマニズム的なシミュレーションの肯定に通じているのではなく、神秘的な現前の形而上学に通じている——何かがあちらの外部にあり、それが失われ、埋め合わせようもないために、打ちのめすような衝撃を与えて深い憂鬱病をもたらす、というのだから。客体の復讐は、どうやらまぎれもない抑鬱、致命的鬱病となってあらわれるようだ。☆33

ボードリヤールが表現する世界は、外人恐怖症と偏執症という特徴を濃くしていく。『アメリカ』と『クールな記憶』は、ほとんどあらゆる機会を捉えて、二項対立と根本的な差異への欲望を明確にしながら、「混淆と変化」への不安を明らかにしてもいる。ダグラス・ケルナーの見方では、このような新ニーチェ派の形而上学は、「類似点を隠蔽したり抹消したりしながら」☆34 差異を紋切り型と言えるまでに誇張することによって、人種差別的な考え方を作り出している。ボードリヤールの形而上学を脅かす類似点とは、具体的には何なのか。また、このような使い古された二項をせっせと書きあらわすことに、ほんとうはいかなるねらいがあるのか。

光景の凝視――「ヨーロッパ」とその「他者」

好きであろうとなかろうと、「俗悪な」――流線型で、プラスチック製の、魅惑的な――アメリカ製品は、それを受け入れるヨーロッパ人に対して魅力を発揮してきた。おそらく問題は、厚かましく物質的なアメリカ文化にほんとうはなく、むしろ、まがい物の骨董的なヨーロッパにあるのではないか。アメリカ文化はフロンティアを位置づけ直す――社会的、文化的、心理的、言語的、地理的なフロンティアを。アメリカはいまや内部にある。アメリカはいまや、ヨーロッパの文化的財産の一部、ヨーロッパのアイデンティティの一部になっている。

――デヴィッド・モーレイとケヴィン・ロビンズ☆35

☆33 ブライアン・マスミは、ボードリヤールの著作におけるノスタルジアの傾向をあばきたてている。「シミュラークラがどこまでも続くとしたら、自分の言ったことがすべて瓦解してしまうということに、彼は気づいていない。シミュラークラは、シミュレーションの分析可能な過程を通じて作り出されるのだが、その過程は、現実をその生産原理にまで連れ戻し、そうすることによって、新しいシミュレーション体制のなかでのその過程自体の再生を用意したのだから、現実に劣らず現実的であり、いやじつは、現実よりも現実的なのである。」("Realer Than Real," 96)

☆34 Kellner, *Jean Baudrillard*, 182, 171.

☆35 Morley and Robins, "Spaces of Identity," 21.

『アメリカ』と『クールな記憶』は、「ポストコロニアル」と言われている時代にも相変わらず再生産されている使い古しの枠組み内の、さまざまな特質を作り出している。ヨーロッパという「中心」に想像上対立する文化的差異を価値づけつつ、ボードリヤールの「旅行」記は、「本拠」に位置するその中心への関心を映し出している。だが、ほかならぬその「本拠」が、居心地の悪い、だんだん見慣れぬものへ変貌していると見られる。したがって旅は、単に贅沢や暇にまかせた哲学的活動などではなく、文化的な移動や、社会変化によって生じた違和感の比喩としての役割を演じる。ボードリヤールの理論的遍歴は、植民地主義的言説のコードや用語を採用し、文化に潜むモダニズム的価値や形式に対するポストモダンの越境的な挑戦も無視して、欧米モダニズム美学を産出している。ボードリヤールのグローバルに展開しようとする表象上の戦略は、周縁がヨーロッパ的主体（そのステレオタイプは白人男性ブルジョアである）に、モダニティの没価値や不安からの息抜きを与えてくれるような、文化の世界システムを構築する。中心＝周縁の枠組みに少しでも変動が生じれば、ボードリヤールの構築した、戦後のポストコロニアル的ヨーロッパを支えている権力関係が崩れるおそれがある。

「アメリカ」は、ポストモダン／モダンな旅に関する言説によって横領するには都合のいい、かつての植民地なのかもしれない。「アメリカ」を「他者」として措定することによって、理論が「巡航」するための舞台ができる。「アメリカ」は、いつもすでにヨーロッパから「自由」であり、その元祖のしたたかな凝視を歓迎する。このヘーゲル的な動力学において、二つの存在は互いなしに存続しえない。だが、ほんとうはどちらがどちらに依存しているのだろうか。この昔からある二項配置は、その他の米欧関係ないし国際関係を押し隠してしまう。「アメリカ」と「ヨーロッパ」が視覚効果を通じてあらわれてくるような鏡像を、ボードリヤールの旅する理論が構築するならば、この像の外へ押しやられるのは誰であり、あるいは何であるのか。また、このような排除ないし抹消は、どのような目的でおこなわれるのか。差異や離隔や異化がボードリヤールの批評上の戦略であるなら、そのような欧米モダニズムのヘゲモニーに挑戦するのは、どのような批評であるのか。

『アメリカ』において暗黙のうちにおこなわれている重要な「消去」のひとつは、「もろもろのアメリカ」と呼んでもよさそうな大陸上の諸国のあいだの関係という、複雑な領域が無視されることである。なんと言ってもアメリカには、中米や南米のみならずカナダも含まれる。「アメリカ」をもっぱら合衆国を指す言葉として用いることで、根強いコンテクストをなす「亡霊」――名称や国民や国境をもたらす権力関係の歴史――は排除される。合衆国の経済的、社会的優位性がかなりあやしくなってきた、ポストモダンの文化的危機を迎えているときに、ボードリヤールは、この国をふたたび「中心」にしっかりと据えなおしているのである――「北米」も「南米」も「中米」もないし、ヨーロッパの経済的膨張を想起させるこの歴史的に形成されてきた言葉の意味が、不安定になっていることに対する認識もない。ただ「アメリカ」があるだけで、それは、「ヨーロッパ」からの差異を述べ立てることによって有効な意味をもちうる、想像上の場所となる。

ボードリヤールは、もっとはっきりしたモダニズム作家と同様に、近代欧米の旅にかかわる言説を全地球規模で独り占めしようというやりかたを慎んでいるものの、彼の旅／理論は、彼にとって心地よい思いこみの安全な境地に回帰することに終わる。自分の視点を再確認するだけなのだ。だから彼は、アイロニーを少しも交えずにつぎのように書けるわけだ。「ヨーロッパのわれわれは、思索の術、ものごとを分析し考察する術を所有している。」（A二三）ヨーロッパの定義そのものがいまや不安定になっているのだから、このようなことを書くのは、かりに正確だとしても非常識である。『アメリカ』における「ヨーロッパ」は、人種や民族をめぐるナショナリズム・イデオロギーとの摩擦を生じている移民の増大や、通貨や貿易が変わっていくような協定を考慮に入れていないし、電気通信技術による変貌の影響も受けていない。要するに、今日、「ヨーロッパ」をめぐってあれほど不均衡で多様な言説が生まれてくるもととなっている、複雑で、越境的で、矛盾した諸要素が、批判的に検討されているわけでもないし、脱構築されているわけでもないのである。[☆36]

テクストにあらわされている紋切り型の図式においては、ヨーロッパは古く、人口稠密で、歴史の重荷を背負っているのに対し、アメリカは新しく、広々として、非歴史的なのである。しかし、『アメリカ』の理想主義は、単純でもないし退屈でもない。『アメリカ』が描き出す国は、愛され、讃えられていると同時に、悪罵を受けてもいる。「これは、富、権力、耄碌、無関心、ピューリタニズム、精神衛生、貧困と浪費、無駄な科学技術と目的のない暴力、等々のために完全に腐敗している世界である。それでも私は、この国に、何か宇宙の夜明けを告げる

☆36　ポストモダンの時代の「ヨーロッパ」に対する視点や情報が輻輳してきているなかで、以下を参照せよ。Balibar, "Es Gibt Keinen Staat in Europa"; Hall, "The Local and the Global"; Gilroy, "There Ain't No Black in the Union Jack"; Kristeva, *Nations Without Nationalism*; Charkrabarty, "Provincializing Europe"; "Shifting Territories: Feminisms and Europe," a special issue, *Feminist Review* 39 (Autumn 1991).

ようなところがあると思わざるをえない。」（A二三）私はこの一節（またおそらくこの書物全体）を読んだとき、強大で超越的な西欧文化――第二次世界大戦時の超大国連合――にかけた夢を再度活性化しようという、根深いノスタルジアに取りつかれた腐心を感じ取った。ボードリヤールは、ポストモダン文化が全地球規模で及ぼしている複雑で越境的な影響を問題にするよりは、むしろ、使い古されたステレオタイプに息を吹き込もうと一貫した努力を続けている。つまり、合衆国が娯楽産業（重工業はすでに「海外へ」移転されたので）の中心であるかぎり、フランス（およびヨーロッパ）は、文明国の文化の中心であり続けられるというわけだ。ヨーロッパは「しなびて」しまい、もう強大とは言えなくなったので、『アメリカ』は、共有された未来の夢を物語る。すなわち、アメリカを客体化することによってヨーロッパを贖おうという夢である。

V・S・ナイポールやレドモンド・オハンロンに似ていなくもないが、『アメリカ』と『クールな記憶』の理論家は、対立する二項からなるポストコロニアルの構築物のなかを旅している。これら両書においては、「第三世界」はいつも、明確に画定された周縁に位置するとされる。植民地の軍事／経済の関係は、文化／経済の関係へ変わっている。ステレオタイプは、外交政策を合法化する説明として役立てられている。だから、日本的なものは「誘惑的」であり、ブラジルは「食人的、好色的、誘惑的文化」であるということになる。つまり、「不健全な想像力の産物のような、色も冴えず毛羽立ち、卑猥に膨れ上がって、憂鬱なほどの鮮度を保っている果肉を有する邪な果実」の特産地である（CM六二）。愚痴っぽくなったときのボードリヤールは、どれもこれも不満であり、他の文化や他国の「誘惑的」な雰囲気さえ気に入らない。こういう気分のときは、彼は誰もが「嫌い」である。たとえば、かつての植民地主義の支配を受けていた国民は、「その意志薄弱さ、その自殺的な修辞ゆえに」嫌われるのだが、「卑劣な強硬派の白人たちも、いつまでも優位に立っていられると確信しきっているがゆえに、私は前からもっと嫌いだった。」（CM七二）

『アメリカ』と『クールな記憶』におけるボードリヤールの文章は、へそまがりなことを書きはじめると、差異の探究に邁進していたことを忘れてしまう。誰も彼も、「白人」も「非白人」も、厭になってくるのは避けられない。世界中どこの都会もほんとうは同じだ。ホテルの部屋や飛行機はどこでも大差がない。ポストモダニティにおいては、ボードリヤールが文化的、性的、民族的差異を要求したところで、たえず泥沼にはまってしまう。世界は「混みあってきており〔……〕誰も消えることなど、もはやできない」ということに彼は気づく（CM一一〇）。文字通りこの世に嫌気がさし、疲労困憊のあげく鬱屈を覚える。「こんなに書物があったところで、おもしろいと思えたことがあろうか。こういう女たちに出会っても、私は心のときめきを覚えたことがあろうか。さまざまな国があっても、それを発見したいと思ったことがあろうか。」（CM九七）発見できるような空白地域がもう残っていないとすれば、このポスト構造主義批評家は、発見の論理が通用する余地を作り出すために、いかなる立ち退き策や住民絶滅方法を用いるつもりだろうか。このような西欧哲学者にとって、地理上の慰めという約束が失われることは、いかなる意味をもつのだろうか。

ポスト構造主義思想の流れのなかでは、欧米モダニズム流に移動を審美的な獲物として力説する姿勢が、ポストモダンな事例にも貫かれているとみなしうる。このようなさまざまなモダニズムは、純粋の旅と観光旅行との二項としてあらわされ、空間や場所の比喩を再生産する。そういう比喩は、民族的、文化的、人種的な差異を、進歩的ということになっている文化理論や政治理論にもとづいて、ヨーロッパ中心的に創案するやりかたが、現役の支配力をふるっていることを示している。とりわけ、砂漠とノマドを結びつけた形象は、空間の詩学を巻き込み、永続的な移動を特権化する。また、コミュニケーションや定住や合理的経済活動を重んじる古典的ヒューマニズムへの抵抗をも特権化する。ボードリヤールの『アメリカ』は、モダニズム的亡命の美学を再生産することによって新植民地主義的な空間の形而上学を育んでいるとすれば、ドゥルーズとガタリが力説する脱領域化は、移動をめぐる明確なポスト構造主義的言説を産み出している。ドゥルーズとガタリは彼らの共著において、「マイナーになる」過程を旅するノマドの理論を構築している。すなわち、「一連の逃走」を彼らなりに言い換えたこの発想は、他者性の場としての砂漠に行き着くのだが、彼らの方法論は、ボードリヤールの『アメリカ』における新ヘーゲル派的な形而上学を否定している。

マイナーになる――リゾームとノマド

言語をゆっくりと漸進的に砂漠へ連れ行くこと。
――ジル・ドゥルーズとフェリックス・ガタリ☆37

☆37 Deleuze and Guattari, *Kafka*, 26.

ポスト構造主義は、欧米ヒューマニズムに内在する権力関係を脱構築する可能性を秘めているけれども、多くのポスト構造主義批評家が説明のために用いる比喩は、モダニズムに特有な型の植民地主義的言説を強化し、それに依存している。ドゥルーズとガタリは、ボードリヤール後期の著作についてすでに見てきたような、形而上学的二項を構築しているわけではないとしても、彼らの共著における空間についての比喩的写像は、モダニズムに関する欧米の言説という枠組みのなかで読み解くことができる。離隔の利点や移動の価値づけを力説しているからだ。はっきり言って、「ノマドの」様式を彼らのように特権化できるのは、主体の位置する中心的な場と周辺地帯とを対立させているからだと、私は主張したい。だから、彼らが「マイナーになる」過程を擁護できるのも、彼ら自身の主体としての立場を抹消していることによっている。したがって、これらのヨーロッパのポスト構造主義理論家たちが移動をめぐって結託したのは、彼らがモダニズム批評の伝統に属しているという特殊性のせいであるとともに、ポストモダンな主体性を構築する越境的な権力関係を説明しきれないからである。

以上の点を確認したうえで言えば、領域に関するドゥルーズとガタリの理論は、ポスト構造主義の枠組みにおける重要な新展開を示している。欧米の文学批評や哲学研究では、ドゥルーズとガタリの概念や用語の多くは比較的受けがいいので、彼らの共著を厳密に読解しなければならなくなる。哲学の根本からの改造、精神分析への批判、イタリアのアウトノミア政治運動やフランス前衛芸術への支持などに関わりながら、ドゥルーズとガタリは、現代フランスのポスト構造主義のなかでももっとも挑発的であからさまに政治的な著作を（単著としても共著としても）発表してきた。彼らのテクストには、未来に対するユートピア的な表現が、欧米のモダンな時代の構造や作用に対する痛烈な批判と同居している。まさに、ドゥルーズとガタリが支配的な社会動向を打破し脱出することを力説しているからこそ、多くの批評家は鼓舞されるとともに反発しているのだ。その結果、彼らのユートピア的な展望に対する賞賛があらわれるとともに、批評の主体をロマンチックに描き出す彼らの傾向に対する批判もあらわれる。☆38

ドゥルーズとガタリのテクストは、言語の実験やテクスト編成上の革新という、欧米モダニズムの流れに積極的に関与している。たとえこの伝統そのものに抵抗していると見ることができるとしても、そう言えるのである。じっさい、権力関係についての彼らの政治的姿勢を明確にした理論化は、近代の支配的構造や営為に挑戦している。ドゥルーズとガタリは、主体の社会的空間や場を通常とは異なったふうに想像しようとしながら、ありうべき別種のアイデンティティや定住様式を理論化し、資本主義的関係から生じる固定的な商品化に対抗しようとしている。歴史的に特定しうるいかなる形態にも根拠を求めない根源的な移動は、これらのテクストにおいてたえずもちだされ、ふつうは「脱領域化」と呼ばれている。脱領域化という観念は、最初は『アンチ・オイディプス』において、近代資本主義文化に見られる欲望の転出と散布を叙述するために理論化されたが、その後、『千のプラトー』や『カフカ——マイナーな文学をめざして』をはじめとする共著にたびたびあらわれる。脱領域化（およびその系たる再領域化）と結びついて「ノマド」や「ノマド的な」理論があらわれたことは、ドゥルーズとガタ

☆38 彼らの著作群に対して賛嘆の声をあげた論者たちとしては、以下を参照せよ。Patton, "Conceptual Politics," and "Marxism and Beyond"; Massumi, "Realer Than Real," and "Pleasures of Philosophy," translator's foreword to *A Thousand Plateaus*, by Deleuze and Guattari, ix-xv; Muecke, "The Discourse of Nomadology"; Bogue, *Deleuze and Guattari*.

リの作品におけるさまざまなかたちの移動の重要性を示している。

ドゥルーズとガタリは、彼らの理論のなかに移動の場を作り出すために、多くの比喩を横領している。たとえば根茎の形に似た「リゾーム」という植物学から借りた比喩は、脱領域化の主体性を体現している。その主体性は、実体のなかに潜入し、同時的な出芽として細分化し、どこか隠密な動き方をして、したたかな散布を遂げる。家系図とか系譜などといった西欧の古典的ヒューマニズムの比喩を排除して、リゾームは、起源とか終焉とかのありきたりな見方に揺さぶりをかける。「リゾームには始まりも終わりもない。つねに中間にあり、事物のあいだ、間存在、インテルメッツォである。木に似た系図は親子関係であるが、リゾームは提携関係であり、提携関係以外の何ものでもない。[☆39]」したがって、政治の比喩としてのリゾームは、空間と主体性に対して無政府的な関係をなし、権力装置としての国民国家に抵抗し、それを足下から掘り崩す。

リゾームからノマドへ進むのは、欧米ポスト構造主義理論にもとづく詩学によれば、あまり努力を要しない。リゾームと同様にノマド的主体は、移動と散布を象徴する。ドゥルーズとガタリの著作において、ノマドの伝統的な本拠である砂漠は、ボードリヤールのいわゆる崇高な**星気の**空間と似ていなくもない。空虚で、解放をもたらし、言語、文化、政治の実験を可能にする辺地とみなされるからだ。ドゥルーズとガタリは、たとえばカフカの他者性の詩学を論じた本のなかで、砂漠に繰り返し言及し、砂漠とは「低開発」とか「パトワ」とか「第三世界」とかに結びつく境界ないし周辺であると述べている。[☆40]同様にノマドは、「移民」や「ジプシー」

☆39 Deleuze and Guattari, *A Thousand Plateaus*, 25.
☆40 Deleuze and Guattari, *Kafka*, 18.

になぞらえられる。[☆41] これらの引喩のどれにおいても、モダンとポストモダンはいっしょくたになって、差異の認められない文化のなかに包摂される。つまり、欧米の（あるいは、欧州だけの、とさえ言ってもいい）文化が視点となり、時間的、空間的な差異化を抹消するのだ。ヨーロッパの「ジプシー」と第三世界の移民とが、理論上同じ空間を共有するとされる。それも、歴史的に特定されたディアスポラから析出される構造的な関係にもとづいてではなく、移動をめぐる一種の一般化された詩学にもとづいてなのである。

ドゥルーズとガタリは、周縁性と移動の比喩に訴えるときに、ヨーロッパにたっぷり蓄積されたヒューマニズムの伝統を移動させようとする。彼らの反歴史主義は、現代のアイデンティティ・ポリティクスで主張されるたぐいの差異を、均質化しぼかす傾向も帯びてはいるものの、古典時代からの系譜を脱構築しようとしている。だが、彼らの方法論（その利用価値は、どうもヨーロッパや一部の北米の人々――すなわち、モダニティにおいて支配の座を占める人々――にとって、はるかに大きいと思われる）の有用性は、一般化されているのが常である。第三世界は、ヨーロッパの野党勢力の戦略を可能にする、比喩的な周辺としてだけ役立っている。理論が生まれる居場所そのものであるよりも、むしろ想像上の空間なのである。理論におけるこの種の「他者化」は、理論家の主体の位置を抹消する人類学のやりかたを反復し、進歩的政治姿勢を標榜しながら、ある種の植民地主義的言説の延命に寄与する。

ドゥルーズとガタリは、言語的「脱出」や「一連の逃走」を力説することで、ノスタルジアの領域に入ってさまよい、西欧文明を迂回する方途を探っている。「マイナーになる」ことに

☆41 *Ibid.*, 19.

ついての彼らの理論は、資本主義の最悪の行き過ぎからユートピア的な逃走を遂げようとする、この欧米モダニズム式の作戦を思わせる。「マイナーになる」というのは、中心に位置してメジャーつまり有力たる人々にとってのみ意味のある戦略である。にもかかわらずこれは、「われわれ全員」にとっての至上命令として提起されているのだ。メジャーとマイナー、先進国と後進国、あるいは中心と周縁のあいだに二項を構築することで、ドゥルーズとガタリの共著におけるモダンとは、体制転覆的なブルジョア／知識人をいざなう、他者性の境界や地帯をもたらすものとなる。マイナーになるとは、特権化されたアイデンティティや営為を手放すという、ユートピア的な過程のことである。そのためには、モダニティにとっての「他者」の生き方や様式を真似る必要が生じる。だが、あらゆる帝国主義的言説と同様に、これらの空間やアイデンティティは、彼らの想像を通じて産み出される。すなわち、植民地建設者にとっての脱出や脱植民地化を可能にする場の創出は、理論におけるある種の観光旅行を示している。というのも、植民地建設者の主体にとってしか、これらの他者性の空間は、積極的な異化や離脱の象徴とならないからだ。これらの創造された空間は、いわば「そこを訪れた者たち」に、体制転覆するための、あるいは体制を不安定にするための権力を与える。このような理論活動は、モダニティの周辺や周辺的な人々を、比喩を通じて二重に植民地化する――ここでは、植民地の空間が象徴するのは、完全に他者性を帯びた地帯としての帝国主義的過去であり、また、欧米の主体を解放する場でもある。「マイナーになる」ことで示されるのは、近代における中心対周縁の地政学であり、ポストモダンな時代における資本と権力の複雑な越境的回路ではない。

だからドゥルーズとガタリは、「歴史学」に「ノマドロジー」を対置するとき、あらゆる時系列や綜合を無視して、西欧のモダニティの外部に見出される空間や主体へのノスタルジアにふけっているのである。彼らの脱領域化礼賛は、亡命、故国離脱、見馴れたものへの訣別、移動などを価値づける欧米モダニズムや、文化的差異をめぐる植民地主義的言説を、ほかならぬこの伝統に対する基礎からの批判と見えた哲学に結びつけるものだ。したがって、ドゥルーズとガタリは、他のあらゆる戦略よりも言語的実験を重視する「高級モダニズムの徒」であると読み解くことができる。彼らのいわゆる脱領域化のモデルは、たいていの欧米モダニズム版の亡命をめざす移動と同じで、つながりを断ち切る自由や、間隙に位置する主体性の快楽に力点を置いている。だが、脱領域化そのものも植民地主義的言説を免れることはできない。脱領域化は、**他者の空間**を**植民地化**し、横領し、略奪さえする。「書け。リゾームを形成せよ。脱領域化によって領域を拡大せよ。一連の逃走を、それが首尾一貫性の全域に対応できる抽象的な機械になるまで続けよ。[☆42]」脱領域化とはつねに再領域化であり、領域の拡張であり、帝国化なのである。

ノマドは、脱領域化という「マイナーになる」過程への、ロマンチックな想像上のこの参入を遂げるための場として役立てられる。ノマドは、「さえぎるもののない広大な空間に人間（あるいは家畜）集団」を分布させていきながら「ある地点から別の地点へ」さすらうという点で、「絶対的移動」をしている。それは、もっと限定された地域と結びついて移住する移民

☆42 Deleuze and Guattari, *A Thousand Plateaus*, 11.

とは区別される。逆説的にも、ノマドは「動かない」人間集団と見ることもできる。ノマドの移動は、出発点や終着点と結びつけて跡づけられないからである。リゾームの比喩にも似て、ノマドの生活形態は、倒置された定住ないし存在であり、インテルメッツォ域の礼賛である。ノマドは、完全無欠の脱領域化の象徴であるから、言語の必然的構成要素としてドゥルーズとガタリが述べている再領域化（「マイナーになる」実験ののちに意味が回帰してくること）に乗り出すことがない。ドゥルーズとガタリの著作で描き出されたノマドは、場所を替える営み、脱領域化のベクトル、**「ローカルな絶対物」**を体現している。「ローカルにあらわれ、さまざまな方向性を有する一連のローカルな作用としてもたらされるある絶対的なもの、つまり砂漠、ステップ、氷原、海洋」の体現者なのだ[☆43]。

砂漠、ステップ、氷原、海洋。これらは、欧米美学の崇高を担う第一級の場の例にほかならない。北極の表象に関するリサ・ブルームの研究が論証しているように、このような広大な不毛の地は、帝国主義者の想像界になくてはならない前提である[☆44]。このような植民地的な地帯がポスト構造主義理論のなかで礼賛されていることを、どのように理解したらいいのだろうか。植民地的な空間を記号体系のなかに再度組み込み、つまり再領域化しても、新植民地主義に陥らずにすむなどということがありえようか。欧米の伝統内でノマドの表象がこうむってきた歴史を考察すれば、その今日における意味作用に孕まれる権力の問題について、なんらかの回答が見出せるだろうか。

欧米近代を通して、ノマドやベドウィン、その他の遊動民がいるとされてきた地理学上の地

☆43 *Ibid.*, 382.
☆44 Bloom, *Gender on Ice* を参照せよ。

域は、メトロポリスの外部（砂漠や森林）、あるいは、メトロポリスの周縁（たとえば、あちこちの町に出入りしてつねにその郊外に滞在し、過渡的存在と描き出される「ジプシー」のように）だった。これらのロマンチックに描き出された人々は、植民地言説のなかではいつも、自然により近く、より純粋で、より素朴な、そして消滅に瀕している存在とされる。この枠組みのなかでは、ノマドは「他者」についての言説に入ってきて、欧米のメトロポリスにおけるモダニティの対立物を意味する記号となる。もっと特定して言えば、ノマドは、移動の民であるだけでなく、家父長的で好戦的な民であるとも言われてきた。純粋な循環ないし脱領域化の記号として、このような必要を完全にみたしてくれる民などは、歴史的にどこにも存在しないだろう。比喩としてのノマドは、理論のなかで極端に恣意的な解釈のもとに利用されやすい。その原因はおそらく、流浪に含まれる神話化された要素（独立不羈、国民国家に代わる組織原理、大きな余剰を蓄積する可能性の欠如、等々）が、欧米モダニズムによって特権化された孤独や、ノマドから連想され礼賛された特定の場所に、ぴったり重なるためである。工業化やメトロポリスの文化的影響から遠く隔たった砂漠や、さえぎるもののない広大な空間こそ、そういう場所なのである。

『千のプラトー』を論じたポール・パットンは、ドゥルーズとガタリのノマド表象には歴史的な根拠があると主張している。「ノマドには、概念上のみならず歴史上も、一連の逃走との特別な類縁性がある。ノマドは、テクノロジーによる逃走という方向に沿って、国家に対抗するための新しい武器を作り出すからだ」というのである。[☆45] だが、パットンがこの議論のなかで言

☆45 Patton, "Conceptual Politics," 66.

っているのは、いったいどこのノマド的集団なのか、よくわからない。スティーヴン・ミカは、オーストラリアのアボリジニーの文化を記録し分析した著書で、『千のプラトー』をあちこちに援用して、ノマドの戦略についてはるかにもっと説得力のある議論を展開している。だが、ノマドロジーの基礎にあるドゥルーズとガタリの哲学は、「『ノマド』という概念を人類学による定義に頼らなくても取り込む」ことを可能にしてくれるとミカは言うのだが、こんなに棘のある比喩や形象を、植民地主義的言説として説明することもなく「取り込む」ことがどうしてできるのか、私は疑問を呈したい。これは、特定の権力関係によって構築された空間であり、こういう権力関係を伴う社会勢力が働いている場に、ふつうはみずからを自覚的に置いたりしないような理論家たちによって構築された空間であるのではないか。[☆46]

以上の疑問は、ドゥルーズとガタリの業績が欧米の文学批評や文化批評に組み込まれて根づいてくるにつれ、ますます重要性を帯びてくる。脱領域化やノマド思考にもとづく数々の理論があらわれてくる一方、理論における新植民地主義的状況が再生産されているからだ。欧米ポスト構造主義理論において周辺と中心が生産されてきた歴史を見据えながら、批評家の立場という問題に取り組んだ議論は、稀であるし不十分である。この種の批評では、再領域化よりも脱領域化が重視され力説されることからもうかがわれるように、ノマドロジーは、欧米の枠組みのなかで理論が生産されたり消費されたりしているなかで、居場所という問題を提起すると同時に隠蔽する。

☆46 Muecke, "The Discourse of Nomadology," 24.

欧米のポスト構造主義やポストモダンの批評家たちは、学問的制限や、キャノン重視の制約や、ヘゲモニーをふるう批評活動への挑戦を明確にしようとして、ノマドの脱領域化にしがみついてきた。たとえば、ドミニク・グリソーニは、「街頭」の政治と哲学とをつなぐものとして、ノマド思考を讃える。それが、体制化したコードや方法の放棄を意味するというのである。☆47 ロシ・ブライドッティは「新しいノマド主義」を提起し、そのなかでの思想の役割が、「体系化に抵抗する策謀および融通無碍の具体的戦略」になることにあると言う。☆48 その目的は、「考える女性たちが生成するための多様で横断的な道」を切り開くことにある。☆49 ブライドッティは、この新しいフェミニズム的主体を「相互連結されたノマド主義」と名づけている。テシヨーム・ガブリエルは、黒人独立映画運動に関連して「ノマド的美学」を理論化し、ノマドの形象はさまざまな文化に見られるが、「自由な民の生活スタイル」を象徴する点では普遍的であると論じた。「だからノマドは、定住をも、国家によって鼓吹される芸術をも受け入れず批判するような、生活様式や美学上の姿勢を培ってきた」という。☆50

ガブリエルは、ドゥルーズとガタリのノマドロジーが欧米のポストモダンの批評活動を通じて広めてきた、ノマド思考についての体制転覆的なロマンスに、ぴったり寄り添っている。グリソーニのヨーロッパ哲学から、ブライドッティの政治化されたポスト構造主義フェミニズム、ガブリエルの黒人独立映画にもとづく新興美学にいたるまでの、さまざまな動向のなか

☆47 Grisoni, introduction to *Politiques de la philosophie*, 11.
☆48 Braidotti, *Patterns of Dissonance*, 279. 彼女の *Nomadic Subjects* も参照せよ。
☆49 Braidotti, *Patterns of Dissonance*, 281.
☆50 Gabriel, "Thoughts on Nomadic Aesthetics," 63-64.

で、解放の契機を孕む比喩としてのノマド主義が目立ちはじめている。それは一種の文化的ゲリラ戦争を招き寄せ、資本主義的国民国家の抑圧的な再生産機構からの脱出を約束していると見込まれている。この意味で、純粋に国家主義的ないしモダニズム的な批評戦略に取って代わるものを探し求めてきた、ポスト構造主義に立つポストモダンな批評家たちは、ノマドという一般化された形象を熱烈に歓迎して、雑種性や流動性や浮遊性の象徴として讃えてきたのである。要するに、ノマドの比喩やノマドロジーにもとづく理論は、純粋性とか、定住ないし固定した存在とか、全体主義的な権威や社会的実践とかの主張に対抗している。

合衆国の一九八〇年代初頭から中葉にかけて、ドゥルーズとガタリの共著が翻訳され流布した結果、現代の文学研究やカルチュラル・スタディーズには、「脱領域化」とか「ノマド的主体」とかのキーワードが頻繁に言及されるようになった。なかでもひとつの重要な反応は、一九八六年、カリフォルニア大学バークレー校であらわれた。「マイノリティ言説の本質とコンテクスト」と題するシンポジウムで、主催者が参加者たちに、ドゥルーズとガタリの当時翻訳されたばかりの論文「マイナーな文学とは何か」を考えてみるように呼びかけたのである。このシンポの主催者だったアブドゥル・ジャンモハメッドとデヴィッド・ロイドは、リベラル派の多元主義に対する批判のなかでドゥルーズとガタリに直接言及し、「中心を周縁化する」必要を説いた。☆51 このバークレー校でのシンポジウム記録は、一九八七年に雑誌『カルチュラル・クリティーク』の特集号として発表され、一九九〇年には単行本にもなった。これによって、活発な過程を通じてなされる文化の翻訳が促進され、ドゥルーズとガタリの用語が北米の文化

☆51 JanMohamed and Lloyd, preface to *The Nature and Context of Minority Discourse*, ix.

的、政治的関心を巻き込んだのである。

　だから、ドゥルーズとガタリがマイナーな文学についておこなった議論は、北米の文学批評家によって借用され、国民文学主流のキャノンに対する理論的な挑戦を助けてきた。たとえば、『マイノリティ言説の本質とコンテクスト』所収の論文で、所属機関や文化的帰属もさまざまな批評家や理論家は、文学批評の基礎はもちろん、理論をめぐる大学内政治についても論及した。アーリーン・テラオカとデヴィッド・ロイドは、ヨーロッパのマイノリティをめぐる諸条件を問題にし、アロガン・スレイグルはネイティヴ・アメリカンの主体を取り上げ、エレイン・キムはアジア系アメリカ人の文学活動を位置づけ、ジョサファト・B・クバヤンダはアフリカ人のディアスポラを経験した共同体を、マイノリティ言説という新しい観念に結びつけた。この本に収められた一九篇の論文は、全体として見れば、キャノンについての北米の討論を広げて、主体性や言語に関するヨーロッパのポスト構造主義理論に目配りするように仕向けた。このように複雑で挑戦的な仕事は、新たな味方を随所で見出すとともに、多くの異論を巻き起こした。バーバラ・クリスチャンが理論的言語をめぐる大学内政治に対しておこなった重要な批判、「理論をめざす競走《レース》／人種」は、ポスト構造主義の用語に潜む均質化するような傾向に対して抵抗を示した。レナート・ロサルドの「政治、家父長、笑い」は、もっと具体的にドゥルーズとガタリのヨーロッパ中心主義を俎上に載せ、チカノのたたかいは、脱領域化などよりも、彼のいわゆる「境界」たる「抵抗の創造的空間」の創出に関わっていると主張した。[☆52]この論文集に収められた私自身の論考は、本章の芽になった。欧米フェミニズム文学の枠組み

☆52　Rosaldo, "Politics, Patriarchs, and Laughter," 126.

にとどまりながらも私が提起した批判は、「マイナーになる」という概念が、特権を有する者たちにのみ利用可能であるということだった。そういう「理論上の観光旅行」は、周辺を「言語上の、あるいは批評上の休暇旅行、異国趣味の新しい詩学」として造出すると論じたのである。[☆53]

ドゥルーズとガタリをフェミニズムの立場から論じたアリス・ジャーディンの論文は、一九八四年に北米の雑誌『サブ＝スタンス』に掲載され、ドゥルーズとガタリの共著に取り組んだその他の論文も、八〇年代を通じてたくさんあらわれた。しかし、バークレー校でのシンポジウムのために用意され、『マイノリティ言説の本質とコンテクスト』という題のもとに集められた諸論文は、まとまりに欠けてはいても一定の範囲を示す言説空間を形成した。著者たちが歓迎したのは、総称的なカテゴリーや文体や解釈の権威などを足元から掘り崩す理論である。脱領域化やノマド的主体は、ポストモダンな批評活動を彷彿させる仕方で、テクストの生産と受容についての言説を広げてくれそうに見えていた。雑種的なアイデンティティや、ディアスポラを経たコスモポリタンな共同体に対して新たに高まってきた、多文化的、フェミニズム的な関心にも見合っていた。ポスト構造主義のヨーロッパ中心主義や、批評の政治におけるドゥルーズとガタリの立場に対する批判は、それ自体、多少とも周辺に追いやられた。

このような全体的傾向と軌を一にして、一九九三年に出版された『イェール・フレンチ・スタディーズ』の合併号「ポスト／コロニアルの諸条件――亡命、移住、ノマド主義」がうかがわせているように、ポスト構造主義のヨーロッパ中心主義や異国趣味仕立てに対する批判も、

☆53 Kaplan, "Deterritorializations," 361.

欧米モダニズムを礼賛する向きには、まだあまり響いていない。「ポスト／コロニアルの諸条件」に収められた諸論文は、ドゥルーズとガタリの「脱領域化」や「ノマド主義」への志向に、明示的に依拠している。だが、解釈にはいくつかの重要な違いが見られる。たとえば、「ノマド」という用語を歴史的に特定されるかたちで用いるように求める批評家（ロウ、レイボー、メーレズ）もいる一方、ドゥルーズとガタリの理論における均質化する傾向を強めるだけの、もっと神秘化され一般化された観念を使いまわすことで満足しているような批評家もいる。だから、後者に属する批評家たちにとっては、脱領域化そのものが終着点なのであり、書く行為をも読む行為をも、文化、民族、ジェンダー、等々の制約から解き放とうとしている。「脱出」すなわちまったき脱領域化を、このように礼賛するのは、ドゥルーズとガタリのテクストのなかにも確かに見出せる志向である。だが、二人の理論的企てのなかには、再領域化という志向もまた流通しているのであり、偶発性や歴史的な基礎に立つアイデンティティの営みが主張されている。ドゥルーズとガタリは、脱領域化と再領域化との関係という問題に突き当たると、どっちつかずで、はっきりした言明を避けていると読みとれるので、二人の用語法を受け入れた英語圏の批評家たちは、どちらかを選んでいるようだ。つまり、アイデンティティ・ポリティクスが、文化や文学の研究におけるもっとも切迫した関心事となっている合衆国においては、政治的な選択はもっとあからさまなものに見えるということなのかもしれない。「ポスト／コロニアルの諸条件」には、「脱領域化」と「亡命」をはっきり結びつけている例がたくさん見られる。たとえば、ウィニフレッド・ウッドハルの論文「亡命」は、移動の諸形態や歴史的事例を区別して描き出さなければならないなどと論じているが、この論文のタイトルそのものがきわめて強烈に示唆しているように、「亡命」は、彼女の論文においてもっとも大きな価値を与えられた用語である。すでに序論で論じたように、欧米モダニズム批評では亡命を礼賛し評価することが、突き放した姿勢や隔絶を審美的な獲物として特権化することになる。たとえ、それと同時に、そのような状態によってもたらされる政治的、あるいは心理的な危機を嘆いてみせたところで、特権化していることに変わりはない。移動の諸形態を区別しようと猛烈に努力しているにもかかわらず、ウッドハルの論文における第一の批判対象は、ドゥルーズやフーコーといった理論家たちによる移動の理論化である。その一方で、非ヨーロッパの、あるいは文化的に雑種的な作家たちがもたらす脱領域化の効果を評価している。たとえば、タハール・ベン・ジェルーンやレイラ・セバールといった北アフリカのフランス語圏の作家たちが、「移民たち」と並べてあげられている。彼らの「テクストにおけるノマド主義は、作家たちが地理上の位置を**真に**変化させたことに釣り合っている」(強調はカプラン)というのだ[☆54]。移動の諸形態や種類を歴史的に区別しようという、ウッドハルが明言した目標に、私は文句なく同意するが、「偽の」亡命に「真の」亡命を対置してみたところで、ポストモダニティの越境的文化の複雑な流通のなかに立ちあらわれる主体の位置という問題には、十分に対応できない。

　ウッドハルの議論は、変化のさなかにあるフランス国民文化に対して、移民や亡命者がどんな役割を果たしているかという問題に、おおいに必要とされていた関心を向けるものだけれど

☆54 Woodhull, "Exile," 8.

も、彼女が用いる区別が二項的であるために、「ポストコロニアルのノマド論」という看板は裏切られている。ウッドハルは、「ある特定の社会的な場面における効果的な話者にして行動者」としての「移民が有する象徴的な地位」を浮かび上がらせ、しかも「彼らの代弁」をしないようにしようと努めている。[☆55] だが、「真ならざる」移民を「真の」移民と区別しようとして、本質主義への傾斜を示す彼女のやりかたは、植民地主義的言説についての決定論に通じている。このなかでは、周辺に追いやられた「作家」はいつもすでに「民族的」リアリズムの源泉であり、「理論家」はいつもすでに民族的ならざる中心に位置しているのである。文化生成についてのもっと越境的なモデルの見地からすれば、「内部」からの不安定化が「外部」からの不安定化にやはり複雑なかたちでつながっている（逆もまた真なり）と言わなければなるまい。ある種の移民作家たちが、フランスの国民文化（アカデミー化や、その他の形態のフランス式画一化や価値評価などがおこなわれる本拠地）における文化的ヘゲモニーに挑戦するとすれば、かつての植民地権力との近代国民的提携関係を固めようとする作家たちもいるかもしれないからだ。

アントワーヌ・レイボーは、マグレブのポストコロニアル小説についての論文で、「テクストのノマド主義を古いものの回帰と同一視すること」は危険であると論じている。このような見方を、植民地教育を拒否した民族主義者における「抑圧されていたものの回帰」になぞらえるのである。[☆56] しかしながら、レイボーは、彼の取り上げた主題をロマンティックに描き出している。書く行為についての本質主義的、超文化的、非歴史的な発想を賛美して、フランスのキ

☆55 *Ibid*., 9.
☆56 Raybaud, "Nomadism," 154.

ヤノンのなかでマグレブ文学を評価するのに役立てようとしている。同号に掲載されたサミア・メーレズの論文は、ノマド的な人々を異国趣味に仕立てるこのようなやりかたに挑戦し、脱領域化だけでは「中途半端だ」と論じている。彼女の文章を引けば、「決定的に重要な課題は、そのような段階にとどまらず、マイノリティ言説が獲得しつつある新たな領域を明らかにして、そういう言説が公認されることを求めて彼らが用いている戦略を考察しなければならないということである」[☆57]。メーレズの批判は、「ポストコロニアル」文学批評のなかには、植民地の権力構造を依然として維持しているものもあるということを論証し、批評家たちに、批評を産み出すことによってみずからが属領支配に荷担していることを自覚するように迫っている。「ポスト／コロニアルの諸条件」特集のなかのリサ・ロウの論文は、文学的ノマド論を歴史的な基礎に立って展開すべきだと提起している。ロウは、ファム・ヴァン・キやタハール・ベン・ジェルーンによる、ポストコロニアルのフランス語圏寓話を論じて、「ノマド的な営為は、インドシナ、ベトナム、およびモロッコ、マグレブの歴史にとって中心的な重要性があるし、かつてもあった」と主張する[☆58]。ノマド主義の戦略的方法に関して歴史的に特定された地理を扱う点において、ロウの著作は、周辺についての一般化された比喩を礼賛するやりかたから、大きく隔たっている。ドゥルーズとガタリの理論に共感する多くの批評家と同様に、ロウも、本質主義的にとらえられたアイデンティティよりも異種混淆性を、時系列や階層秩序に従う原則よりも同時性を重視する。「新植民地主義でもなく、土着主義による倒置でもない、第三の道」を探るファノンの志向から出発し、ロウは、亡命や不確定性をロマンティックに描き出すこと

☆57 Mehrez, "Azouz Begag," 28.
☆58 Lowe, "Literary Nomadics," 45.

を拒絶して、「文化的支配を再生産したり、二項的論理によってその支配に束縛されたりしない」植民地主義批判を求めている。[☆59]「戦略的に固定された戦線、辺境、中心」が必要であることを認識しているロウは、戦術的には政治的便法も顧慮する。

以上に見た論集に収められた諸論文の多様性を視野に入れて、私が主張したいのは、移動をめぐるポストモダンの言説の枠内でも、脱領域化を含むノマド論に取り組んでいる文学批評は、ドゥルーズとガタリの理論に追随するだけでなく、それにかなりの修正も加えており、その場合には、越境的とまでは言えなくても、大西洋をまたぐ知識人集団間の関係に厳密に取り組んでいる。現在われわれの目の前で起きているのは、ヨーロッパのポスト構造主義理論が合衆国で受容される状況のなかで、多様性に富む戦場が生まれつつあるということである。この状況において「ノマド」という語は、ほかの語よりももっと微妙な、歴史的な基礎を踏まえた用語にもなりうることに変わりはない。したがって、ポストモダンの理論のなかで新植民地主義を再生産しないようにするには、批評家の居場所や立場が、理論にまつわる政治の重要な要因となる。

ポスト構造主義的理論家の立場を脱構築する

八〇年代末にあらわれた欧米の、ノマド的主体に関する理論化のまっただなかで、ガヤトリ・スピヴァクは、西欧が作り上げた「第三世界の主体」の表象を批判する論文を発表した。この論文「サバルタンは語ることができるか」でスピヴァクが考察したのは、「多元化された『主

☆59 *Ibid.*, 4748.

体＝効果』についての理論が、主体の独立性を足元から掘り崩すという幻想を振りまきながら、この認識を有する主体を隠蔽していることも多い」という点であった。[☆60]「マイナーになる」ことについてのこのような理論は、脱領域化を謳いながら再領域化に荷担するもので、内因的に反動的な手法である。異国趣味におもねる「他者」を構築して、検証もせずに前提された文化的優位性を支える役割を果たすからだ。欧米のポスト構造主義理論は、欲望をめぐる小状況政治運動の異種混淆性を力説しながら、理論家自身の「思想や経済の歴史への連座」に対する分析を回避している。その点をスピヴァクは非難する。[☆61]

現代フランスの知識人は、ヨーロッパにとっての他者の不特定な主体に宿るような権力や欲望を想像するわけにはいかない。彼らが読むあらゆるものは、批判的にせよ無批判的にせよ、この他者を作り出すことをめぐっておこなわれる論戦の枠内にあり、ヨーロッパという主体の構成を支えたり、あるいは批判したりしているというだけではない。ヨーロッパにとってのこの他者を造出するにあたって、このような主体が世間に出まわるためのエネルギーを与え、出まわることの中心を占める（これに賭ける）ことを可能にするために用いるテクスト中の諸要素を、細心の注意でかき消したのでもある。かき消すためには、イデオロギーや科学の成果を使うだけでなく、法律の制定もなされる。経済的分析がいかに還元主義的に見えようとも、この重層決定を受けた企て全体が、変動の絶えない経済状況に資するためにあったということを、フランスの知識人は危険覚悟で無視する。この経

☆60　Spivak, "Can the Subaltern Speak?" 271.
☆61　*Ibid.*, 272.

済のためには、利害や動機（欲望）や権力（知の）を容赦なく転位する必要があったのだ。この転位を、いまごろになってラディカルな発見としてもちだし、この発見を梃子にして、経済（「階級」を記述的に分割する生活状態）的な分析はもう古めかしい分析法だと決めつけたりするならば、それは、この転位作用を継続させて、「ヘゲモニー的な関係の新しい均衡」を確保することに、知らずに手を貸す羽目になると言ってもいい。[☆62]

この「重層決定を受けた企て」を産み出す経済的基盤を明らかにすることで、スピヴァクは、ポストモダニティにおける分業の不均衡を個人のせいにするレベルから、もっと構造的な研究のレベルに高めて論じている。だからといって、個別の批評家に対する彼女の批判が曖昧になりはしない。たとえば、スピヴァクは具体的にドゥルーズとガタリの共著を扱い、「欲望と権力と主体性のあいだの関係」を彼らが考察「しそこねている」し、「そのために彼らは利害に関する理論を述べきれなくなっている」と指摘している。[☆63] したがって、ドゥルーズとガタリがイデオロギーを問題にしないことは、彼らのさまざまな立場――つまり、ヨーロッパ人であり、男性であり、フランス国民であり、等々――を理論化できないでいることから派生している。ラディカルな社会運動の課題に資するために身体を脱自然化することによって、ドゥルーズとガタリは、世界中のたいていの人々が選択の余地なくたたかいの目標とせざるをえない、抵抗と反対運動のための条件を、実際上排除してしまった。もっとも嘆かわしいことに、「マイナーになる」ことや根源的脱領域化をめぐるポスト構造主義理論は、「抑圧された人々の

☆62 *Ibid.*, 280.
☆63 *Ibid.*, 273.

具体的経験を価値づける」一方で、「知識人が果たした歴史的役割に対して無批判」であり続ける。[64] だから、「マイノリティ」言説は、社会のなかのひとつの場として、そこへいわば旅をすることのできる人々のみにとって利用可能となり、すでにその空間を占めている人々がそれを利用しようとすると、「イデオロギー」にすぎないとして否定されるのである。

スピヴァクのイデオロギー擁護論は、ロウの戦略的アイデンティティ論や、メーレズの再領域化重視論と重なり合う。本質主義を免れるような、ポスト表象の純粋な空間などはない、とスピヴァクは論じている。主体の形成が表象を演出するということを認識もせずに、権力の「ミクロ的なテクスチャー」についてどのように語ろうというのか。スピヴァクの戦術は基本的に脱構築的なものである。「自我の影として他者がしつこく造出されている動きに、知識人が共犯的にかかわっている可能性に直面しているなかで、知識人にとっての政治実践の可能性は、経済的なものを『抹消線の下に』据えることであろう。つまり、経済的な要因を、還元不能であって、社会的テクストにふたたび影響を与えていると見るのである。たとえ経済的要因が、最終的な決定因であるとか、超越的なシニフィエであるとかと称する場合には、おざなりにせよ抹消されるとしても、知識人は経済的要因を見つめていかなければならない。[65]」スピヴァクはこのような政治を、もはやかなりの期間にわたって実践してきている。それは、彼女の著作「国際的枠組みから見たフランスのフェミニズム」や「価値の問題についての散漫な思弁」から、「ある文学批評家の目から見た女性の政治経済学」や「ポストコロニアルの批評家」にいたる時期にわたっている。[66] たとえば、『ポストコロニアルの批評家』所収のインタビュー

☆64 *Ibid.*, 275.
☆65 *Ibid.*, 280.
☆66 以下を参照せよ。"French Feminism in an International Frame" and "Scattered Speculations on the Question of Value" in *In Other Worlds*, 135-175; "The Political Economy of Women as Seen by a Literary Critic"; Rashmi Bhatnagar, Lola Chatterjee, and Rajeshwari Sunder Rajan, "The Post-Colonial Critic," in *The Post-Colonial Critic*, ed. Sarah Harasym, 67-74.

で、スピヴァク自身が対話的な主体になり、さまざまなところからあらわれた知識人たちの問いや論評に関連させて、みずからの業績を位置づけている。このように批評を、一個人のモノローグ的な発話のスタイルから、インタビュー集という、もっと中断や散漫さを含んだ手法へ移していくことによって、多元的な位置づけを与えられた――「ノマド的」とさえ言える――批評主体があらわれる。

この意味において、スピヴァクの批評活動の範囲は、批評主体の書き換えから、「文学」研究、「英文学」研究、「女性」研究などの対象の再配置までに及んでいる。だが、この結果もたらされた批評が受容される分野は、「サバルタンは語ることができるか」でスピヴァクが認めているよりも、おそらくもっと含みがあり、一筋縄では括れない。たとえば、一九八八年に発表された論文で、ジャニス・ラドウェイとラリー・グロスバーグは、「ノマド」という言葉を使って、欧米のモダニティに対する批判を演出している。ラドウェイは、「受容研究――民族誌と散布された受け手やノマド的主体の問題」において、受け手についての研究における権力や執行力をめぐる議論の流れで論述し、ひとり「芸術家」のみが執行人なのではなく、もっと多様な参加者によっておこなわれるもっと差異にみちた過程として、文化の生産をとらえ直している。「他者」を表象しながら、「文学」とか「批評」とかの高級芸術の考え方から抜け出せないでいるような、「反主流的な」論説を特権化するよりはむしろ、「日常生活の次元で多くのイデオロギー的な要素や言説や活動を表現している」「ノマド的な主体性」を探究するべきだとラドウェイは言う。[☆67]「ノマド的」という言葉のラドウェイによる使い方は、その種のさまざ

☆67 Radway, "Reception Study," 364.

まな形態の主体性にそなわる「流動性」だけでなく、その「具体性」をも忘れていない。「要するに、安定してもいなければ統一されてもいない、現実の、歴史のなかに位置している社会的な主体が参加する、無数の営みから出発することによって、構築され散布された日常生活についての研究をうまくやっていくことができるだろうか。」[☆68]

ラリー・グロスバーグは、「さまよえる受け手たち、ノマド的な批評家たち」において、「知識人たちのあいだの提携や抗争の複雑さ」を歴史のなかに位置づける。[☆69] 知的産物を「旅」のプリズムを通して理論化したミーハン・モリスの画期的著作を読み解くことで、グロスバーグは、ポストモダンの時代における移動のさまざまなモデルを取り上げながら、混成的に組み立てられた知識人像にたどり着く。それはつまり、「真正さを探し求めるツーリストでも、故郷を探し求める土着人でもなく、快楽を探し求めるサブカルチャー礼賛者でもない」、ノマド的な文化批評家である。[☆70] 流動性は相対主義に結びつくものでもないし、経済的、社会文化的ベクトルと無関係なわけでもない、とグロスバーグは主張している。むしろ、「誰が、どこから動いているのか」という問いをさておいて、移動を考察することはできないのだ。「批評家は、批評家自身が語る物語のなかにこめられている領域の空間の内部に、はじめからいる」からである。[☆71]

ラドウェイとグロスバーグのあいだに存する差異を、このさい取るに足らぬなどと言って解消して見せるつもりなどないけれど、私は彼ら二人の業績を、新たに浮上してきた欧米の混合的な批評の営みの模範として挙げる。合衆国の知的議論のなかで「ノマド的」主体が拡散し流

☆68 *Ibid.*, 368.
☆69 Grossberg, "Wandering Audiences," 377.
☆70 *Ibid.*, 384.
☆71 *Ibid.*, 385.

通してきたさまをたどりながら、私が論じてきたのは、エスニック研究や女性研究に応答して、とりわけ、文学その他の学問におけるキャノンや、趣味や価値に関する伝統的な権威への挑戦として、批評的営為のなかの闘争にみちた空間が出現してきたということである。このような動きは、欧米のポスト構造主義者がヒューマニズム的言説にかけた揺さぶりに見合っている。その基礎には、これらの多様な政治的、学問的利害や期待を体現したあれこれの批評家の著作に見られる、落ち着きが悪く矛盾にみちた提携がある。以下の章で私は、そのような混合的な現代批評作品を検討し、理論家や理論の立場について分析するように呼びかけたスピヴァクに倣うつもりである。

その結果あらわれてくるのは、欧米における批評や理論の生産や受容のなかに見られるモダニズムやポストモダニズムの諸要素のあいだで、力動的な変容や交渉がおこなわれているありさまである。移動とか移住とかをあらわす主要な用語が、この批評空間を構築しているが、それらの使われ方はかつてほどロマンティックではなく、モダニティやポストモダニティにおける、帝国主義や経済的、文化的ヘゲモニーの歴史にもっと絡んでいる。猛々しいヨーロッパ中心主義を奥に秘めたボードリヤールの厭世的文化相対主義や、非ヨーロッパ的な他者性に対するドゥルーズやガタリの欲望を反復するどころか、私がこれから取り上げる批評実践の大部分は、複雑な産物としてのポスト構造主義に、良心的に取り組んでいる。そのようなポスト構造主義は、モダニズムとポストモダニズム両方の課題を包摂しながら、欧米の理論に潜む植民地主義的言説をさらに脱構築することを求めている。

第三章　旅する理論家たち
——コスモポリタンなディアスポラ

距離は安全地帯ではなく、緊張にみちた場である。

——テオドール・アドルノ[☆1]

しかしながら、こう言っても誇張にはならないが、帝国主義のもたらす閉塞や荒廃に対する抵抗と反対運動から生まれた、知識人の使命としての解放は、定着し確立され馴化された動力学に従う文化から移行してきて、いまや、家のない、脱中心化された、亡命的なそのエネルギーへ向かっている。今日では流動する民によって体現されるエネルギーであり、亡命生活を送る知識人や芸術家の意識が、そのエネルギーのあらわれである。知識人や芸術家は、異なる勢力圏、異なる形式、異なる故郷、異なる言語のあいだに立つ政治的人物である。したがって、この視野から見ると、あらゆるものがまさに反主流であり、独創的で、余分で、見馴れぬものなのである。

——エドワード・サイード[☆2]

今日、世界には二千三百万人以上の難民がいる。[☆3] 難民についての統計には、ヨーロッパの工業諸国に輸入されたいわゆる一時的労働力、ガストアルバイターは含まれていない。あるいは、

☆1　Adorno, *Minima Moralia*, 127.

☆2　Said, "Movements and Migrations," in *Culture and Imperialism*, 332.

☆3　この数字は、国連の調査に基づくもので、Jensen, "Death and Refugees," A17 に引用されている。また、〈国際人道問題に関する独立調査委員〉報告 ***Refugees: Dynamics of Displacement*** も参照せよ。

外国人の家事労働者や保育労働者、農業における季節労働者も含まれていない。西欧諸国におけるこういう労働者の雇用については、調査記録がないことも多い。そのうえ、およそ二千四百万人が、あれこれの国民国家の市民でありながら「国内の故郷喪失」状態で、ホームレス生活と慢性的飢餓につきまとわれて生活している。☆4 これらの膨大な数字を聞いてもたじろがない人は、合衆国やブラジルなどの国々における移民のもたらす衝撃を考えてみればいい。そういう国では、ほとんどすべての人がどこかよそからやってきているのである。二〇世紀は、だんだん多くの人々が、国民や地域や民族の定位置やアイデンティティから引き剝がされ、はずされてしまったことを特徴とする時代であると言えよう。居場所を変え、故郷を離れる旅が、近代においてますます多くの人々の中心的な経験になる一方、旅の仕方、移動の理由、この動向に巻き込まれていくときの条件に差異があるということを、歴史的に、政治的に説明しなければならない。

これらの移動がおこなわれているただなかで、境界、辺境、アイデンティティ、居場所などについての新たな関心が起きている。たいていの理論的解釈では、移民や難民や亡命者たちが「周縁」からメトロポリタン的「中心」へ流れ込んでくることは、国民の枠組みをも、旧来の文化的アイデンティティをも、豊かにしてくれるとともに脅かす現象であるとみなされる。しかし、居場所を「中心」や「周縁」として規定することは、場所や人々のあいだの分割の仕方をいっそう神秘化するだけである。中心は、よそからやってきた「他者」によって汚染されたり脅かされたりするだけの、純粋で明確な特徴を有して、外からの浸透を許さない、安定した

☆4 Jensen, "Death and Refugees," A17.

実体などではない。むしろ、新たな住民を何波にもわたって引き寄せる大きなメトロポリスは、活動的で、変化し続ける、複雑な居場所なのであり、そこで物品や思想や文化を、他の多くの居場所とのあいだで**交換**しているのである。越境的な経済という環境でなされるこれらの交換は、ユートピア的ないし中立的な取引であるなどと言えるはずもない。しかし、有力で統一された中心と、脆くたえず危機に見舞われている周縁とで構想された社会モデルは、各地の多様な経済や文化の、活力にみちた、一筋縄で括れない性格をぼかしてしまう。じつは各地で、資財や営みや価値が全地球規模にかかわって産出され、交換されているのだ。

移動をめぐる欧米モダニズムの言説は、これら歴史的に特定された交換や旅や流通の諸条件を神秘化し、均質化する。さまざまな種類の移動のあいだにある経済的、社会的差異を、均質化された「コスモポリタニズム」という仮面の陰に押し隠してしまう。そして、亡命礼賛を通じてノスタルジアを一般化する。あらゆる形態の表象は、部分的な、利害の絡んだやりかたでしか、物質界をほのめかすことができない。それとちょうど同じことだが、理論や批評のなかで流通している移動をめぐる言説は、文化的、政治的関心の「記号」以上のものとしての役には立たない。だから、「真の」難民や亡命者は、彼らの経験を、ディアスポラや亡命に関する文化理論家たちによって横領され、一般化されることで、被害を受け、抹消されていると主張しても、ほんとうに核心をついた議論にはならないと私には思える。「真の」亡命と比喩的な亡命（あるいは、政治と美学）のあいだに、道徳批判的な対立をもちこんでも、欧米モダニズムの基礎をなすエリート主義を脱構築するよりは、むしろ強化するだけだ。モダニティやポストモダニティにおける移動についての、もっと歴史的に正確な、地理的に特定された表象を探究するために、私が必要だと考えるのは、「高級」文化一般における表象の力についての考察である。この考察を通じて、「家なき者たち」や権力なき者たちが、芸術や文学に限られないけれどもそれらを含む社会の産物によって、無権利状態に追いやられたさまざまな道筋が明らかになるだろう。比喩は、コミュニケーションのなかでもけっして完全に斥けることのできないくらい強靱な部分だから、私の提起する疑問はつぎのようなものとなる。亡命の比喩は、特定の種類の文化批評のなかでどのように**働いて**いるか。そしてそれはなんの（あるいは誰の）目的に適うのか。ディアスポラを経験する主体から発せられた批評は、亡命に関する欧米の言説を、いかに支えているか、あるいはいかに揺さぶっているか。加えて、亡命、故国離脱、ディアスポラ、移民などのあいだに区別を立てても、いかにすればその区別が、歴史的、文化的に具体的な意味で有意義なものになりうるか。それぞれの用語を言い繕わずに、その時間的、空間的な次元が、旅に関する植民地主義的言説のなかで相互につながっている要素であると理解されるようにするには、どうすればいいのか。

欧米のポスト構造主義やポストモダンの批評は、現実世界のこの越境的な状況をなかなか受け入れられずにきている。批評家の主体としての位置（ないし、批評家が取りうる多様な主体的立場）は、あまり注目を受けていない。そういう問題は、俗流の本質主義者的な「アイデンティティ・ポリティクス」として一蹴されるか、ヨーロッパ中心的な普遍性の修辞を通じて抹消されるか、どちらかだったのである。理論や理論家が「旅」をするという点についても、帝国主義の遺産の一部として考察したり、越境的なモダニティやポストモダニティにおける文化生産が帯びる政治性の一部をなすものとして考察したりすることが不足している。[☆5]たとえば合衆国では、ようやく近年になって、フェミニズムやエスニック・スタディーズ、クィア・スタディーズが、「境界」の文化や主体についての力強い理論を産み出しはじめるにつれ、そのような「アイデンティティ・ポリティクス」が、ポスト構造主義理論の用語を用いるようになった。理論家の立場は、欧米のさまざまなモダニズムにおける著者の立場とあまり違わないやりかたで理論化されてきた。つまり、文字によるテクストの文化的生産者として、著者も批評家も、孤立した、かけがえのない存在であり、「本拠」ないし出身地から実存的に異化ないし疎外されていると表象されてきたのである。この異化をあらわす用語は、モダニズムの故国離脱や亡命から、ポストモダンのコスモポリタン的ディアスポラへと変遷を遂げてきたかもしれないが、居場所喪失や移動を審美的ないし批評的な獲物として強調する点では変わっていない。

　欧米の文化研究で移動や旅が論じられるときには、ディアスポラや浮浪するコスモポリタンな主体の方が、より頻繁に使われる用語になったけれども、亡命も依然として重要な用語である。たとえば、ハミッド・ナフィシーは、近著『亡命文化の成立』において、ロサンジェルスのイラン人移民社会というポストモダンな越境的状況との関連で、亡命を理論化している。この亡命は、「故郷からの別離を踏まえた生成の過程、一時的にも永続的にもなりうる過渡性と中間性の時期、そして最終的には、支配的な受け入れ国に組み込まれていく期間」としてとらえられる。[☆6]この経験は通例の移民とどう異なっているのか。ナフィシーの主張では、北米のそ

☆5　この点についてとば口となる議論については、以下を参照せよ。Said, "Traveling Theory" in *The World, the Text, and the Critic*; Clifford and Dhareshwar, "Traveling Theories, Traveling Theorists"; Clifford, *The Predicament of Culture*, and "Traveling Cultures."

☆6　Naficy, *The Making of Exile Cultures*, xvi.

れぞれのコミュニティーは、階級とか民族人種とかの枠組みのみで理解するわけにはいかず、どういう流浪を経て定住するにいたったかということとの関連で把握されなければならない。ナフィシーは、合衆国内のイラン人移民のために作られたコミュニティ・テレビやミュージック・ビデオにおける、表象上の戦略や文化生産を研究している。そして彼が「亡命的」だと注目するのは、「故国と、移住先社会との**両方の**文化的規範に対する、愛憎半ばする態度、抵抗、ずれ、そらとぼけ、物真似、ときには破壊」のあらわれである。☆7 この意味において、亡命に対するナフィシーの定義は、「多元的な居場所にともなう持続的な問題力学」を認め、これらの移行しつつ同時に併存するアイデンティティや提携関係を説明できるような、文化生産理論を論究しようとしている。

移動との関連で多元的な主体の立場に対する似たような関心は、アラブ系ユダヤ人のアイデンティティをとらえようとしたエラ・ショハットの論述に見出せる。しかし、亡命についてのショハットの議論は亡命の枠組みを脱構築し、アラブ系ユダヤ人にとって亡命は、イスラエル、合衆国いずれの在住者であろうと、ひとしなみに利用できるような慣行ではないと主張している。ショハットの指摘によれば、「『亡命から内輪の集団に戻る』という発想は、約束の地に入ってさえも亡命していると感じているユダヤ人の物語が入る余地を残さない。☆8」さらに、亡命の枠組みに必要なのは、それと見分けられる、首尾一貫したアイデンティティないし出身地である。イスラエルでも欧米でも、アラブ系ユダヤ人の文化やアイデンティティは、主流のユダヤ人像から抹消されているために、「亡命」はいわばまだなしえないことになる、これが

☆7 *Ibid.*
☆8 Shohat, "Reflections of an Arab Jew," 42.

ショハットの論旨である。「われわれは、みずからの歴史を剝ぎ取られて、出口なしの状況のために、われわれの集団的なノスタルジアを、少なくとも公的な場面では押し殺さざるをえなかった。『一個の民族』が古代の郷里で再統合されるという発想が隅々まで行き渡っているため、イスラエル建国以前の生活のなつかしい思い出は、あやしげなものとして積極的に抑圧される。近年のイラク破壊の映像を見せられて、トラウマがますます強められはっきりしてきた者も、われわれのなかの一部にはいるのに、それを嘆き悲しむことも許されなかった。」[☆9]。ショハットは、複雑で、二項的でないかたちのアイデンティティのあらわしかたを見つけだそうとし、「国民や民族を『きれいに』分割すること」に反発している。[☆10] ショハットの指摘では、「私の家族の大方が暮らしているイスラエルがスカッド・ミサイル攻撃を受けたとき、私は不安や苦痛を覚えたが、だからといって、イラクが爆撃されたときの犠牲者を思って抱いた恐怖や苦悩は、帳消しになるわけではない。イラクにも私の親類がいるからだ[☆11]」。

　国民や民族集団に対する「きれいな」分割を避けるのは、歴史の現時点では錯綜した課題となる。越境的なディアスポラからあらわれる主体を過度に一般化してユートピア的に志向するのは、たとえばショハットが迫っている認識において見えてくる区別や形態そのものを、いっそう抹消するだけにもなりうる。他方、たとえば、国民や人種という構築されたパラドックスを説明できるような、主体性に関する理論をもたなければ、末は「戦争をもたらす二項対立主義」しかなくなる。だから、亡命に関する現代の理論は、さまざまな主体の立場をもたらす移動の物質的諸条件を叙述しなければならないのである。ここにきて、不本意ながらの政治難民

☆9　*Ibid.*, 41-42.
☆10　*Ibid.*, 40.
☆11　*Ibid.*

と自発的な故国離脱者とを区別することが可能になる。それは、大きな恐怖と危険にさらされた人物像に価値を与えようという、道徳的立場からの階層秩序をうち立てるためではなく、ほとんどつねに表象されずに終わる隠れた歴史を把握し、越境的な文化の多様な担い手を相互に連結しようという努力としてなされるのだ。その結果、「本拠」の居場所で受けた虐待や不正義のために疎外され、「家なき状態」や移動を強いられた作家や知識人が、不本意ながらの亡命者と、テクスト上や政治上の提携関係を結ぶ相手として出会うことができるし、連帯できるようになると言ってもいい。しかしながら、このような連帯ないし提携は政治的なものだから、文学的亡命の審美的原則を表明したり、一般化された比喩をもちこんだりするだけで、それが可能になるなどと単純に決め込むわけにはいかない。このような政治的つながりをもっと目に見えるようにし、意味深いものにするような実践を築いていくことこそ、おそらく文化批評のひとつの課題なのである。

英雄的な亡命者とコスモポリタンな故国離脱者

> 私は、世界の端、自分の国から遠く離れた土地に住み続けるであろう。〔……〕ここでは、私こそ野蛮人であり、誰にも理解してもらえないのである。
>
> ——オヴィディウス☆12

> 亡命している人は、遠く離れた場所に結びつけられることが多いけれども、事実は、特定の領土を有するどんな国よりも、私は自分の著作に結びつけられていると感じたのだ。

☆12 Ovid, *Tristia et Epistulae ex Ponto*, cited in Dahlie, *Varieties of Exile*, 2.

——ヌルディン・ファラー[☆13]

ハルヴァード・ダーリーは、二百年間にわたる英領カナダの亡命文学を研究した著書のなかで、亡命の「否定的ないし懲罰的な」様相は、古典的な西欧文学ではあれほど頻繁に表現されてきたのに、だんだん消えてきたと述べている[☆14]。民族や共同体といった社会組織から厳しく切断された経験としての亡命が、このように減少してきたのは、故国離脱志向が高まるのと軌を一にしている。故国離脱とは、法的な、あるいは国家による追放を受けたわけでもないのに、なんらかの理由によって**自発的に**移動することである。ダーリーの研究は、移動した近代作家たちについての欧米における無数の文学研究と同じく、この区別を、まず自発的な移動に注目することによって言いまぎらす傾向にある。はっきり言って、文学的な移動を扱う研究はたいてい、亡命と故国離脱との差異を取り繕い、著者としての資格に関する表象や営為を歴史的に捉え返すことをしないで、喪失、離隔、ノスタルジア、没価値状況などの比喩をたっぷり作り出すのである[☆15]。

だが、亡命と故国離脱の差異を強調しすぎると、動機や意図や振る舞いの評価を一般化しすぎて、説教じみてくることも少なくない。亡命と故国離脱をいっしょくたにするモダニズムに対して、それに対抗するための言説があらわれてくる背景は、いくつかある。たとえば、マルクス主義あるいは社会主義の立場から、文学生産や美学の歴史から階級関係を抹消するやりかたに対してなされる批判も、脱植民地化の分析において、移動と著者の資格や民族抑圧とを関

☆13 Farah, "A Country in Exile," 4.

☆14 Dahlie, *Varieties of Exile*, 3.

☆15 ハルヴァード・ダーリーの研究が従っている修辞上の戦略は、「亡命」という語の定義上の拘束力を論じながら、その矛盾を解決も歴史化もしないですますやりかたである。他にもたくさん例があるが、以下の著作も参照せよ。Seidel, *Exile and the Narrative Imagination*; Eagleton, *Exiles and Émigrés*; Ilie, *Literature and Inner Exile*; Griffiths, *A Double Exile*; Newman, *Transgressions of Reading*.

連づける考え方も、そういう言説である。このような対抗的言説は「亡命者」を、自発的な故国離脱者に特有の虚偽意識やブルジョア化とは反対の、それに優る英雄的な前衛として位置づける場合が多い。

文学的亡命者と故国離脱者の区別を道徳的評価の観点から扱っているものとして典型的なのは、メアリー・マッカーシーが一九七一年に発表した論文である。マッカーシーは、「亡命者」という語が「比喩として用いられるうちに容易にインフレに陥る」とことわりながらも、亡命が意味している政治的状況とは、独特の取り返しのつかない不在のことであると明確に主張している。マッカーシーによれば、難民というのは集団的なカテゴリーで、再度安住の地を見出すこともありうる。故国離脱者は、多少侮蔑の対象とされる。「故国離脱者は享楽主義者である。普通は芸術家であり、あるいは自分を芸術家だと考えている人間である。政治信条をもたず、かりに何かもっていたにしても、それは、ブラウニング夫妻のように、自分が選んだ国から習い覚えた政治観である。平均的な故国離脱者は、自分自身の国のことをめったに考えないし、考えるとしても嫌々ながらなのである。自国から逃げ出したと思っているのだ。故国離脱者は産業主義の副産物である。同時に、言うまでもないが、外国にいられるのも、逃げ出してきた国の工場や工業によってもたらされた繁栄のおかげである。[☆16]」コスモポリタンな故国離脱者や、亡命者という**名に値するような苦労**をしたこともないくせに好きこのんで旅に出る気取り屋などに、マッカーシーは疑いの眼差しを注いでいる。故国離脱者やコスモポリタンに対する批判には、かなりあからさまなピューリタニズムがうかがえる——つまり、手ごわい政敵に

☆16 McCarthy, "Exiles, Expatriates and Internal Emigres," 706.

より出身地から文字通り強制追放されないかぎり、偽の亡命者は、移動の社会的、芸術的な利益を、**代価**も払わずに手に入れているとみなされるのだ。「真の」亡命者が必ず経験しなければならない不安、恐怖、不確かさを嘗めることもなく、うまい汁を吸っていると。

亡命と故国離脱との修辞的な融合や、コスモポリタニズムの害悪に対する批判として、もっと近年の著作には、アイジャズ・アフマドの『理論のなかで』がある。この書物でアフマドは、現代批評や文学作品における階級関係の抹消や、第三世界のエリートたちのブルジョア化について考察している。とりわけサルマン・ラシュディとエドワード・サイードを取り上げて詳しく吟味し、批判している。両作家とも、アフマドが支持する社会主義の企てを足元から掘り崩すようなコスモポリタニズムに淫していると糾弾しているのだ。アフマドの挑戦的なサイード批判は、批評家たちによるかまびすしい反論を呼び起こしたが、そのやりとりをここで詳しく紹介しようとは思わない[☆17]。けれども、移動に関連した用語が比喩として現代文学や批評で演じている働きを問題にしたアフマドの提起は、よく考えてみる価値がある。

アフマドは、欧米のモダニズム、ポスト構造主義、文化批評の風土に瀰漫した、移動を一般化するような言説に対して、もっとも明晰で生気のある反撃をおこなっている。アフマドの見方では、「亡命と、移民と、作家としての職業的選択」とは「同義になり、実際上は互いに区別できなくなっている」[☆18]。「亡命」という言葉は、彼の注記によると、「はじめは比喩として、やがては、移民と融合された作家の実存的状況を叙述するためにすっかり横領されたレッテルとして」用いられてきた。このイデオロギー的な過程を経て、亡命は「物質次元の現実生活の

☆17 『理論のなかで』をめぐる批評家たちの座談会は、アフマドからの反論とともに、つぎの雑誌に掲載された。*Public Culture* 6:1 (1993). 以下も参照せよ。Lazarus, "Postcolonialism and the Dilemma of Nationalism"; Lie, "Enough Said, Ahmad"; Kaplan and Grewal, "Transnational Feminist Cultural Studies."

☆18 Ahmad, *In Theory*, 86.

事実とは関係のない、魂の状態」をあらわすようになったのだ。[☆19]

いったいいかなる物質的条件が、どんな主体に移動させたり、居場所を得させたりするのかと問うことによって、アフマドは、亡命とディアスポラとについてのかなり硬直した定義を打ち出すことになる。ディアスポラに巻き込まれて祖国を離れ、西欧の大学で「日和見主義的な第三世界主義」を育むようになった知識人は、自分たちのことを「亡命」とか「ディアスポラ」などという言葉を使ってあらわすかもしれない。だが、アフマドの望みは、これらの知識人を、「個人的な便宜」をあらわすように造出されたカテゴリーのなかに位置づけたいということだ。[☆20] **亡命者**とは、移動をあらわすこの記号の真の、物質的な、本来のシニフィエとしては、「みずからの信念と願望に反して、国家――**いかなる**国家であろうと――の権威によって、あるいは、肉体的抹殺を受ける恐怖によって、出生国で暮らすことを妨げられた人々」のことである。アフマドは「特権」に「不可能性」を対置し、「作家業」に「苦痛」を対置する。[☆21] これは実に厳格な分類である。普遍化するような比喩は、多くの場合、みずからの立場を語ったり書いたりできない人々の経験を横領したものだとみなされうるし、また、彼らが語ったり書いたりできなくなるのも、そういう比喩が引き起こしがちな認識上の暴力のせいなのだ。この事態の甚だしさを前提にすれば、この横領をおこなった張本人たち――批評家や作家たち――は、最悪の濫用に供された修辞上の合成、インフレ、抹消に責任ありとされても、仕方がないだろう。

アフマドがもっとも厳しい非難を向けるのは、粗忽にも、あるいは「信じられないほどの無

☆19 *Ibid.*
☆20 *Ibid.*, 85.
☆21 *Ibid.*

邪気さで」、作家としての利得を求めて出国し、メトロポリスへ行く人々に対してである。したがって、サイードのような人物が「漂流する知識人」を特権化しているのは、現代文化批評に個人的な事情を絡ませるものとみなされる。こういう場面における文化の生産や受容にサイードがどのように重ねられるかということについて、私は本章のあとの方で論じるつもりである。ここでは、つぎのように言っておくだけで十分であろう。すなわち、アフマドによる批判は全体として、せいぜい問題提起にとどまるにせよ、文学批評や文化批評の物質的条件を、帝国主義や資本主義拡大に関連させて評価しなければならないと主張しているのである。欧米モダニズムが移動を審美化してきたという事実に対決して、アフマドの批判は、文化研究においては階級関係が、人種、民族、ジェンダー、セクシュアリティなどに劣らぬ重要な役割を演じているということを忘れないようにする役に立ってくれる。しかし、階級を強調する彼の方法は、あいにく古典的マルクス主義の枠内にとどまっており、階級以外の、人種、民族、等々の重要な批判的カテゴリーにつながりえない。[☆22]

アフマドの分析に対して私がもっとも具合が悪いと感じる点は、彼が、真の亡命と偽の亡命、真の意識と虚偽意識とを二項的に構築していることである。もっとも困るのは、アフマドが、西欧の自由主義という政治的伝統に依拠していることである。だからアフマドは、「選択」とか「意図」、「私的内面生活」などという規準を使って、個々の人物に対するコスモポリタニズム批判を一括することになる。たとえば、サバルタン・スタディーズ派の知識人ラナジット・グーハについて、アフマドはつぎのように書いている。「個人的選択の問題について諍い

☆22 男性中心主義的マルクス主義の限界に関するもっとくわしい議論は、Kaplan and Grewal, "Transnational Feminist Cultural Studies" を参照せよ。

を起こしたいなどとはまったく思わないし、誰かがある国から別の国へ移住するにいたった背景を、私は確かに知りもしないし、裁断したくもない。そういうことはまったく私的な事柄である。[☆23]」文化の構築を研究しようというときに、私的と公的とを区別することは、どんな役に立つのか。また、選択とか意図は、アフマドが問題にしていることになっている、エリートによる特権化のなかでこそ、作動しているにほかならないではないか。したがって、アフマドは、あのような厳格な分類をうち立てた結果、二項のどちらにもぴったり当てはまらない人物や、例外と認めてやるのが便利ないし快適な人物に対しては、たえずその分類法に融通を利かせる羽目になる。それに、移動に関する用語法や知識人の営為をめぐっておこなわれるこの階級闘争の戦場地図のなかで、アフマド自身はどのあたりに位置づけられることになるのか[☆24]。

　西欧や世界中のエリートの地位にいるラディカルな知識人と、見かけ上は彼らと制度的に敵対している者たちとのあいだには、共犯関係がある。それを研究するのは喫緊の課題である。レイ・チョウの言い方によれば、罪悪感と欠如が相互に対置される結果、多くのいわゆるポストコロニアルな知識人たちは、「力強く語りながら、無力状態と一体化する[☆25]」。このような「生産性の回路」は、その資本を「他者の困窮から引き出しながら、そのような回路の現前がこうして与えられたものであることを認めようとしない[☆26]」。なるほど、このような新植民地主義には、鋭い批判の目を注ぎ、警戒しなければならない。そのために、われわれの大部分が、限りない罪悪感や恐怖や欠乏を、不愉快なほど間近に突きつけられることになるとしてもである。だが、アフマドは「罪悪感の旅」をすることで満足しているようだ。つまり、『理論のなかで』

☆23　Ahmad, *In Theory*, 209.

☆24　まさにこの点を論じたものとしては、『理論のなかで』に対するヴィヴェク・ダーレシュワルの批判 "Marxism, Location Politics, and the Possibility of Change" を参照せよ。

☆25　Chow, *Writing Diaspora*, 14.

☆26　*Ibid.*

は理論家たちを名指して、すべてをみそなわすこの批評家によって引かれた線の、あちら側やこちら側に送り込む――こいつは階級的エリート主義の収容所に行き、別のやつはこの著者といっしょに社会主義の連帯に加わるべし、というのだ。私の疑問はつぎのようなものである。アフマドが移民を、批評や現実生活における矛盾とみなしうるなら、逆説や矛盾につきまとわれない純粋なカテゴリーを構築するようなことを、彼はどうして求めることができるのか。アフマドの構図によれば、亡命は、ほとんど称揚されるのに等しいかたちの旅であり、苦痛によって鍛造され、独特な栄光によって浄化され、その純粋さによって聖化された旅なのである。それを、コスモポリタンの特徴である汚れた甘えと混同されることは、けっして許されない。硬直した分類を確立するのにこれほどの精力が費やされるのを目にすると、私は、そんなことをしてもいっそうの錯綜と矛盾と境界の曖昧化に行き着くだけだと言いたくなる。亡命とコスモポリタン的ディアスポラとを厳密に区分したいという願望が見出せるとすれば、この願望そのものを産み出すのは、いかなる物質的関係なのか。

このような亡命／故国離脱の区分に心を奪われているうちに、もっと大きな支配的二項構図が見失われるかもしれない。つまり、亡命と移民との対立である。すなわち、見かけ上「真の」亡命と「偽の」亡命のあいだには、可能かも不可能かもしれぬようなさまざまな度合いの帰還があるということである。政治体制は変わるかもしれない。財政的な不如意は克服されるかもしれない。あるいは、その他の方策が可能となるかもしれない。だが、移動をめぐる現代の多くの言説のなかで、亡命者／故国離脱者を移民から分けているのは、移民は同化をめざし

ているという陳腐な思いこみである。移民は、ためらいも見せずに故国を離れ、新しい状況に直面して、その国や社会にできるだけ加わろうと熱望しているというのだ。同化の意志などというこのいささか単純な発想に加えて、移民は、審美的な獲物よりも経済的ないし物質的な獲物に結びつくとみなされる。移民は、物質的な生活環境を改善しようとして移動するので、亡命者に取って代わるようなロマンティックなイメージを呈しない。亡命者が故郷から引き剝がされたのは、精神的、政治的、美的に生き延びるためにのみであると見られるからだ。

それゆえ、移民の形象に付与されるようになった移動形態は、欧米モダニズムによってもっとも評価されるようなものとは正反対である。移民は、失われた出発点への回帰の願望を体現するよりもむしろ、その出発点を拒否することに熱心であるとあらわされる。精神的ないし創造的なアイデンティティや知的職業ではなく、あまりロマンティックではない労働にかかわっているとされる。いや、もっと単純に、肉体的生存からエリートの出世欲にいたるまでの、純粋に物質的な動機と結びつけられる。政治亡命者でもなく、亡命芸術家でもない移民は、このような神秘化された統一的イメージを与えられ、欧米モダニズムの枠内に入ることも、文化生産に関係して救い出されたり、専門化されたりすることもありえない。この意味において移民は、ツーリストが欧米モダニズム流亡命者のアンチテーゼであるのとまったく同じである。事実としては、多くの人々にとって移動の物質的条件は、このような区別をつけられないものであるし、近代の多くの主体は一生のうちに、これらさまざまな意味合いの異なる移動をいくらでも経験するのであって、どれかひとつの移動形態だけを単純に体現するものではけっしてないのである。だから、文化生産に関する唯物史観的な歴史が必要になってくるし、このような歴史は、新たに浮上してきた主体の立場や批評的文化的営為に注目することによって、越境的な状況をもっと積極的に考察しようとする。

移民の歴史が、亡命に関する欧米モダニズムの神秘的解釈に対する脱構築に役立つのとちょうど同じように、脱植民地化の歴史も、作家の資格や文化生産に関する同様の支配的物語に潜む矛盾を抉りだしてくれる。たとえば、グギ・ワ・ジオンゴは、最新論文集『中心を移動させる』で、移動と作家の資格を結びつけるモダニズムの見方に揺さぶりをかけるような表現によって、亡命というカテゴリーに対する彼の抵抗を述べている。グギは、七〇年代末に自分の文章が、「亡命中の」作家に関する英国のアンソロジーに収録されていることに気づいて驚いた経験を述べながら、ケニヤ政府が自分を国外へ追放しようとしたことに頑強に抵抗してきた経験を意味づけるとともに、「亡命作家」などというコスモポリタン的なアイデンティティに対するみずからの嫌悪感を明らかにしている。「私は自分のことを『亡命』などという言葉を用いてあらわす気にはどうしてもなれない。[☆27]」この英国のアンソロジーには、キャサリン・マンスフィールドやV・S・ナイポールなども含まれていることに目をつけたグギは、「自発的な亡命」(故国離脱)と「強いられた亡命」(国家によるテロの犠牲者)とのあいだに、あのお馴染みの区別をもちこもうとしている。だが、誰かの言い方では「ポストコロニアル」な主体ということになりそうな人々をも視野に入れれば、このような区別は成り立ちがたいということに、彼は気づいている。たとえば、アフリカ人をヨーロッパへ送り込んで教育を与えようとし

☆27 Ngugi, *Moving the Centre*, 104.

た盛時植民地主義の制度的営為そのものが、旅や移動を特権化する疎外の文化を創り出したのだ。物理的な亡命は「二〇世紀アフリカ文学と切っても切れない関係にある」けれども、グギの主張によれば、「文学の分野における亡命状態は、社会全体におけるもっと大きな疎外状態の反映であり〔……〕民衆自身が、その経済的、政治的分野との関係では亡命生活を送ってきたのだ」[☆28]。

グギは長年にわたり、評論、小説を通じて、疎外と脱植民地化の影響を究明してきた。たとえば『精神を脱植民地化する』では、英語で小説を書くことによって、事実上の亡命下で仕事をしたと論じている。彼の著作のジャンルも言語も、彼の同胞に読んで受容してもらう妨げになった。『中心を移動させる』でグギは、亡命について述べたエッセーの結末を、アフリカ文学にとって「首尾よく終わる帰郷」がありうるか否かという問いで締めくくっている。グギの主張では、言語上の「牢獄」を打破することによってのみ、つまり、英語やその他の植民地内共通語を拒否することによってのみ、そのような帰郷が可能となるのである。

グギは、自身の「土着の」言語を価値づけ、あるいは中心化することによって、帝国主義のヘゲモニーを突き崩すために、植民地的関係の物質的現実を反映する二項対立の二項を逆転させる。グギの著作は、「外部への」亡命にまつわるコスモポリタニズムに抵抗するとともに、「内部の」亡命を沈黙させようとする弾圧に抗議して、かつての植民地のなかでおこなわれている抑圧的な政治に揺さぶりをかけている。ケニヤの文化を、メトロポリスの中心に結びつくと同時にそこから切り離され、国家がローカルにもグローバルにもおこなっている多層的な抑

☆28 *Ibid*., 107.

圧策に抵抗しながら、内的に細分化されてしまった営みとしてあらわしている。しかし、グギは亡命を、ポストコロニアルということになっている時代においても続いている、植民地主義の搾取と弾圧をあらわす比喩として利用している。この比喩は、世界文化の中心／周縁モデルに相変わらず根ざしており、「土着の出発点」や「国民」などといった本質主義的な観念を構築している。グギの文化的批評的実践は、彼独自の歴史形成のあらわれである。脱植民地化との関連で見れば、グギがコスモポリタニズムを拒否しているのは、近代化やその他の植民地的遺産に対する抵抗に結びついている。グギのような、移動を強いられながらローカルなものを特権化する作家にとって、コスモポリタン的なメトロポリスが指し示すのは、グローバル化の陥穽と西欧のヘゲモニーから与えられる影響以外の何ものでもない。しかしながら、「亡命中の作家」か「本拠にとどまる作家」かという「選択」がグギに残されているとしたら、コスモポリタニズムに対する彼の批判が、移動のあらゆる事例にいつも妥当しうることになるであろうか。欧米モダニズムが構築したコスモポリタンな作家資格に対するグギの抵抗は、比喩的にも字義どおりにも本拠という領域に結びつくべきか、メトロポリスと提携すべきか、という問いを提起している。亡命に関する彼のエッセーは、帝国主義が多様な主体を産出していることと、また、それゆえに、移動をめぐる言説を考察するためには、さまざまな政治的、地理的なコンテクストを考慮に入れなければならないことを想起させてくれる。

亡命者として書く――エドワード・サイードの批評的移動

二〇世紀末に、エメ・セゼールのように「出生地」について語ることに、いかなる意味があるのか。文化的アイデンティティをめぐる今日の経験に、いかなる本質、というよりも過程が、かかわっているのか。パレスチナ人としてものを書くことに、いかなる意味があるのか。アメリカ人としては？　パプア・ニューギニア人としては？　ヨーロッパ人としては？　現代作家の誰かが、自分の言説を構築するための材料として、いかなる独自の文化的資源をもっているのか。そういう言説は、ごく一般的にはいかなる世界の読者に（いかなる言語で）語りかけるのか。地球規模の読書界で、知識人は少なくとも、セゼールのように帰還の覚え書きを書くことによって、出生地を構築しなければならないのか。

――ジェイムズ・クリフォード☆29

☆29 Clifford, "On Orientalism," in *The Predicament of Culture*, 275-276.

ディアスポラを経たコスモポリタン的知識人による批評の言説は、欧米のモダニズム流の亡命論にも、居場所に関するポストモダニズム理論にも依存しており、多くの場合、漂流や移動を礼賛することによって、具体的なコンテクストを脱歴史化している。エドワード・サイードが亡命について書いていることは、そういう、モダニズムやポストモダニズム、グローバルやローカルのマトリックスのなかに位置づけにくい。いろいろな批評的立場のあいだで揺れているからだ。もっとも歴史的に特定された局面として、現代史に議論が絞られているときには、ポストモダニズムに合流し、モダニズムの美学や政治に対する力強い批判となっている。そうでないときには、サイードの関心は、モダニズムの伝統や文化に密接に結びついたままである。これらの矛盾した要素が示しているように、サイードのような人物を特定するための歴史的、文化的、地理的位置は複雑であるし、おまけに、欧米モダニズムと、その跳ね返りということになっているポストモダニズムとは、緊密につながっている。サイードが、文学批評家としてと同じくらい、いまやパレスチナ問題の活動家として有名であるということは、彼が多元的な位置を有する批評家であることをうかがわせている。彼に対する受け止めかたは均質的ではない。[☆30] だから、サイードを、モダニズムかポストモダニズムかどちらかの陣営に位置づけるよりは、私は、モダニズムもポストモダニズムも移動をめぐる言説を特権化しているそのやりかたの、とりわけ目につきやすい事例として、彼の著作を読み解いていきたい。彼の著作には、モダニズムもポストモダニズムもあらわれており、政治的課題と詩的課題のあいだに緊張をもたらし、欧米の多様な批評伝統のあいだの連続性を照らし出している。

サイードの著作の大部分は、世俗の出来事と美的な関心とのあいだの関係に集中している。とりわけ今日に続く二十年間に発表された一連の論文では、亡命状態に対して、個人的なレベルでも歴史的なレベルでも鋭い疑問を投げかけてきた。亡命についての著作は、彼自身の移動に対する探究を徐々に深めてきて、自伝と批評とを融合したしたたかな形式を作り上げている。西欧の諸制度に潜む権力の磁場に対してポスト構造主義の立場からの批判を展開するだけでなく、著者の主体的位置に対する構造主義的批判にも取り組み、批評実践に対して挑発的な

☆30 有益なサイード論集としては、Sprinker, *Edward Said: A Critical Reader* を参照せよ。さまざまな見方の例としては、以下も参照せよ。Young, "Disorienting Orientalism," in *White Mythologies*, 119-140; Clifford, "On Orientalism," in *The Predicament of Culture*, 255-276; Mani and Frankenberg, "The Challenge of Orientalism"; Ahmed, "Orientalism and After," in *In Theory*, 159-220; Sivan, "Edward Said and His Arab Reviewers," in *Interpretations of Islam Past and Present*, 133-154; J. Hillis Miller, "Beginning With a Text"; Hayden White, "Criticism as Cultural Politics"; Robbins, "Homelessness and Worldliness," and "The East is a Career: Edward Said," in *Secular Vocations*, 152-179.

方法論上の挑戦を提起している。近年の著作においては、個人的なものと政治的なものを一貫して理論化し、サイードが「ポストコロニアル世俗批評」と名づけた、新しい実践を築き上げている。

論文集『世界、テクスト、批評家』の巻頭論文「世俗批評」は、現代世界のなかで文学批評を構築する精密な分業を論じている。サイードの論評は、専門化の進行が専門知識崇拝につながるという、「作家と批評家」におけるルカーチの警告を真似ている。ルカーチに見習ってサイードは、専門としての文学という独立した領域が、不干渉の原則にもとづいて具体的に組織されていると主張する。すなわち、文学批評家は、みずからの専門化を実現するために、世俗の事柄に干渉するのを控え、歴史や政治について沈黙を決め込み、芸術と行動とを分断するのが正しいとする信念をあおり立てているというのだ。その結果、「文化の領域とその専門知識は、みずからと権力との真のつながりを見極める立場から、制度的に切り離される」ような体制ができあがる。[☆31]

『世界、テクスト、批評家』所収の論文の随所で、サイードは、こういうタイプの美学に反撃しようとして「テクストの世俗性」を主張し、ルカーチ、ベンヤミン、アドルノ、その他のヒューマニズム的なマルクス主義理論家たちのあいだのつながりをたどってみせる。客観的現実や表象などという諸問題をめぐる、マルクス主義とポスト構造主義との対立を踏まえれば当然のことだが、複雑で、矛盾にみち、多元的なこの批評遺産に対するサイードのさばきかたは、総合的かつ逆説的にならざるをえない。サイードが実践を力説するのは、弁証法的唯物論につ

☆31 Said, *The World, the Text, and the Critic*, 2.

ながるものだが、文化のなかで言説の条件が変化していることに注目する点では、ポスト構造主義をもっとあからさまに政治的な実践に移す、フーコーのような人々に通じている。ポスト構造主義のテクスト性に依存する実践のなかの、理論的に貴重な挑戦と否定的な効果とを見分けるために、文化生産には、位置を特定できる諸要素間の関係にもとづいた構造がある、とサイードは言い出す。エクリチュールというのは、誰が産み出したものでもないというのではなく、**誰か**が産み出したものなのだ、と彼は主張する。ある特定の時間に産み出されたのであって、いつ産み出されたのでもないというわけではないのだ。人格や創造についての記念碑的な本質とか超歴史的神話とかに荷担することなく、サイードは、批評実践のための二つの相互補完的概念のために弁じる。つまり、提携関係と世俗性である。「私の立場は、テクストとは世俗的なものであるということであり、ある程度は出来事であって、そうでないと見えるときですら、にもかかわらず社会、人間の生活の一部であって、もちろん、テクストが居場所を与えられ、解釈されている歴史的瞬間に属しているというものである。」[☆32]

文学批評の実践を、移動と創造的な提携関係の過程として描き出す見方が明確に示されているのは、『世界、テクスト、批評家』の序論のなかで、サイードがエーリッヒ・アウエルバッハを論じている箇所である。第二次世界大戦中イスタンブールに亡命していたヨーロッパのユダヤ人アウエルバッハは、学者としての困難を抱えながら、西欧文学の伝統についての論述『ミメーシス』を書いた。十分な図書館も資料もなく、同学の士からも切り離され、その他もろもろの困難があった。サイードの主張によれば、まさにこの状況で強いられた孤立こそが、

☆32 *Ibid*., 4.

アウエルバッハの著作に独特の価値と意味を吹き込んだのである。故国の文化の「真正な」標識や資料から切り離されて、アウエルバッハは、喪失感を癒そうとして書いた。ポスト構造主義の顰みに倣い、サイードはこの活動を、解体と移動に直面しての文化的構築をめざす意志に支えられた行為として解釈する。文化的故郷喪失こそ、アウエルバッハが批評活動の原理に作り替え、サイードが「世俗的批評」やそれに続く論文で自分なりに利用したものである。「言い換えれば、〔『ミメーシス』が〕今日あるのも、西洋ではなくて東洋に亡命し、ホームレス状態になったという、このほかならぬ事実のおかげなのである。また、そうであるとすれば、『ミメーシス』それ自体は、西欧の文化伝統を再確認した大著と受け取られていることが実に多いけれども、そんなものにとどまるのではなく、西欧の伝統からの決定的に重要な疎外の上に築き上げられた作品でもあるということになる。この著作は、この書がかくも並々ならぬ洞察と才気を発揮して論述している文化から直接もたらされた条件や環境のおかげで存立したのではなく、むしろ、それから疎隔された苦悩のうえに成立したのだ。」[☆33]

ここで座右の銘として有効だと思えるのは、積極的であるとともに真の抵抗となる研究を産み出すために、故郷と遠方との境目にあたる辺境に身を置く必要があるということだ。自分を、西欧、非西欧両方の文化的要素に深く結びついているだけでなく、それから疎外され隔てられているともみなしている理論家にとっては、強烈な理論である。この辺境ないし国境地域は、モダニティにおける文化の限界を指し示している。サイードによる文化の定義は、「個人（その私生活において）とその仕事が埋め込まれるとともに、上から上部構造の監視を受け、

☆33　*Ibid.*, 8.

土台では一連の組織だった生活態度による監視を受けもする場としての環境、過程、ヘゲモニー」のことである。[☆34]このような文化観には、受け身的な帰属意識だけでなく、もっと能動的な捕獲という意味合いも含まれる。「虜にするような捕獲」としての文化の意義は、「権威を与え、支配し、正当化したり、降格したり、禁止したり、有効にしたりする」その力にある、とサイードは書いている。[☆35]つまり、文化の働きは、評価を含んだ区別を立てることにある。西欧文化は、この構築作用のあらゆる痕跡を抹消し、帰属とアイデンティティという概念を自然化する傾向にある。この事実のおかげで、文化の組織原理や構成要素を認識するための最良の方法は、移動を受け入れることとなる。だから、亡命は、文化批評家にとってこのうえなく好都合な状況となる——離隔と疎外が深遠な洞察を可能にする。「一方では、個々人の精神は、たまたま自分が包摂されている集団全体、コンテクスト、状況を銘記し、鋭く自覚している。他方では、まさにこの自覚——世俗的な自己位置づけ、支配的文化への敏感な反応——ゆえに、個人の意識は、自然にやすやすと文化の単なる申し子になるというわけにはいかず、文化のなかでの歴史的、社会的な行為者になる。また、画一性と帰属しか見られなかったところに状況と区別をもちこむこの見通しがあるゆえに、離隔、つまり批評と呼べるかもしれないものがあることになる。[☆36]」

サイードの批評理論に離隔と移動が核心的役割を演じているとすれば、離隔を超える、あるいは離隔に抗する関係性を作り出すことは、そういう批評があらわれる世界を想像するという実践にとって、まさに同じくらい不可欠な部分となる。サイードは、離隔つまり対象から距離

☆34 *Ibid.*
☆35 *Ibid.*, 9.
☆36 *Ibid.*, 15.

をとる行為と、距離を建設的、批評的に架橋する行為との両方ともに理論化することをめざして、血縁関係（filiation）と提携関係（affiliation）を区別する。血縁関係は、一九世紀的文化により密接な、親から子へと受け継がれる伝統と解され、提携関係は、モダニズム的異化の余波を受けつつなされる関係の再調整と解される。提携関係とは、なかんずく非生物学的であり、つまり非本質主義的である。したがってそれは、結合の仕方についての記述としてはきわめてモダンであり、近代文化につきまとう、疎外され物象化された関係から生まれる。提携は補償的だが、同時に、新しいシステムをつぎつぎに産み出し、新しい権威さえもたらす。だから、提携には、血縁関係の構造や機能を権威的に複製する保守的過程も埋め込まれている。サイードは、この二つの用語のあいだにある「言葉のうえでの類似性」を頼りに、これら両者の関係が過渡的、相互重複的であって、対立的ではないということを強調する。「専門家」としての批評家は、専門的な批評活動に必要となる制度的な提携関係を通じて、血縁関係の反動的側面を正当なものとして認めさせるようになるかもしれない。批評家は、提携関係の歴史家の役割を演じるようになる可能性もある。すなわち、提携関係を神秘化するような社会関係の歴史を研究するのである。「第二の可能性が示している方向は、本能に訴える血縁関係と社会に関連づける提携関係との違いを、批評家が認識するということである。そして、提携が時には血縁関係を再生産し、時にはそれ自身の諸形態を産み出す様子を描き出すということである。その場合にはただちに、政治や社会の世界の大部分が、世俗的批評の対象として取り上げうるようになる。[☆37]」

☆37 *Ibid.*, 24.

サイードは、文化の辺境ないし境界を、あの、自発的に飛び込んだホームレス状態を過ごす地帯へ変換し、そのおかげで血縁は、批評のための離隔という意味における提携へ作り替えられる。世俗的、此岸的批評は、文化のなかの「その成員に単なる肯定や正統への盲従を要求する」諸力を強化するのではなく、唯物論的見地から見て今日性を有する具体的関連性を作り出そうとする。[☆38]ルカーチが書いたように、作家や批評家は、近代文化の物質的諸条件にとらえられているくせに、そういう条件そのものを吟味しようとせずに、代わりに芸術と文化の独自の砦を築こうとするのが普通である。サイードは、テクストがつねに「環境や、時間や、場所や、社会のなかに編み込まれている」と主張するとき、ルカーチの批判を敷衍して居場所の政治性を提起し、対立する見方や、社会分析の騒然たるカテゴリーが渦巻く物質的世界のなかに、批評をしっかりと位置づけている。[☆39]しかし、現代史が証明しているように、「世俗主義」がつねに民族主義のもたらす騒乱の解決になるとは限らないし、「此岸性」がエリート主義的な役割を演じることもある。[☆40]だから、サイードの理論でさえも、亡命を作家や批評家の役割を演じるための契機とみなしている以上、欧米モダニズムを再生産する可能性がある。

亡命の用途

亡命とは、人間と出生地とのあいだ、自我とその真の故郷とのあいだにむりやり押しつけられた、癒しがたい裂け目である。

☆38 *Ibid.*
☆39 *Ibid.*, 35.
☆40 さまざまな民族主義や越境性のありかたによっては、世俗主義にも限界があらわれるという点について、私はインダパル・グレワルから教わった。

> 私は亡命を、個人的な自己省察のための特権的な場として語っているのではなく、近代生活の大部分の上に影を落としている大衆的制度に取って代わるひとつの可能性として語っているのである。
>
> ——エドワード・サイード☆41

此岸性とホームレス状態とのあいだの緊張、中立性と提携関係とのあいだの緊張は、十年以上に及ぶサイードの著作で扱われている亡命というレンズを通して読み取ることができる。サイードの著作においては、「亡命」という用語は、アイデンティティや居場所にかかわる複雑多様な要素を媒介し、モダンな状態に対する多層的究明を比喩的にあらわすのに役立っている。先にあげた二つの文に見られるとおり、この用語は、サイードの著作のなかで異なった用途を有している。激変による喪失のみならず、批評の可能性をも意味しているからである。モダニティの比喩としての亡命と、時空において特定される一連の事象としての亡命とのあいだの関係性が、これらの著作のなかでは生産的に強調されており、この批評用語の意味を詮索するための手がかりにされている。したがって亡命は、民族やアイデンティティや居場所のあいだの関係性を探究するための、読解戦略、歴史的条件の定義、指針、政治的文化的綱領、具体的な地帯として機能している。八〇年代のサイードの著作においては、亡命という用語は、文学や文化についての研究を「此岸的」にしている。すなわち、批評の営みを通じて政治と芸術を連結しているのである。だが、モダニズムとポストモダニズムとの矛盾から生じる綱引きが、こ

☆41 Said, "The Mind of Winter," 49, 54.

れらの論文にはいつも明瞭にあらわれている。

サイードのもっとも明快な亡命論のひとつ「亡命についての省察」は、多くの移動礼賛論や移動反対論を背景にしているが、そういう論議は、モダニズムの姿勢につきまとう特徴なのである。だから、亡命は、芸術家にとっての補償的立場であるばかりか、「規準」でもある。亡命は、具体的に非人間的で堪えがたい経験であるだけでなく、人間疎外や憧憬の象徴でもある。亡命についてのモダニズム風の表象に潜む二項対立をさばこうとしながら、サイードが依拠しているのは、フランクフルト学派の理論家テオドール・アドルノが回想録『ミニマ・モラリア』で開陳した、根源的移動にかかわる批判理論である。アウエルバッハが距離をおきながらおこなった文学研究が、サイードにとって象徴的に見えるのとまさに同じで、アドルノの亡命的な著作は、世俗的批評をめざすための道路地図のようなものとして役立てられている。

『ミニマ・モラリア——損なわれた暮らしからの省察』は、はじめ一九五一年にドイツで出版されたが、執筆は、アドルノが北米に亡命した第二次世界大戦中になされた。どうしようもなくみじめな思いに苛まれ、徐々に疎外感を深めていったアドルノによる、移動についての瞑想は、欧米モダニズムの苦悩に関する一種の原テクストとなっている。亡命のために陥る「不具」とは、アドルノの主張によれば、作家の言語の剝奪、「知識を培う」文化や場所からの疎隔、新しい世界が、あるレベルではあくまでも「理解不能」であり続けるだろうという意識などのことである。だから、「亡命中の知識人」は、なんらかのかたちの客観的現実を把握するために、憂鬱症を越えて、あるいは憂鬱症を通して、新しい批判的意識を作り出すほかない

——離隔が理解力をもたらす。アウエルバッハの場合とほぼ同様に、強いられた移動へのアドルノの反応からも、サイードは力強い批評理論を引き出す。アドルノの文章によれば、「自分自身や他者に対する絶えざる診断をしていくほかに対処法はない。すなわち、呪わしい逆境を逃れることはできないにしても、少なくともその逆境のふるう恐るべき暴力、人を盲目にする力を、自覚を通じてかわそうとすることだ[☆42]」。

アドルノの北米への亡命は、移動の客観的な価値に対する彼のヘーゲル風な信念をいっそう強めただけでなく、大衆文化との過酷な関係が近代生活の隘路であるという彼の見方を裏書きした。すなわち、過去に逆らうような変化や反逆は不可避であるが、なんらかの実質が取り返しのつかないほどに失われるのも必然的だというのである。たとえば「ホームレスの人々のための避難所」という警句に、アドルノはこう書いている。「ほんとうの意味で住まうということはもう不可能だ。」この一節でアドルノは、伝統的な本拠志向へ回帰することがほんとうに望ましいと言おうとはしてない。「われわれが育ってきた伝統的な住まいは耐え難くなった。そういう住まいで得られるような安逸はすべて、知識を裏切ることによって贖われている。住処の名残りはすべて、家族の利害にもとづくかび臭い約束事で贖われているのだ。」その口調は陰鬱なノスタルジアにみちている。「家は過去のものだ[☆43]。」モダニティは原爆やテクノロジーをもたらし、アドルノがかつて知っていたようなヨーロッパの中産階級的な安逸を吹き飛ばしてしまった。彼が叙述している文化は、みずからを破壊するために進歩を産み出している。アドルノは、戦時の黙示録的な気分に浸りつつ、近代の私生活や居住条件が、実質の欠如した、

☆42 Adorno, *Minima Moralia*, 33.
☆43 *Ibid.*, 3839.

みごとに無根拠なものであると宣告する。移動に対するこのような反応は、根本的にモダニズム的であるとみなすことができよう。批評の洞察力を得るために必要な条件として、距離や疎隔をもてはやしているからだ。「住まうこと」がもはや不可能である以上、解決策は、著作活動に「本拠」を見出すということになる。「もはや故国をもたぬ人間にとっては、書くことが生きる場になる。」[☆44]

アドルノは、物書きの職業を「本拠」として感傷的に語っているわけでも、理想化しているわけでもない。だが、芸術家の営みを「ホームレスの人々のための避難所」とみなしているのは、移動や創作にこだわるモダニズムの見方に通じている。したがって、サイードが「亡命についての省察」で、住まうことの不可能性と物書きの可能性についてアドルノが述べたことを引き合いに出し、はてしない移動のうえでおこなわれる批評実践のための擁護論を組み立てているのも、驚くにあたらない。「亡命者は、世俗的で偶然的な世界では、ホームというものがつねに暫定的であることをわきまえている。国境や検問所は、われわれを馴染みの安全な領域内に囲い込むと同時に、監獄に化する可能性もあって、理屈を越えて必要以上に防御されることも多い。亡命者たちは、国境を越え、思考と経験の検問所を突破するのである。」[☆45] アウエルバッハやアドルノのような作家たちの抗しがたい力は、彼らがみずから経験した政治的運命を利用する仕方に宿っている。その用途にしたがってうち立てられたのは、切断と離隔のうえに成立した実践的で此岸的な哲学であり、それは、過去と現在、本拠と外地のあいだに新しい提携関係を作り上げ、宗教と家族の結束に根ざした西欧の有機的カテゴリーにもはや頼っていな

☆44 *Ibid.*, 87.
☆45 Said, "Reflections on Exile," 170.

いのである。芸術家や知識人の職業が、かつてのブルジョア的血縁関係に取って代わる安全保障策とされるという点は、この場合にはサイードによって問題視されていない。著作業（専門化した労働と理解されている）には、そのような職能をしばしば左右する生産条件についての検討も経ずに、救済する力がそなわっていると決め込んでいる。作家に救済をもたらす営みとして亡命を論じる書物には、女性作家が扱われていないし、亡命においても文学や芸術の共同体においても決定的に重要な、階級の問題が扱われていない。そこからうかがえるように、著作活動を「本拠」とすることの問題は、アドルノやアウエルバッハの亡命論議から推定されるよりももっと複雑なのかもしれない。

サイードは、亡命を利用して、民族主義的ないし宗教的アイデンティティに揺さぶりをかけうる、此岸的ないしコスモポリタン的な提携の一例を構築しようとしているのだが、そこで構築されたものは、依然としてモダニズムの美的原理に結びついている。この矛盾がはっきり読みとれるのは、一人っきりの亡命者という形象と、「難民」という語であらわされる多元的な主体とのあいだの緊張からである。「亡命についての省察」でサイードは、難民のさまざまなイメージに触発され、一人っきりの亡命者を、大衆が全世界で経験している移動に結びつけている。かつての亡命と今日の亡命の違いは、サイードの主張によれば、この現象の規模の違いにある。現代は「難民と、移動を強いられた個人と、大量移民の時代である」と彼は書いている。[☆46] だが、この論文のいたるところでサイードは、グローバルな現象に言及するのをやめて、神秘化された形象――一人っきりの亡命者――へ戻っている。難民と移民とホームレスの時代

☆46 *Ibid.*, 159.

に立ちあらわれるさまざまな表象を解明もせずに、彼が回帰していく形象に結びついているのは、作家の資格に関するモダニズム神話は無論のこと、古典的な西欧的伝統である。

難民と亡命者の区別を修辞的にぼかすのは、偶然ではない。亡命者と自発的故国離脱者が、モダニズムではしばしば合成されるのとちょうど同じように、ここでは難民と亡命者がいっしょくたにされている。歴史的に形成された難民の苦しみが、亡命に関するサイードの言説に**権威を与えている**（別の場合には、亡命が故国離脱の活動に権威を与えているのとちょうど同じように）とも言えようが、亡命者（つまり「辺境の知識人」）と絶えず増大しつつある流民とのあいだの関係は、落ち着きの悪い、問題にみちたものである。サルマン・ラシュディは、サイードの著作における亡命概念がたどる軌跡について、中産階級の特権の上にあぐらをかいた文学的省察と、大規模な移動の、複雑で表現されることのない経験とのあいだを、行きつ戻りつしていると述べたことがある。「西欧では、誰もが亡命を、第一義的には文学的でブルジョア的な状態であると考えるようになってしまった。亡命者は、偉大な思想を抱くことが可能な中産階級的境遇を選び取ったように見えている。しかしながら、パレスチナ人たちの場合には、亡命は大衆的な現象である。亡命に追いやられるのは大衆であって、ブルジョアジーだけではない。[☆47]」

「亡命についての省察」は、一人の経験と大衆の経験のあいだのこの緊張という観点から見れば、いくつかの矛盾した役割を演じている。この二つの対立的な事項のあいだで往復を繰り返し、両者を合成し、変容すらしているからだ。サイードは、難民と亡命者のいかなる区別にも

☆47 Said, "On Palestinian Identity," 6667 からの孫引き。

ステレオタイプがあらわれることを明確に理解している。「難民は、〔……〕二〇世紀の国家の産物である。『難民』という言葉は政治的な言葉になり、国際社会からの緊急支援を必要としている、罪のない、途方に暮れた民衆の大群を思わせる。それに対して『亡命者』には、私が思うには、孤独と精神性の気味がつきまとっている。[☆48]」このような表象においては、難民とは、文学や美学という領域には入らない、のっぺらぼうな政治的構築物である。他方、亡命者というのは、創造性と喪失を軸に回転する審美化された世界のなかで容易に見定められ位置を与えられうる、ロマンティックな人物形象である。サイードが言外に言っていることには、難民は文書になりえない。じっさい、難民は記録や書類を持っていないことも多い。あるいは、そういうものを偽造しなければならない。彼らの生存は、多くの場合、統計的に確認しえず、周辺的なものにとどまる。公民権を剝奪され、「突然消え去り、語るに足る歴史ももたぬ民衆」である。[☆49]批評はこんなあやふやな行跡をたどるわけにはいかぬ、そうサイードは言いたいかのようだ。いったん移住させられれば、民衆の大群は幽霊のごときものになり、文学や文化の地図から消滅する。「インドから追放されたイスラム教徒、アメリカに移り住んだハイチ人、オセアニアのビキニ島人、アラブ世界に散らばったパレスチナ人、こういう人々について思いをめぐらせるならば、主体性によって与えられるつつましい安住の場を離れ、その代わりに、大衆政治という抽象的な議論に訴えなければならなくなる。交渉、民族解放戦争、故郷からひとまとめに追い出され、歩かされたり、バスに乗せられたりして、別の地域の飛び地へ行かざるをえない民衆――こういう経験を寄せ集めたところで何になるのか。一目瞭然、ほとんど計画的

☆48　Said, “Reflections on Exile,” 166.
☆49　*Ibid.*, 161.

に、取り返しのつかないものにされているのではないか。」[50]

ここまでサイードに付き合うならば、「大衆政治」の詩学などはありえないと主張することになる。だが、こういう経験も移動の詩学に参画しうるというのが、ほかならぬこの論文でも、ほかの著作でも、彼がおこなっている主張なのである。じじつ、サイードの近年の著作は、これらの物質的関係を反映する文化的営為があり、モダニズムから明確に分けられると同時にモダニズムに関係している実践があると論じている。

亡命というカテゴリーが歴史化されるならば、ステレオタイプや神秘化された構築物を流通させることはできなくなる。サイードの文章を引けば、「亡命は、取り返しのつかぬほど世俗的で、絶えがたいほどに歴史的である。〔……〕人間によって、他の人間のために作り出されたものである」[51]。だから、世俗批評やテクストの此岸性に肩入れしているかぎり、サイードは、作家の資格や主体性に関するモダニズムの見取り図に自身が執着しているにもかかわらず、その先へ進まずにいられなくなるのだ。こうして直面する課題は、いっそう複雑になり、創意が求められ、冒険的な批評になる。大衆の移動を、取り返しのつかない、文化的表現の不可能なものとしてあらわすのは、難民を究極的な犠牲者に貶めることになる。亡命したブルジョアにとって取り返しのつく、モダニズムの回想録や創作とは正反対の、ルンペンの地位に固定するようなものである。難民の経験を歴史化すれば、おそらくは「ディアスポラ」という何でも含んでいるような用語を使うことによって、かつては見えなかったカテゴリーを、批評や文学の周辺に位置する未開地から取り戻せるかもしれない。

☆50 *Ibid.*
☆51 *Ibid.*, 160.

八〇年代半ばのサイードは、「ディアスポラ」などという用語によって可能になる多元的な位置を与えられたアイデンティティと、彼が愛用していた「亡命」という用語につきまとっている情緒に潜む意味深い構造とのあいだで、どっちつかずになっていたようである。一九八六年になされたサルマン・ラシュディとの対話でサイードは、パレスチナ人の生活について、特定の地理によりも、民衆の記憶や独自の伝統、他国における移民社会との結束に結びついた、一連のローカルな事例であると述べている。サイードが言っていることには、「救いとなるような故国があるなどという考えは、私のものの見方にそぐわない」[☆52]。パレスチナ民族主義運動が、同様に民族主義的なシオニストの支配するイスラエルのなかに、**国土**を再獲得しようとしているのを目の当たりにしながら、こんなことを言うのは過激である。サイードが窮地に陥るのは、彼の位置が地方に根ざしているよりもむしろコスモポリタンであるという点にある。亡命や帰還などといったモダニズムのモデルよりもむしろ、ディアスポラのポストモダンな定義をなしている永続的な離散に、密接につながっているのである。サイードは、一連の矛盾した立場や見地を体現している。その矛盾した見方がつぎつぎに入れ替わる様子は、さまざまな伝統や実践を結びつけながら生じている、深甚な変化のただなかにおかれた欧米批評の地図として読み解きうる。だから、コスモポリタン的な知識人は、みずからに対するもっとも激烈な批判家たちからなる欧米のエリートと同じ一派に所属しながら、政治的な左派からも右派からも攻撃を招くような理論的介入を果たし、現代の社会史の緊張や複雑さを反映するしかない批評を書くのである。サイードの著作は、ほかのさまざまな特徴に劣らず、コスモポリタン的な感

☆52　Said, "On Palestinian Identity," 69.

性を表現していると言えるにしても、そういう言い方に対する反応が急速に変わりつつあるのは、欧米の文化批評が、移動に関する唯物論的な歴史に取り組み、ヨーロッパ中心的な言説を覆さなければならないというさしせまった関心を受けとめるようになっているからである。コスモポリタンなディアスポラについての批評が、「ポストコロニアル」な文学研究や文化研究の浮上に促されて増えつつある。それでも、これまで問題にしてきた、移動をめぐるモダニズムの言説とポストモダニズムの言説とのつながりは、依然として再生産されている。

コスモポリタンな主体

亡命知識人の大言壮語が、移動を強いられた者や難民のみじめさと変わらないなどと言えば、鼻持ちならぬ呑気な戯れ言ということになるだろうが、知識人は、近代を歪めたさまざまな苦境——大衆の強制移住、投獄、住民立ち退き、集団的収奪、強制的移民——を、まず凝縮し、また、それを表現しているとみなすことが可能である、と私は思う。

——エドワード・サイード[☆53]

亡命を字義どおりに解釈し、移動を強いられた知識人を象徴的にあらわす比喩と受けとめる見方に沿った議論を背景にして、コスモポリタンな主体あるいはディアスポラの主体を志向する発想が、この十年間に欧米の批評のなかで浮上してきている。たとえばハミド・ナフィシーは、そういう形象が、「同胞市民——故国におけると移住先の国におけるとを問わず——との

☆53 Said, "Movements and Migrations," in *Culture and Imperialism*, 332-333.

共通点よりも、故国や西欧における亡命者との共通点をもっと多く」有していると述べている。[☆54]この移動を強いられた知識人は、「地理上の文化的境界を横断して成立している」「普遍的なカテゴリー」をなしている。[☆55]「国際的」というかつての社会主義的用語の枠を越えて、漂泊の形象としてのコスモポリタンな知識人は、多くの人々の目には、徐々に越境的になりつつある世界によってもたらされた効果としての、解放をうながす力とも、否定的力とも映っている。

　ティム・ブレナンは、この「新たな」コスモポリタン的人物形象が、「民族的帰属から免れているとされる世界」の兆候となっており、それゆえに、「放浪の修辞によって価値づけられた一種の永続的な移民に賛同を示す代弁者」を産み出していると論じている。[☆56]ポストモダンな越境主義のこの前衛は、現代世界文学の「スター」を輩出しているとも見ることができよう。ブレナンの研究において言及されるこのような「著名な」作家には、サルマン・ラシュディ、マリオ・バルガス・リョサ、バラティ・ムカージー、デレク・ウォルコット、イザベル・アリエンデなどが含まれている。ブレナンの主張では、「第三世界のある特定の現場への本物の土着的な執着」と見えるものを、第一世界における文学界でのし上がるための踏み台に転化できる作家たちは、西欧諸国の国民的アイデンティティを変容させ、揺さぶってきた、移民の大きな波の権化として鮮明な像を呈している。それゆえ、現代の「世界」文学ないし「ポストコロニアル」文学の生産と受容を読み解くためには、「かつての諸帝国の土台の上に作り上げられた、経済的、文化的不平等、大がかりな労働力補充策、法的整備」を視野に入れなければなら

☆54 Naficy, *The Making of Exile Cultures*, 2.
☆55 *Ibid.*, 3.
☆56 Brennan, "Cosmopolitans and Celebrities," 2.

ない。[☆57]このようにして、コスモポリタン的主体が有名作家や批評家として浮上してきたことは、越境的な資本配置とともに見られるようになった国民国家の弱体化に、物質的に結びつけられる。同時に、文化的、国民的アイデンティティにおけるこのような変化は、「これまでになく痛烈な民族問題」を提起する。すなわち、この民族問題とは、「新しい『移民』がもう半ばしか所属しなくなった国々――その集団的組成の新しい内訳を説明せざるをえない立場に追い込まれた西欧諸国の内部に」立ちあらわれる問題なのである。[☆58]

だから、コスモポリタンな作家が、国民国家解体の兆候となり、新しい多元主義に与しているように見えるとしても、あくまでも忘れてならないのは、この「多元主義」は、メトロポリスの文化的資源として熱烈に歓迎されるということだ。これに反して、かつての植民地におけるもっとあからさまな革命的民族闘争に関心が寄せられることは、それほど多くないのである。ブレナンが指摘しているとおり、西欧の文学体制によって、地政学的変化の「解釈者」として選ばれる作家たちは、多様ではあっても、西欧的な価値と関心に同情的であるという点においては相互に類似している。すなわち、書評家や批評家は、「第三世界の真正なる公的な声」を構築するためには、ほかならぬこれらの書評家や批評家たちと似たような「趣味や、教育や、話題や、現住所」をもっているコスモポリタン的な著者たちを、異国趣味に適う人物として讃える。[☆59]言い換えれば、コスモポリタン的な著名作家の書き物は、ヘゲモニーに役立つように取り込まれ、主として階級間の社会的、経済的提携関係にもとづいて、グローバル化を背景とした多様性を管理するために役立てられることもありうるのだ。

☆57 *Ibid.*, 4.
☆58 *Ibid.*
☆59 *Ibid.*, 6.

だが、文学や文化の生産という複雑な現象を、過度に一般化しないようにするのが大切である。たとえば、コスモポリタン的作家のなかでもあからさまに保守的な者たちとは違って、ブレナンが選び出している著者たちは、体制転覆的ないし進歩的な意味合いを読み込むことも可能なテクストを産出してもいる。「だが、彼らは、いろいろな違いがあるにもかかわらず、急進的な脱植民地化理論に厳しく疑問を突きつけるという点では一致していると思われる。民族文化を守ろうとする企てには、一蹴するような、あるいは揶揄するような姿勢を見せる。帝国のイメージや地方の伝説を操作して、『現今の事象』を政治化する手段にしたり、文化的『雑種性』を宣言したりする――この雑種性は、種々の民衆が、厳密には統一されているとは言えないまでも、単一の世界を構成している今日の世界において、衝突し合う言語や人種や芸術のあいだを取り持つのに、いくつかの利点をもたらしてくれると主張されている。[☆60]」

一般化された「雑種性」の利点なるものには、私はそれほど信用をおけないが、ブレナンの指摘は、文学とはいかに複雑で媒介を要するものかということにかかわっている。ブレナンは、「コスモポリタン」を民族に対する裏切り者だと糾弾するよりも、移民や越境的なテクノロジーの蔓延する社会的状況をまず明示する。すなわち、厳密に言って世界の組織原理は、もはや合理的な市場でも国民国家でもないということだ。「新しい」コスモポリタン的文学が、ラディカルのみならずリベラルの関心にも訴え、文化的取り込みを演じつつ、進歩的な多文化主義の身振りを通用させているならば、それは個々の作家が悪いからというよりも、文化の生産と受容をめぐる社会関係の地図と見るべきだということになる。ここにこそ、われわれの批

☆60 *Ibid*., 7.

評が焦点を合わせるべきなのだ――個々のテクストの名作としての長所を探るのではなく、「新たに見出された」かのように取り上げられる対象の美的特質にかかずらうのでもなく、出版やテレコミュニケーションや娯楽産業を通じて作品が散種されることに注目し、その生産条件を分析して、その意味をもっと究めることができるようにするべきなのだ。

これらの物質的、社会的関係を無視することで失われるのは何か。欧米批評界によるV・S・ナイポール受容に関連して、ロブ・ニクソンが論じたように、「居場所喪失を超然とした姿勢といっしょくたにすること」や、さまざまな民族的、政治的アイデンティティと作家のつながりを脱歴史化することは、ナイポールのような作家に、「修辞上の優位」(加えて職業上や経済上の優位も、と私は言いたい)をもたらしてくれる。ニクソンが指摘しているように、ナイポールは、何よりもまず、ロンドン―ニューヨークを軸とするメトロポリタン文化との提携関係を結んでいることが明らかであるにもかかわらず、みずからを永遠の漂泊者と見せかけている。[☆61] 私がすでに論じたように、このような姿勢に拍車をかけてきたのが、欧米モダニズムの文学的しきたりだった。だが、ニクソンは、ナイポールの超然さや存在論的に根なしと見える状態とは対照的なカリブ海域作家として、デレク・ウォルコット、ジョージ・ラミング、C・L・R・ジェイムズ、エドワード・ブレイスウェイトなどに注目している。彼らもやはり、移動や文化的、民族的アイデンティティをめぐる錯綜した問題を経験しているからだ。移民の歴史や文化との強靱な結びつきを維持してきたこれら他の作家たちとは異なり、ナイポールは、欧米の文学体制主流が示す普遍化を求める姿勢と一体化している。みずからが提携するのを拒

☆61　Nixon, "London Calling," 23.

否している当の文化から、事実上恩恵を受けている。ニクソンが書いていることには、「皮肉は誰の目にも明らかだ。ナイポールは、英国のメトロポリスで揺るがぬ地位を獲得し、重んじられ、受け入れられているのに、自分の家なき状態を言い張り続けている。真に家を奪われた少なからぬ人々が、社会の正当な成員として認められるためにたたかっているのに、彼はその社会にあらゆるかたちで依存しながら、修辞のうえではその社会を気ままに拒絶している」[☆62]のだ。

ナイポールは、ブレナンが描き出した一群のコスモポリタン的著名作家が占める複雑な位置に、それほどうまく当てはまらない。ラシュディとナイポールとでは、どこか違いがあるのだろうか。ナイポールは、彼の隠れもない政治的保守性のために、ラシュディのような、もっと公然と進歩的姿勢を取る作家が探究するディアスポラの苦境を扱えなくなっている、そう論じる者もいるだろう。A・シヴァナンダンは、ナイポールを「裏切り者」と非難し、英国文化のどまんなかに入り込んで、かつての植民地主義者たちに完全に取り込まれていると述べている。「今のところ『彼ら』はきみを受け入れ、きみは一丁上がりとばかりに祭り上げられている。彼らがきみを受け入れたとたん、きみは裏切り、彼らの歴史の客体になり、彼らとの違いを示すものをもたなくなった。彼らの言語を自分のものだと主張し、それを彼らよりもみごとに使ってみせることすら、自己への裏切り行為である。彼らは、彼らの言語のなかできみを取り返して、自分たちのものにするからだ。[☆63]」

グギをはじめとする人々の批評実践においてすでに見たように、言語の純粋主義を選び取る

☆62　*Ibid.*, 32.
☆63　Sivanandan, "The Enigma of the Colonised," 33.

のは、帝国主義的近代化や全地球規模の均質化という覇権の攻勢に対抗するためのひとつの方法である。だが、このような民族的、文化的分離主義は、ますます多くの人々を巻き込みつつある政治的、社会的、文化的動向や進行中の経験を、正確に写し出すことができない。したがって、政治的生き残りをかけた文化闘争においては、ナイポールのような人物は、欧米文学界にかくも揺るぎない地位を占めていることによって、コスモポリタニズムの、程度はいずれにしても否定的な側面を示すものとして役立ちうる。この否定的側面に対して、アフマドやグギやシヴァナンダンは、あれほど激しい口調で警戒を呼びかけているし、ブレナンやニクソンは、もっと慎重ながらやはり懐疑的な調子で、コンテクストのなかに位置づけて捉え返そうとしている。この否定的な意味のコスモポリタンが、特権を有しているだけでなく、偽善的でもある——他の人々の困難から利益をせしめている——とすれば、コスモポリタンという語は、「ブルジョアジー」という言葉の言い換えとしての、もっとグローバルな現代用語として使えるようになる。権力ブローカーの新興勢力は、自分の利害以外は何もわきまえないくせに、自分たちの行動を合法化し、合理化するためには、ヒューマニズムの修辞に訴えているからである。コスモポリタン的主体が「何不自由ない財力、ハイ・テク趣味、世界を股にかけた移動力を有するおかげで『世界市民』」になっているとすれば、コスモポリタンな知識人や作家は、とりわけけしからんということになる。[☆64] 特権に恵まれたあの安全地帯から、解放のための政治運動を大っぴらに称揚し、多文化主義の名のもとに、知識を増殖し**統制**するために旅をして歩くからだ。

☆64 Robbins, "Comparative Cosmopolitanism," 171.

ブルース・ロビンズは、コスモポリタニズムの進歩的批評実践のための擁護論のなかで、アイデンティティ・ポリティクスの文書において以外は、純粋に否定的な意味のコスモポリタニズムなど存在しないと指摘している。彼の言によれば、コスモポリタニズムの積極的側面は、その否定的側面と同様に、グローバル化の越境的な状況を反映している。すなわち、絶対的な定住性に絶対的なホームレス状態を対置したり、絶対的な民族主義に絶対的な反民族主義を対置したりするのではなく、「何にも忠誠心をもたない抽象的な空虚さよりも、さまざまなものへの忠誠心が重なり合っている濃密さ」が重要だとロビンズは主張している。[☆65] ロビンズは、ジェイムズ・クリフォードの著作から「つじつまの合わないコスモポリタニズム」という用語を借りて、現代の文化批評においてローカルなものが過大評価されていることを批判している。とりわけ、そのような地方主義が、一般化や理論化にことごとく反対しているという点を批判する。「真正の特殊や真正のローカルなものといった、反コスモポリタンの仲間内だけで通用している言葉も、知的専門職の領域からの脱却や、それに代わる政治的手段をもたらしはしない。そんな言葉は、いかなる知的作業も、そんな言葉を振りまわす作業を含めて、専門的であろうとなかろうと、不可避的にかかわっている例示、表象表現、一般化を隠蔽するだけのことである。[☆66]」ロビンズは、ある種のコスモポリタニズムを擁護しながらも、だれもが「あらゆるところに所属しているという完全な意味で」コスモポリタンになれると主張しているわけではない。[☆67] このような権力への意志、つまり、世界全体が、いかなる主体にとっても同等に、占拠したり、表象したり、貢献させたりすることも自由にできる対象であるなどという信念は、帝

☆65　*Ibid.*, 173.
☆66　*Ibid.*, 174.
☆67　*Ibid.*, 183.

国主義のもうひとつのあらわれかたにすぎない。グローバル化が、こういう帝国主義的コスモポリタニズムを演じるものであるかぎりは、これに抵抗するのも当然であろう。ロビンズが求めているのは、そんなコスモポリタニズムではない。それとは別の、批判のための道具を求めているのであって、政治を無視したり、アイデンティティに対する複雑な志向を少しも斥けたりすることなく、アイデンティティ・ポリティクスに伴う説教臭いところを批判しようとしているのである。アフマドによるコスモポリタニズム否定を忘れずに、知的専門業に媒介されたコスモポリタニズムの有効な実践を呼びかけるロビンズの著作を読めば、これら両者のあいだにもっと別な批評実践がありうることを、明らかにしていかなければならないと気づかされる。

旅からディアスポラへ――ジェイムズ・クリフォードの批評遍歴

> われわれはいまや一人残らずカリブ海域人になり、みずからが住まう都会という多島海に暮らしている。〔……〕おそらく誰にも、生まれ故郷に戻ることなどできない――生まれ故郷を再創出するためのフィールド・ノートしか持っていないのだ。
>
> ――ジェイムズ・クリフォード☆68

ジェイムズ・クリフォードの文化批評は、コスモポリタン的モダニティの可能性や限界を探る営みである。八〇年代初頭から中葉にかけて、クリフォードは、「カリブ海域的」世界と彼が

☆68 Clifford, "Tell About Your Trip: Michel Leiris," in *The Predicament of Culture*, 173.

名づけた「雑種的で多言語的な」領域を究明した。[☆69] 社会構造をとらえるための手がかりとして詩学を用いるクリフォードは、言語を極限まで追いつめて作り替えようとするような作家たちに、明らかに関心を寄せていた。たとえばエメ・セゼール、ミシェル・レリス、ヴィクトル・セガレンなど、彼らのテクスト上の実験から読みとれるように、フランスの文化伝統や植民地の遺産に対して苛立たしい関係を結んでいる作家たちである。クリフォードはおそらく、人類学でおこなわれている聞き書きというものにあくまでもこだわることによって、この学問に揺さぶりをかけた人類学史研究者として名が知られているだろうが、彼のモダニズム文学研究は、それに関連しながらも、彼の仕事のなかであまり知られていない側面である。クリフォードは、文化の**書字性**を強調しつつ、欧米モダニズム文学と民族学の勃興とのあいだの関連を理論化し、社会的テクストの諸分野や文化生産の場を描き出した。クリフォードの著作に見られる詩学や言語実験への強い関心の作動の仕方は、モダニズムの植民地主義的言説に対するポストモダンな関心と批判のあらわれかたとのあいだで、しっくりしないながらも生産的な緊張関係をなしている。この意味においてクリフォードの企ては、サイードの企てにも似て、構造主義とポスト構造主義、モダニズムとポストモダニズム、詩学と政治を架橋する試みである。

近代の旅に関する理論家としてのクリフォードは、人間科学におけるありきたりな学問研究組織に混乱をもちこもうとして、諸学そのものの歴史について内省的研究を推し進める。この意味において、クリフォードが、近代における人類学の発達をたどりながら文化の「書字性」を歴史化してみせた結果、欧米の植民地主義の文化的表現をめぐる同時進行的な歴史も浮かび

☆69 Clifford, "A Politics of Neologism: Aime Cesaire," in *The Predicament of Culture*, 175.

上がってきた。七〇年代末から八〇年代全体にかけてのクリフォードの論文は、学問の制度化、欧米の利害によって支配された経済活動、書字によるテクストの生産などが絡み合った遺産に、メスを入れるものだった。これらの論文は、一九八八年に『文化の窮状』としてまとめられ、著者の意図や物語の首尾一貫性などを批判したポスト構造主義に依拠しながら、民族誌におけるテクスト戦略や権力諸形態を問題化した。これらの論文には、権力関係に関する政治学のみならず、言語の詩学にも注意を向けている点で、とりわけロラン・バルトとミシェル・フーコーの影響が見られる。クリフォードの論文は、人類学という分野に、このようなフランスのポスト構造主義の取り組みを移入したものとして、一種の旅する理論を演じている。あるいは、この比喩をもっと進めて言えば、学問上の故国離脱の一形態となっている。

たとえば、エメ・セゼールの知的形成を論じた文章でクリフォードは、植民地マルチニックとメトロポリスのパリについてのこの詩人の記憶を、想像の共同体の詩的可能性に結びつけている。セゼールの新造語を、植民地の制約に対する創意にみちた挑戦として読み解くクリフォードは、つぎのように問う。「ずうずうしくみずからをでっち上げているような言語を理解したり、翻訳したりすることなどできようか。」セゼールの「雑種的」で「多言語的」なカリブ海世界をたどりながら、クリフォードは、それと似た批評実践を演じている。セゼールの詩篇は「要求している」のだから、批評で是非しなければならない課題をクリフォードはうち立てる。つまり、学際的な読解であり、解釈上のひねりや離れ業である。固定された起源とかふるさとなどに関するロマンスに逆らうような素振りで、クリフォードが述べるには、セゼールの新造語は意味を広げる。つまり、「セゼールは、言語や文化やアイデンティティの『意味』を復元するのではなく、それらにひねりを加える[☆70]」のだ。

セゼールをポストモダンな雑種性の模範的先駆者に仕立て上げるときに、クリフォードが頼りとしているのは、言語上の発明の才――つまりモダニズムの最重要目標である。セゼールの言語――その「根源的な不確定性」や、翻訳を容易に許さない難解さ――こそが、パスティーシュの「カリブ海的」ありようを規定している。「セゼールの読者は、数か国語の辞書、百科事典、植物学の参考書、歴史書、地図帳などを参照し続けている。セゼールは、耳慣れない厳密な用語や新しい世界に執着している。読者は、自分の言語の限界や、一言語の限界に突き当たらせられる。セゼールは読者に、歴史や未来の可能性の断片から読解を**構築**するように強いるのである。[☆71]」

クリフォードは、セゼールだけでなくレリスやセガレンについても同様に論じて、フランス植民地の言説が異種混淆言語であると力説し、「移動の詩学」の力強さを讃えた。植民地言説の詩学に注目を集めようとして、クリフォードは、グリオール、コンラッド、マリノウスキーなどのような民族誌学者たちの著作を、多種多様な文章に結びつけ、帝国主義**にまつわる**ばかりでなく、帝国主義**に内在する**テクスト性をめぐる理論を作り出した。この時期のクリフォードにとっては、クレオールの環境が、植民地やポストコロニアルの雑種性の理想的な模範となる。多様な言語や、新造語や、「クレオール性」が帯びる混成的な影響力のなかに、クリフォードが見出したのは、ポストモダンの批評実践の可能性を浮かび上がらせる詩学のモデルであ

☆70　*Ibid.*, 177.
☆71　*Ibid.*, 175.

る。

七〇年代末から今日までの現代欧米批評のなかで普遍化された、クレオール化ないし雑種性という概念は、文化批評のポストモダン的な語り口を映し出すようになった。このような語り口に対する批判も礼賛も、クリフォードの著作についての意味深い解釈を産み出し、文化研究の分野を広げるとともに、それに対する反発をもかきたてた。☆72 八〇年代末から九〇年代初頭にかけてのクリフォードの論文は、これらの解釈に対する応答として読み解くこともできる。それゆえ、これらの論文は、欧米学界に見られるリベラルな相対主義に対する批判であると同時に、モダニティにおける旅の文化についての理論化にもなっている。

たとえば、一九八九年に雑誌『インスクリプション』に発表された論文「理論と旅についての覚え書き」のなかでクリフォードは、グローバルな文化とローカルな文化の関係について、一連の新しい問題や論評を提出している。

> 理論はもはや西欧に、自然な「根拠地」を見出せない――学識や歴史や科学が鎮座する強力な場所、蒐集し鑑別し翻訳し一般化する場所としての西欧に。あるいはもっと慎重な言い方をすれば、この特権化された場所はいまや、それ以外の居場所や主張や知見からの挑戦や浸透をますます受けて、人種、ジェンダー、文化の差異を明確に打ち出す見方にさらされるようになっている。だが、理論はいかにして取り込まれ、抵抗され、位置づけられ、移植されるのか。さまざまな理論がいかにして、ポストコロニアルの混乱と競合にみ

☆72 人類学のなかの、クリフォードによってある程度は代表される一般的傾向に対して、一斉攻撃が浴びせられたなかでも、ひとつの重大な告発は、「ポストモダニズム」は非政治的だというものである。この潮流のなかから産み出される「わかりにくい」テクストは、専門家にしか読めないし、西欧の「フェミニストたち」が理論面ですでに成し遂げた重要な成果を抹消してしまうというのである。以下を参照せよ。Mascia-Lees, Sharpe, and Bellerino Cohen, "Post-modernist Turn in Anthropology"; Newton and Stacey, "Learning Not to Curse."

ちた不均等な空間のなかを旅していくのか。理論にとっての窮地とは何か。理論はいかに旅をし、理論家たちはいかに旅をするのか。錯綜して、未解決の問題である。[☆73]

サイードの「旅する理論」という観念を換骨奪胎して、クリフォードは「決定的に重要な研究課題」を提起し、つぎのように問う。「さまざまな住民や階級やジェンダーがいかに旅をしているか。彼らはどんな種類の知や物語や理論を産み出しているか。[☆74]」クリフォードがもっとも関心を寄せている人物たちは、やはり、モダニズム作家の感性を有しつつ、地政学や世界史に比較文明論的なまなざしを向ける男性の知識人たちである。つまり、マリノウスキー、サイード、レリス、それにもっとも最近の人物としては、ポール・ギルロイである。これらの作家を通じて「つじつまの合わないさまざまなコスモポリタニズム」を類別してみせるときに、クリフォードは生産のみならず受容にも注目している。彼の主張では、これらの作家たちは「つじつまの合わないコンテクストの内外へさまざまな理論を移動させて、異なる読者に語りかけている。」「彼らは亡命状態、批評のための『距離』をおく状態にあるのではなく、むしろ、**中間性**の場所、歴史的に結合された別個のポストコロニアル的空間からなる雑種性に位置している。〔……〕理論はいつもどこかの『地点』から書かれるし、しかもその『地点』は、場所というよりもむしろ**道程**なのである。つまり、定住、移民、亡命、漂流などに関する多様な具体的歴史である。[☆75]」

この論文でクリフォードは、移動の詩学そのものへの関心をぐっと抑え、文化の生産と受容

☆73 Clifford, "Notes on Theory and Travel," 179.
☆74 *Ibid.*, 183. Said, "Traveling Theory" をも参照せよ。
☆75 Clifford, "Notes on Theory and Travel," 184-185.

のあいだの歴史的関係として捉えられた理論の政治学に、はるかに強い興味を示している。クリフォードが追究する雑種性は、他の論者によるほど一般化されていない。それは、「歴史的に関連づけられた」あれこれの地点に力点を置き、それらの地点は、本質主義的にとらえられていない。クリフォードはまた、「定住」の歴史を分析する必要に説き及ぶときに、ポスト構造主義のノマドロジーや移動に関する理論に見られる、審美化する傾向から抜け出そうとしている。

この論文と密接に関連する論文「旅する諸文化」は、同じ年に出版されて広く読まれるようになったラウトレッジ社の論文集『カルチュラル・スタディーズ』に収録されている。「旅する諸文化」のなかでクリフォードは、グローバルなコスモポリタンたちが用いる「われわれ」という、普遍化に傾く呼びかたに換えて、もっと特定された言い方をするようになっている。「私が提唱しようとしているのは、周辺を新しい中心にする（たとえば、われわれはみんな旅人なのだ）ということではなくて、定住／旅の具体的な動力学を比較論的に分析するべきだということである。[☆76]」この発言は、「われわれはいまや一人残らずカリブ海域人だ」などという言い方から、「比較論的、異文化関係論的研究」とクリフォードが呼ぶ批評へ移行したことを示している。だが、旅という用語が欧米の歴史的コンテクストから課された重荷を完全に脱構築するのは無理だとしても、「旅する諸文化」は、一種の根源的比喩としての旅に執着し続けている。すなわち、欧米の批評で使われている用語としての「旅」は、帝国主義的膨張に伴う資本主義の発展と蓄積や、数々の不平等という歴史的遺産を免れえないのである。ベル・フック

☆76　Clifford, "Traveling Cultures," 101.

スが論じたように、クリフォードの著作に読みとれる用語としての「旅」は重層決定を受けており、西欧の社会的、政治的権力の「中心」から産み出されたものである。彼女は、この用語をもっと「包括的」なものにしようとするクリフォードの努力は買うけれども、「旅というのは、〈中間航路〉の奴隷貿易、インディアン強制移住の〈涙の道〉、中国人移民の到来、日系アメリカ人の強制収容所送り、ホームレスたちの苦境などについて語るには、簡単に使える言葉ではない」と書いている。[☆77]

旅をめぐるクリフォードの論に対して共感を示しつつも厳しい批判を提起したアーノルド・クルーパトは、旅の西欧的な性格を、ネイティヴ・アメリカンの居留地割り当てや移動の歴史と比較しながら問題化している。フックスと同様にクルーパトも、クリフォードの八〇年代からの主要著作を、「振り子運動」や「自由な戯れ」に肩入れするものとして読み解く。クリフォードの「もっとも目立つ志向」は、「文化的変化について、創意にみちて、新たに浮上してきた、政治的に進歩的なスタイルで語ろうとしている」点にあると認めながらも、クルーパトは、クリフォードの言葉づかいが「紛れもないノスタルジア」を伝えているとも言える、と主張している。それは、「文化的純粋さ」に対するノスタルジアではないとしても、「昔の世代の、あのもっと権力をふるえた立場、あのもっと大きな『民族誌にこめられた権威』」へのノスタルジアである。[☆78] クルーパトが興味を示しているのは、クリフォードの著作に見られるこのような皮肉な緊張である。文化批評におけるヘゲモニー的実践を一掃して、彼のいわゆる「少数民族的批評」に与しようとするときに出会う諸困難を示そうとしているのである。このよう

☆77 hooks, "Representations of Whiteness," in *Black Looks*, 173.
☆78 Krupat, *Ethnocriticism*, 122-123.

な営みが関与している「批評運動」は、単に「旅」とも「定住」とも名づけることはできない。「批評は、浮動性の産物ともみなしうる。中心を占める人々は、西欧にとってそれと認められるようなかたちの批評を生み出しはしない。だから、少数民族的批評は、この大陸の先住民がもっていたし、今でももち続けているような、土地に根を下ろした状態や聖化された定住感覚の上には、厳密に言えば成り立ちえない。少数民族的批評の脱中心化された中心とは、まさに『西欧』のことだが、その運動は、あちこちに行くことに利益を覚えず、むしろ、他者との出会いを果たそうとしておそるおそる模索してまわるのであり、他者もまた——理由は何であれ、同時代の一部の者たちや先祖たちほど安定した中心を占めていないので——行くべき道を求めて探りまわっているのである。[☆79]」フックスもクルーパトも、移動の理論化を歴史的、文化的具体性において拡張しようとして、クリフォードの著作に介入している。彼らの用いる、主として合衆国に根ざした実例は、エスニック・スタディーズにおいて帝国主義研究が不均等にしか発展していないという問題点を十分意識してはいないけれども、その批判は、移動をめぐる論議を、想像力にみちた有益なかたちに改造する方向を指し示している。この過程が、クリフォードを対話に巻き込むものだったということは、彼の最近の著作に見られる重要な変化からうかがえる。

たとえば、「旅する諸文化」においてクリフォードは、コスモポリタンな雑種性に関する自分の理論が、階級上の差異や、ジェンダー問題、地政学にきちんと取り組んでいないということを認めている。定住と移動とのあいだの生産的な緊張のあらわれる特権的な場としてホテル

☆79 *Ibid.*, 116.

のイメージを使いながら、クリフォードはこの利点を脱構築して、それを、普遍的で抽象的なものではなく、特殊で歴史的根拠のあるものにしている。「私は、旅の出会いが起きて異文化関係の知見が生まれる場としての、ブルジョア的なホテルの設定を放棄する一方で、これに関連した事項たる『旅』を、ヨーロッパの、文学的、男性ブルジョア的、科学的、英雄的、休養的な意味や営為から解き放とうと、いまだしかとは成功しきれていないものの、苦心しているのである。[☆80]」だが、「ブルジョア的なホテル」という比喩は、文化の生産や受容における権力関係についての批判的な考察をもたらし**うる**のだ。「ホテル」が、特定の歴史的主体群の多様な組み合わせがあらわれる場の表象になりうるならば、分析の道具としてのそれを、あまりに性急に放棄するべきではないのかもしれない。すなわち、このようなイメージや施設は、多様な伝統や歴史のなかで、また、伝統や歴史を通じて作用する多元的な意味を有していると、欧米の文化批評家たちが認めているのならば、「ホテル」は、それ以外の旅の便を求めて見限るべきものであろうか。あるいは、それ自体が、歴史を探る考古学を成立させる場になるのか。「異文化関係の知見」が生まれる場のなかへ「旅」をするひとつの道は、「ホテル」という社会的構築物をもっとくわしく観察してみることである。だが、「旅」という発想を研究の編成原理にするやりかたは、この種の観察が進むにつれてだんだん意味を失うことになるかもしれない。

「旅」への批判を考察することで、私が言いたいのは、クリフォードの理論化が単純素朴だとか、いままさに進行中の論議を視野に入れていないとか、ということではない。クリフォード

☆80 Clifford, "Traveling Cultures," 106.

の学際的な研究は、討論のための新たな分野を切り開いたし、広範な研究者を結び合わせる対話を提起した。また、フックスが、「現に知られているままの『旅』の概念にしがみつくのは、帝国主義にしがみつくひとつのやりかたである」[☆81]と主張することで、植民地主義やポストコロニアルの言説についての研究に貴重な介入を果たしたのは事実だとしても、クリフォードの著作は、過去に対する認識上の暴力を再生産しているだけだとは、私は読まない。クリフォードが、八〇年代末以降の著作では「移動」というよりは「旅」のための擁護論を展開しているのも、非歴史的な言い抜けや批評における抽象化を**避ける**ためなのである。「私は、文化比較において『旅』という用語に固執する。その理由は、それが歴史にまみれ、ジェンダーや人種を伴う身体、階級的特権、特定の交通手段、決まり切ったコース、旅行代理店、フロンティア、旅券、その他同種の事物との結びつきをもっているからにほかならない。『移動』などといった、もっと中立的と見える『理論的』な用語よりも、『旅』という方が好きだ。『移動』などという言葉は、歴史上のさまざまな経験を、あまりにも安易に等価のものとして描き出すのを可能にするからだ。[☆82]」

歴史的なコンテクストのなかでの「旅」の肯定的脱構築を弁じるクリフォードの議論は、説得力がある。だが、脱構築をこうむるある用語の厳格な検証の過程で、周辺に追いやられてこれまで検討されてこなかった事項や歴史が、重要になってくる。だから、浮浪、移民、ホームレス、その他近代のもっと集団的な移動の経験は、クリフォードが「旅」という用語のためにもっとも力をこめて論じる瞬間に、彼の著作のなかで重要な要素になってくるのである。「定

☆81 hooks, "Representations of Whiteness," in *Black Looks*, 173.
☆82 Clifford, "Traveling Cultures," 110.

住」に関連する諸事項への関心がクリフォードのなかでだんだん深まっていき、同時期のポストモダンな欧米ポスト構造主義の大半が没頭していた、ロマンティックな傾きのあるノマドロジーに歯止めをかける。もっと集団的な経験へ向かい、移動だけでなく定住の歴史をも理論化しているクリフォードについては、帝国主義やそれから生じる不満にうっとりと見とれるまなざしを再生産しているなどとは言えない。むしろ、この時期のクリフォードの著作は、欧米の帝国主義がもたらした歴史的効果に抵抗する社会的構築物としてのアイデンティティや共同体を力説している。そして、クリフォードをはじめとした多くの批評家にとって、問題は、いろいろな用語を、それらの歴史の重荷を帯びた成り立ちを十分にわきまえて用いながら、部分的であるのは覚悟のうえでも、変貌させるようなやりかたをとるにはいかにするべきか、ということになる。

ほかならぬこの問題力学に導かれているのが、クリフォードの最近の論文「さまざまなディアスポラ」である。この論文のなかでの、コスモポリタニズム、旅する理論、移動の文化などといった問題に対するクリフォードの取り組みは、現代のポストモダンな越境的コンテクストに見合って、もっとも深められた表現を見せている。クリフォードは「ディアスポラ」を、「変化しつつあるグローバルな条件」のもとで「旅する用語」として述べ、ディアスポラの現代的あらわれのなかで「政治的、知的に」何が争われているのか、考察しようとしている。「ディアスポラをめぐる言説は、移動の経験、故郷から離れた根拠地構築の経験を、いかに表象しているか。いかなる経験を拒絶し、置き換え、周辺化しているか。これらの言説が、つじつまの合わない特定の歴史のなかに根ざし（rooted）／経路を定められた（routed）ままでいながら、比較を可能にする視野をいかに獲得しているか。[☆83]」英国の黒人文化と、反シオニズムのユダヤ文化という、二つの明確な個性をもった典型的実例に注目することによって、クリフォードは、これらが「共同体と政治と文化的差異の非排他的実践」の実例であると論じている。[☆84]

「さまざまなディアスポラ」においてクリフォードが切り開こうと努力しているのは、移動と定住とのあいだに歴史的に生み出されてきた緊張に折り合いをつけるような、アイデンティティや共同体の捉え方が入る余地のある批評空間である。だから、「局地化する古い戦略」（境界によって閉じられた共同体、有機的な文化や地域や民族や人種、等々）で、文化や住民や資本が国境を越えて循環している実態を説明するなどということは、もはやできなくなる。クリフォードが関心を寄せるのは、現代生活のなかで広範に見られるにしても限定的な現象である。つまり、さまざまな居場所の人々のあいだの結びつきを造出する「ディアスポラ的次元」とは、どのようなものか、という問いである。このようにして構成されたアイデンティティは、たとえば民族主義を再生産することはないし、あるいは、モダニティの種々の本質主義的構築を架橋し、脱構築するはずなのだ。

ここでクリフォードは、サバルタンの共同体についてバーミンガム学派が、ヘゲモニーを握った資本主義と関係させながらおこなった理論化の路線にならって、抵抗文化を提唱している。[☆85]「現代文化研究センター」に関係した一群の社会学者やその他の研究者、活動家からなる

☆83 Clifford, "Diasporas," 302.
☆84 *Ibid.*
☆85 バーミンガム学派による主要な声明については、現代文化研究センター編『帝国の逆襲』を参照せよ。また、スチュアート・ホール、ポール・ギルロイ、ヘイゼル・カービー、プラティバ・パーマー、エロル・ロレンス、コベナ・マーサーの著作も参照せよ。この学派の野党的な理論活動に対する鋭い批判としては、Fox, *Class Fictions* を参照せよ。

バーミンガム学派は、文化生産の雑多な現場における抵抗を通じて生まれる文化の見取り図を描き出した。そのなかには、英国の有色人種が作り上げたディアスポラ的共同体も含まれる。クリフォードは、ポール・ギルロイの『ブラック・アトランティック』を引き合いに出して、現代のアイデンティティ形成に及ぼす越境的文化の影響力についての強力な理論化を例示する。ギルロイの「ブラック・アトランティック」という観念は、活気にみちたディアスポラ的経験を措定する。それは、輸送技術、分業を通じて生み出された物質的条件や、大西洋を渡ったり沿岸を動きまわったりすることから生まれる文化越境的効果によって、力を得ている。国境や民族を越えた活動領域の見取り図を描き出すこの過程で、ギルロイは、本質主義的なアイデンティティを覆し、もっと雑種的なアイデンティティを評価する。[☆86] この新たに登場してきた批評実践についてクリフォードが述べるには、「アイデンティティではなくて帰属意識、前もって与えられた形式ではなくて関係を結ぶ行為――この『伝統』は、部分的に結び合わされた歴史のネットワークであり、越境にともなう、たえず追放され作り直された時間／空間である」。[☆87]

これと同様な論法でクリフォードは、ダニエルとジョナサンのボヤーリン兄弟が「ディアスポラ――ユダヤ人アイデンティティの生成と地盤」という論文で提起した、反シオニスト・ユダヤ人アイデンティティについての理論を、民族主義的言説を根底から揺るがすものとして読み解いている。ボヤーリン兄弟は、本質主義的にとらえられた血族的な起源にも地理的な起源にも頼らずに、「集団的アイデンティティ」を表現しようと努め、「柔軟で、非錬金術的な批判

☆86　指摘するのも無駄ではないだろうが、『ブラック・アトランティック』は、アフリカ人のディアスポラ体験に根ざした文化的アイデンティティ一般の解明には、画期的な貢献をおこなったにもかかわらず、女性の歴史や実践に直接関係する方面では、それほど役に立たない。ギルロイのこの著書は、黒人のディアスポラのなかでも、南米における漂流やその他の経験の意味合いについては、十分に扱っていない。だが、この本は、独創的で革新的な方法で、ひとつの壮大な研究分野を切り開いたのである。

☆87　Clifford, "Diasporas," 321.

を踏まえたユダヤ人アイデンティティ」を提起している。[☆88] ここでユダヤ主義を「国家的民族性のファシズム」から切り離すには、ディアスポラ的営為と根拠地に立った営為との差異を、歴史に即して具体的に検証しなければならなくなる。ボヤーリン兄弟の主張によれば、ディアスポラは、「混合」や文化的創造性を促す。また、アイデンティティに関する理論と実践のなかでも、ディアスポラによって勢いづけられるのは、「文化的差異の還元不能性や積極的価値を尊重すると同時に、フロンティアの廃絶が有害だというのではなく、独自性の解消が有害だということを忘れず、異なる生活様式や伝統を相互に尊重しながら結実させるように促す」ような理論と実践である。[☆89] ボヤーリン兄弟の論文には、ポスト構造主義的なノマドロジー礼賛の響きもあるけれども、クリフォードは感情移入してこの論文を読み解き、ユダヤ人ラビの教義にもとづく反シオニズムをあとづけたこの論を、英国黒人についてのカルチュラル・スタディーズから派生した理論に結びつける。[☆90] 集団的アイデンティティについてのこのような捉え方は、国民国家機構への抵抗力を孕んでいると思われるし、多元的な場を占める主体性だけでなく、さまざまな文化のあいだの複雑な連関をも造出する。だから、ボヤーリン兄弟の「パレスチナに、字義どおりのユダヤ人国家を奪還しようという目的論的志向への批判は、アフリカ中心的なディアスポラ観を拒否したギルロイの姿勢と相通じている」とクリフォードは書いている。二つの批評はともに、「積極的な越境主義」としての定住の模範的実践を与えてくれるというのだ。[☆91]

ディアスポラの越境性が指し示すのは、漂流の積極面と消極面の両面である。すなわち、一

☆88　Boyarin and Boyarin, "Diaspora," 701.

☆89　*Ibid.*, 711.

☆90　この論文については保留したい点がたくさんある。そこにおける「ディアスポラ的」感性は、ときには、ポスト構造主義的脱領域化の要請を歓迎するかと思えば、他のときには、合衆国式の「多文化主義」るつぼ理論（各人がそれぞれ独自のことをせよ）に陥る。ジェンダー化された議論の仕方にも、私はとても不安を覚える。たとえば、男性の割礼をアイデンティティの特権化された所在とみなすその論法とともに、女性の「特別な」特徴に対する、やや恩着せがましいと読めるような態度が見られる。私の読みかたはもちろん、著者たちの意図を必ずしも汲み取ってはいないし、そこにおける分析の実質的な部分を構成するユダヤ教律法の伝統や教典について、私には知識が乏しい

方では民族主義への揺さぶり、活気に満ちた国境地帯の創出、アイデンティティの再配置などが見られるとともに、他方には、グローバル化に伴う覇権主義的様相や、多国籍企業による搾取も見られる。☆92 カーチグ・トロリヤンの記述によれば、越境的な共同体は「国民国家とは原理的に異なる他者になるときもあれば、その同盟者になるときもある」。☆93 同様に、ディアスポラは世界企業の後援を得て作用することもあるし、それに逆らって作用することもある。ロジャー・ラウズが指摘する「両極化を深めつつある経済」や「開発における矛盾」は、ディアスポラから生じた共同体を「その限度以上に」広げ、「その不適合を慢性的に再生産」する力である。☆94 このコンテクストに照らせば、資本や資源の不均等な分布や、現代社会を作り上げている搾取的な分業の存在を冷静に認めずに、越境的なディアスポラに潜むユートピア的な要素について語るわけにはいかなくなる。離隔や亡命をめぐって形成された諸観念をモダニズム流に特権化すれば、文化批評はそういう観念に呼びかけられて固定化され、前記の物質的諸条件が曖昧にされ、雑種性やポスト国家時代を礼賛する理論が構築されることにもなりかねないのである。

「さまざまなディアスポラ」は、クリフォードの批評実践における用語が、「旅」にとどまらず「ディアスポラ」の越境性へ移るという、大きな変わり目を示しているけれども、そのなかの議論には、ポストモダン的表現のただなかでモダニズム風の亡命観を再生産していると読める部分もある。彼がディアスポラに関心をもつのは、それが「定住や、共同体の維持や、故郷から離れた集団的根拠地などにかかわる」からにほかならないし、亡命を「そのしばしば個人

ことに災いされているのも間違いない。

☆91 Clifford, "Diasporas," 321.

☆92 これらの諸問題についての全面的な議論は、Grewal and Kaplan, *Scattered Hegemonies* を参照せよ。

☆93 Tölölyan, "The Nation-State and Its Others," 5.

☆94 Rouse, "Mexican Migration," 18.

主義的な強調点をともなった」かたちでよみがえらせることはないからにほかならない。[☆95] にもかかわらず、彼の論文の形式上の戦略は、脱構築を受けつけまいとし、「移民」という重要な事項を抑圧している。クリフォードは、従来のモダニズムに見られるような、移民と亡命との対立を構築するわけではないが、ディアスポラについての彼の理論化は、欧米で規範となっている移民の定義との対比に依拠している。だから、クリフォードは、この定義にこめられた区別を必ずしも絶対的なものとしてよみがえらせているわけではないにしても、移民についての言説とディアスポラについての言説との区別を表象することによって、従来のイデオロギー的なやりかたを、脱構築するよりはむしろ強化する傾向に陥っている。

移民とディアスポラを、歴史的あるいは文化的に別個のものとしてあらわすやりかたは、民族主義とグローバル化との二項に分ける見方を築くことになりがちである。このような図式のなかでは、移動を経たいろいろな主体が、進歩的な批評家の判断によって構築されることになる——移民とは、ある民族主義への一体化から別の民族主義への一体化を遂げるものとみなされる一方、ディアスポラ的な故国離脱者は、領土に結びついて本質主義的にとらえられた民族主義を混乱させ、越境的な主体性や共同体に近づくというのだ。一般化された雑種性をこのように価値づけることで、グローバルないしコスモポリタン的なアイデンティティを築くことになると思われている。そういうアイデンティティは、移民たちが新しい土地に同化しようとして具体的に処理していく、一九世紀的因習につきまとわれた国民や人種やジェンダーよりもよいというのである。このような単純な二元論で、資本の編成や地理や人口の多様で複雑な変化

☆95　Clifford, "Diasporas," 308.

があらわされるときには、何か歴史的具体性を越えたものが問題になっている。移動を経たいろいろな主体のあいだに立てられる用語法上や概念上の区別から、われわれがおそらく学べることは、漂流の歴史的文化的条件についてよりも、現在社会的に構築されつつある欧米の理論についてであろう。

クリフォードの論文は、このような粗雑な対立を描き出してはいない。移民についての記述をコンテクストのなかに据えようと注意している。ある注のなかで彼はつぎのように書いている。「移民とディアスポラ経験との区別は〔……〕過度に書きたててはならない。古典的な同化政策の歴史には、今昔を問わず、ディアスポラ的な契機が含まれている。故国との紐帯を、移民一世たちは維持しているし、その後の世代は回復しようとするからだ。ディアスポラを経た集団は、支配的文化にその構成員を絶え間なく奪われて『失う』ものである。」[☆96]だが、これらの「ディアスポラ的な契機」は、周辺に追いやらずに、むしろもっと掘り下げれば、漂流や移動にかかわるさまざまな歴史的経験のあいだのつながりを明らかにするのに役立ちうる。私が言おうとしているのは、近代の移動には、歴史的時代や種類による差異がないなどということではない。むしろ、一枚岩的なカテゴリーや神秘化するような定義に頼ろうとすれば、関連性や陰翳をそなえた歴史がぼかされると言いたいのである。たとえば、合衆国への初期の移民はみんな、自発的な同化を進めた政策を一律に大喜びで迎え入れたなどという思いこみは、歴史的に見れば不正確であり、奴隷、強制移住させられたネイティヴ・アメリカン、政治的難民や亡命者、その他の心ならずの移動という、独自の経験に対する反証として使われてはならな

☆96 *Ibid.*, 328 n. 3.

い[☆97]。クリフォードはまた、旧移民と新移民との区別を「過度に書きたてる」こともいけないと言っている。だが、このような警告は、論文の後注でなされている。カルチュラル・スタディーズは、さまざまな居場所の「古い」歴史と「新しい」歴史にかかわる定義上および概念上の諸問題を、これから中心に据えていかなければならない。さもなければ、ディアスポラには反目的論的側面があるにもかかわらず、さまざまな差異の表象を合理化するために、あれこれのモダニズム美学を利用するような、漂流に優劣をつける新たな階層的見方が浮上することになる。

　クリフォードは、ギルロイを論じるにあたって、コベナ・マーサーによる重要な批判を引いている。その批判の基礎には、ディアスポラの意識は「ひとえに、さまざまな文化や歴史が衝突し、対話を交わすことから生じたもの」であるとするマーサーの見方がある。マーサーは、ギルロイの著作にうかがわれるアフリカ起源特権化を批判し、ディアスポラをもたらす諸条件についての、もっと根源的に反本質主義的な解釈を提起している。クリフォードはディアスポラの捉え方に関して、ギルロイにもマーサーにも価値を見出しているが、どちらかと言えば、ギルロイの「具体的な地図／歴史のなかにディアスポラの経路を定めるやりかた」に傾いている。だが、違いは、いわば経路にあるのではなく、起源の描き直しかたにあるのだ。ギルロイの著作は素朴な意味での本質主義とは言いにくいけれども、彼のいわゆるディアスポラは、あるアイデンティティを奪回している。それに対してマーサーは、そういうアイデンティティの歴史に伴う権威に抵抗しようとしているのである。この点について私はクリフォードに賛成

☆97　クリフォードは、注8で、この点を詳述している。「アイルランドや、中欧、南欧、東欧からの移民は、人種化されてきた。それに、反ユダヤ主義は依然として、しばしば潜在的な、ときにはあからさまな力である。だが、一般的に言って、ヨーロッパからの移民は、多文化的アメリカの「白人」エスニックとして内部に組み込まれるようになった。有色人種の住民については、たいがいそうならない。出身地、肌の色の濃淡、文化、階級などの違いによって、人種差別による排除の仕方も異なることはあるけれども。」私は、突き詰めればクリフォードに同意するけれども、「組み込まれるようになった」という言い方は、これらの移民にとって社会的に構築された「人種」とは切っても切り離せない、葛藤や緊張や法的障碍などを無視するものであるという点を、

で、この違いは最終的に解決不能であって、ディアスポラによって生まれた共同体の具体的な文化的コンテクストこそ、意味のある差異をなしているのではないかと見たい。すなわち、「起源」や「目的地」をめぐっても、「経路」をめぐっても、徐々に累積されていくようなさまざまな歴史は、その政治的、文化的効果の点では、多様なものになるだろうということだ。

　たとえば、ナリーニ・ナタラジャンが警告しているところでは、南アジア人にとって「ディアスポラ」という用語は、約束にもなれば問題にもなる。ナタラジャンは、「インド人のディアスポラ」について述べた文章のなかで、消費主義と宗教的原理主義との保守的な結託によって、民族の起源についての均質化された観念がもたらされると記している。だから、メトロポリスの環境においては、ディアスポラの体制破壊的な側面が「ケーブル・テレビのヘゲモニーを攪乱する」こともありうるが、保守的な要素は「そのディアスポラ共同体内部の宗教、カースト、階級にまつわるヘゲモニーを強化する」[☆98]。ナタラジャンの言葉から改めて銘記されるべきことは、国民国家の言説に揺さぶりをかけるメディアやテクノロジーの実践の可能性に、期待をかけすぎるわけにはいかないということである。他方、「ディアスポラ」というような用語の有益さが認められるのは、多様な人々が寄り集まった新しい共同体を、たがいに結びつけることができるという点にある。「フーコーが示してくれたように、知を管理するにあたって、ばらばらのイメージをまとめ上げる最も有効な手段は命名法である。だから、クウェートやサウジアラビアの家事労働者、合衆国のソフトウェア技術者、カリブ海地域の小売店主やサトウキビ農場労働者などがいっしょくたにまとめられて、たったひとつのシニフィアン『インド人

指摘しておくのも無駄ではあるまい。ここでは、民族主義的な人種差別の最終産物(「白人」と「非白人」の対立)は、脱構築されているというよりもむしろ再生産されている。脱構築のために考察するべきなのは、「白人社会」への参入を可能にするのは、このような人種差別の目的に合ったり合わなかったりするディアスポラ的な要素であり、階級、出身地、宗教、等々に対する意識ではない、ということだ。そういう課題は、クリフォードが取り組もうと選んだものではないし、そういうことを子細に論じることを彼に期待するのは公平ではないだろうが、これは、もっと批判的注目を必要としている課題である。"Diasporas," 329 n. 8を参照せよ。

☆98　Natarajan, "Reading Diaspora," introduction to *Writers of the Indian Diaspora*, xiv.

のディアスポラ』で表示されることになる。[☆99]」

したがって、ひとつの用語としてのディアスポラが果たす役割は、クレオール性の働きに似ている。どちらも、「歴史上および未来の可能性の断片」から構築されたアイデンティティを指すことになるからだ。この雑種性の営為は、集団的な実体験のなかで特筆されて、現代のテクノロジーや新しい批評史を貫く「地域越境的な」アイデンティティをうち立てる。クリフォードの論文のなかにおけるディアスポラは、モダニズム風の亡命観に見られる批評のための離隔や、それにともなう二項対立を斥け、「中間性の場」、あれでもこれでもない状況に取り組んでいる。このようなディアスポラ観は、多元的な居場所の苦境を価値づけるだけでなく、モダニティとポストモダニティといった時間的な次元においても、民族、領土、居場所、身体などといった空間的な次元においても、異なるもののあいだの連続性と不連続性を明らかにしてくれる。クリフォードの最近の論文に例を見ることができる、現代文化批評における使い方では、コスモポリタン的な雑種性としてのディアスポラという言葉は、故国離脱という語に取って代わり、移民という語を押さえ込み、亡命という語を作り替える仕事を、一気に成し遂げる。この仕事のどの部分も、絶対的に、あるいは均等に成し遂げられてはいない。ディアスポラの言説は、それによって描き出される社会的諸力を文化的に産出するものとして解するならば、一般化された漂流やノマド主義を表現しているだけでなく、雑種性があらわれる具体的な場についての特定された歴史を書く必要性についても、強烈に訴えている。雑種性は、ポストモダンな越境主義の現代的表現なのである。

☆99 *Ibid.*

ポストモダンの漂泊者たち——モダニズム風亡命の跡をたどる

旅をするというのは、出発点、到着地、経路などの定まった地点のあいだを移動するという意味だ。最終的な帰還、潜在的な帰郷をも含意している。漂流というのは、それとは対照的に、出発点も到着地も定まらず、確かでないような移動にかかわっている。絶えず変動にさらされている言語や歴史やアイデンティティのさなかで、定住を求めているような移動である。いつも通過点にいるだけだから、帰郷の見込み——話に結末をつけ、迂回と折り合いをつけること——は、不可能になる。

——イアン・チェンバース☆100

アドルノは、一九四〇年代に「本来の意味の定住は、もはや不可能である」と書いたときに、歴史的大激動が引き起こす絶望や見込みを表現していた。アドルノの『ミニマ・モラリア』のなかの亡命する主体は、文化的砂漠のなかを放浪し、過去の喪失を嘆き悲しみながら、喪失の黙示録に浸って書いている。九〇年代にそれを呼び起こすかのように、帰郷は不可能になったというイアン・チェンバースの言葉は、通過点にあって漂流する主体をもちだす。いまや定住は、不可能事の可能性として改造される——徹頭徹尾ポストモダン的な力業だ。すなわち、時間、空間、主体性に関する欧米啓蒙主義的原理に抵抗する営為として改造されるのだ。このシナリオにおいては、流民（現代文化における、移動を強いられた他の主体すべてに還元しうると同時に還元しえない存在）は、流動性とともに居住を意味する記号となる。

☆100　Chambers, *Migrancy, Culture, Identity*, 5.

レイ・チョウは『ディアスポラの知識人』で、ディアスポラを取り巻く諸条件を、漂流する主体の位置に結びつけている。具体的には、遠距離通信やコンピュータ技術による文化的実践に関係して生まれた主体の位置に結びつけている。たとえば、インターネットの利用者は、一種のポストモダンな旅行者であるとされる。「ハイパーテクスト利用者の実際上の行動は、一箇所に座ったままで〔……〕短時間に広大な空間を行動範囲に収める空の旅人と似たものになるだろう。この使用者は、伝統的な意味での、あるいはポスト構造主義的な意味ですらも、読み手や書き手ではなくなる。通過点にいる旅客でしかないのだ。この人が座っている状態は、時間のなかを、また、時間を超えて、すばやく動きまわるための一要因なのである。[☆101]」チョウが現時点の特徴ととらえる「スピード競走」において、グローバル化は、ローカル化された利害を圧倒して勝利する。そのときの主要な手法は、人間をその出自となる場から引き離し、新しいヘゲモニーの宿る権力回路に有効に太刀打ちできない、移動を強いられた主体を作り出すことによっている。チョウの説明によれば、漂泊者とは、コスモポリタン的知識人だけではなく、電子技術による分業のなかで「余剰」になった人間――グローバルな経済のなかで疎外された労働者――のことでもある。

チェンバース、チョウ両者の近著に見られるように、ディアスポラをめぐる理論には漂泊者が頻出し、新たに浮上してきた主体性に関する議論に比喩的な重みを付与している。チェンバースの書いているところでは、現代は「われわれに、固定も安定もしていず、出来事に絶えず立ち返り、出来事の再構成や見直しに絶えず立ち返る見通しを受け入れやすい思考法の必要性

☆101 Chow, *Writing Diaspora*, 171.

を認識させる」[☆102]。漂流に関するチェンバースの理論は、文化批評における楽天的傾向を示しているとしても、チョウもチェンバースも、移動を、危険につきまとわれているけれども、現代の批評実践を描き出そうとすればどうしても必要になるものとして提起している。欧米の批評におけるディアスポラ的漂泊者の形象は、モダニズム風亡命をポストモダン風に改鋳しただけのものであろうか。文化的表象を産み出す政治的、経済的環境が、時間も空間もまたぐような特定の特徴を有しているかぎり、この二つの形象が同じであるということはありえない。だが、コスモポリタン的な主体つまり「漂泊者」と「亡命者」とのあいだには、連続性があることを示唆するような類似点もある。私が本章で論じてきた現代欧米の理論的ないし批評的営為のなかで、作家業を一種の亡命とみなすモダニズムの捉え方と、実存的なホームレス状態と見るもっと「ポストモダン」なあらわれとも呼べるものとのあいだには、目立たぬ移行が生じている。このつながりは、著者あるいは芸術家（あるいは批評家）が、移動という普遍化された「経験」の獲得を通じて、知的専門職業人としてのアイデンティティを固める手口に、もっともはっきりあらわれる。大量移住、ディアスポラ、多種多様な旅を特徴としているとも思える時代において、このような手口は真実味を帯びてくると言えよう。しかし、あらゆる一般化と変わらず、このような見かけは自明の理として受け取られ、歴史に根ざした政治的に意味のある社会関係の表象をぼかし、抹消さえするのである。

広範に広まった移動という問題を、歴史的、政治的に成り立たせうるようなやりかたで提起するには、どうすればいいのか。経済的、社会的秩序における巨大な変化のただなかで浮上し

☆102　Chambers, *Migrancy, Culture, Identity*, 3.

てきた具体的な主体を理論化するには、どうすればいいのか。このような企てにともなう課題の一部になりうるのは、さまざまな批評実践のあいだの連続性と非連続性について見取り図を描き出すことであろう。表象を構造化するさまざまなイデオロギー的立場のあいだの、連続性と非連続性についてである。モダニズムの亡命がなんらかのかたちで、ポストモダンの漂流のなかに、またそれを通じて、存続しているとすれば、喜んでいいのは、このつながりをたどれば、批評実践に関する新しい歴史が見えてきそうだということである。こうすれば、**さまざまな種類の**ポストモダニズムやモダニズムを区別できるようになるし、文化をめぐるいろいろな政治を区別できるようになる。このような区別が認められ歴史化されるならば、批評が営まれる範囲は必然的にずれていき、新しい連帯の機会が作り出されるとともに、形成されつつある提携関係が再確認されるようになる。また、どの問題に取り組むにはどんな種類の批評の道具が必要なのかということを、能動的に決める機会も生まれる。

したがって、モダニズム風の亡命とポストモダンの漂流との差異は、その類似性に劣らず重要となる。たとえば、移動やディアスポラをめぐる現代理論において、移民への目配りが目立ってきたのは、モダニズム批評に見られるもっと審美的な批評規準からの脱却がおこなわれていることを物語っている。この意味において、観光旅行と移民とをともに抹消ないし抑圧する欧米モダニズムに対して私がおこなった批判は、「ポストモダニズム」によってなされたマスター・ナラティヴの破砕のおかげで可能になったのである。ポストモダン的なるものがまとまりに欠けており、不均等で、現代文化におけるその生産や分配も一律でないと考えなければならないとしても、この重要な変化は食い止められはしない。また、現代のポストモダン的批評とみなしうるものの大部分が、貧弱で神秘化にふけっているとしても、この歴史的契機の強力な可能性は絶たれはしない。

批評家たちは亡命について書くとき、強烈な反応を引き起こす経験を語っているのである。もっとも愛し、もっとも親密な関係にある人や場所から切り離されるのは、耐えがたい状態である。誰もがなんらかの別離や喪失の苦痛を知っているので、亡命を比喩として用いられると、近代の主体は根源から心を揺さぶられる。なつかしい居場所から移動を強いられる経験の表象が、イデオロギー的な構築物としていかに利用されているかと疑問を提起したところで、個人や集団にとってもっとも大切なものを回復してやるためになされる運動が弱まるものでもない。いや、むしろ、批評における亡命の使途を検証するのは、政治的責任を自覚した文化批評を育むことによって、国家を後ろ盾とするテロへの抵抗運動に活力を与えることになりうる。批評が歴史を語り、文化を表象する力を有すると自認するとき、その内省的、脱構築的能力をもっと正確に役立てることができる。

亡命に関する言説を脱構築するには、二項的でなく、もっと複雑なかたちの離隔を想像しなければならない。遠距離通信と越境的文化の時代にそうすることの意味は、離隔とは必ずしも亡命や戦争に通じるものではなく、時間のみならず空間との新たな関係を作り出す、新しい主体性に通じているということなのかもしれない。この結果、離隔は、安全地帯や緊張の場であるのみならず、新しい批評主体の住処である領域となる。

第四章　ポストモダン地理学
——居場所に関するフェミニズムの政治学

空間についての全歴史が書かれないままになっている——それは同時に権力についての歴史になるだろう（空間も権力も複数形で考えられねばならない）——大きな地政学的戦略から、小さな居住圏に関する戦術まで。

——ミシェル・フーコー☆1

地図の上のある場所は、歴史のなかのある場所でもある。

——アドリエンヌ・リッチ☆2

本書の企図は、ポストモダンの時代における文化的生産としての欧米批評のなかで目立ってきた、移動をめぐる言説にかかわっている。だが、移動の比喩はどれも、定位、定住、居場所、位置などという概念を、指示作用において含んでいる。だから亡命は、いつもすでに、出身地から離れたところでの定住のひとつのかたちである。観光旅行は、出身地と目的地とのあいだの旅である。ディアスポラは、定住の居場所を、間隙に見出される居住圏へ散開させる。ノマド主義は、居場所との関連ではもっとも薄弱な概念である。だが、ノマド的リゾームについての理論さえも、「結節点」——交差する運動ないし「逃走線」が交わる場——を含んでいる。だから、移動に関するたいていの観念は、それと対立する定位の観念を含んでいるし、その逆

本章の一部は、以下の論文としてすでに発表されたものである。“The Politics of Location as Transnational Feminist Practice” in Inderpal Grewal and Caren Kaplan, ed. *Scattered Hegemonies: Postmodernity and Transnational Feminist Practices* (Minneapolis: University of Minnesota Press, 1994), 137-152.

☆1 Foucault, *Power/Knowledge*, 149.

☆2 Rich, “Notes Towards a Politics of Location,” in *Blood, Bread, and Poetry*, 212.

も真である。本章において私は、移動／定位の二項のうちの後者の問題に取り組みたい。つまり、欧米の批評的言説における居場所に関する理論、とりわけ、アイデンティティと主体性に関するフェミニズム理論のなかで活発に展開されている、居場所の政治性をめぐる議論という問題である。欧米の多くのフェミニスト理論家にとって、居場所という概念は、男性中心主義的思考の普遍化をめざす姿勢に対する解決策となり、周辺性や特殊性を再提起するひとつの手段を与えてくれる。だが、居場所に関するこれらのフェミニズム理論は、いわば真空のなかであらわれるのではなく、現代欧米批評一般のなかの運動や傾向と結びつけて考えることができる。

定位をめぐる諸理論は、じじつ、現代批評にありふれている。理論的営為という抽象的な審美化を回避しようという努力の一環として、文化批評の用語は、時間的な概念のみならず空間的な概念からも借りられてきている。地図とか境界とかは喚起力のある比喩である。これは、不確定性という間隙の空間とともに包摂や排除の地帯をも区分して示す、政治的、経済的構造への鋭敏な意識をあらわしている。地誌学や地理学が文学批評や文化批評と交錯するようになってきており、それが、アイデンティティ形成や社会的実践の新たな形態についての学際的研究に成長しつつある。いかなるかたちの記述や分析も、物語のしきたりに従うし、それゆえに構築性が高く、歴史的偶然性を帯びていると考える地理学者たちは、さまざまな型の「地理学的想像力」を描き出してみせる。たとえばジェイムズ・ダンカンとデヴィッド・レイは、「状況に位置づけられた地理学的想像力」が必要だと提唱し、それは、記述を問題化し、空間や時間に関する支配的イデオロギーをあばき出し、社会的に形成された境界などという「隠れた地理学」を脱構築することができると主張している。[☆3]デレク・グレゴリーは、「地図、風景、空間を、**それにまた**、居場所や位置や幾何学のイメージをも」脱構築することによって、アルキメデス式知識に対する厳密な批判をおこなわなければならないと論じている。[☆4]グレゴリーは、もっと「開放的なかたちの地図作製学的言説」が可能であると信じている。それは、この分野自体の歴史記述法の検討や、学問上の慣習を変容させる批評実践を通じてあらわれてくるはずだというのである。しかしながら、グレゴリーの主張によれば、手近にある概念上、用語法上の道具で、絶対的、中立的なものなどひとつもない。新しい地理学者が、支配的地位で勝ち誇っているヘゲモニーに挑戦しようとするならば、「さまざまな場所でさまざまな人々が、時空の植民地化や収縮にさまざまなやりかたで荷担させられていることを認識」しなければならないのだ。[☆5]

だから、「境界」、「地図」、「居場所」、「空間」、「場所」などという用語も、何よりもまずこれまでとは異なる比喩や方法を見出そうと血道をあげる、審美化や普遍化というあのほかならぬ袋小路から、批評の営みを解放してくれるとは限らないのである。じっさい、ニール・スミスとシンディ・カッツのような地理学者たちが論じているとおり、空間的な比喩に訴えるというやりかたは、「かつては固定されていた現実や思いこみの脱中心化や不安定化」の結果としてどうやら目立ってきたのであり、それでも空間だけは依然として、「このような懐疑的な考察の対象になることからだいたいは免れている」のである。この主張によれば、空間は、「ほ

☆3　Duncan and Ley, “Representing the Place of Culture,” introduction to *Place/Culture/Representation*, 1.
☆4　Gregory, *Geographical Imaginations*, 7.
☆5　*Ibid*., 414.

かのやりかたではとらえどころのない観念の世界」に、首尾一貫性と秩序を与えるために用いられていることになる。[☆6]

比喩というものの働きかたそのものから、スミスとカッツの分析は説得力を得ている。比喩は、なじみのある具体的な意味に依拠して、なじみがない不分明な別の意味をはっきりさせたり、説明したりする。文学研究や文化研究が意味を不安定にし、確実だったものを不確実なものに変え、啓蒙主義的なカテゴリーを「抹消」してきたなかで、空間的な比喩は、多くの場合抽象や引喩を通じて、新しい意味を作り出す役割をますます演じるようになった。[☆7] スミスとカッツは、この比喩作用の過程において、検討もされぬまま脱歴史化さえしたかたちで通用させられている空間の機能を指摘している。「固定性と不活性」という特徴を帯びたこの「絶対的な空間」は、空間的な比喩を用いる批評言説における所与となっている。[☆8] スミスとカッツは、空間の扱いかたにおける唯物論的な方法と比喩的方法との落差に注目して、モダニティやポストモダニティが歴史的に空間を産み出してきたことに、改めて注意を喚起する。そのときに、比喩作用を無視したり一蹴したりするのではなく、「比喩と物質性との相互連関」を究明して、「空間の政治をめざす双方に共通の企て」を推進しようというのだ。[☆9]

空間を時間と関連させたり媒介したりするには、どうすればいいのか。この問いには、「空間の政治性」論者も「居場所の政治性」論者も、同様に取り組まなければならない。欧米の哲学や社会理論においては、空間と時間の分析は、唯物論者、観念論者双方からの深い関心を引いてきた。最近では地理学が、空間と時間との関係についてのめざましい理論を産み出した。

☆6 Smith and Katz, "Grounding Metaphor," 80.

☆7 ジャック・ランシエールはつぎのように問う。「空間的な表象が――それがほんとうはあまりふさわしくないときにすら――政治学の論述には必要になるのは、どうしてなのか。」ユートピアや比喩の作用に対する彼の分析は、脱領域化つまり「迷子になる術」への賛同へ通じている。それは、ノマドの比喩を欧米理論が推奨するようになったことに見合っている。Jacques Rancière, "Discovering New Worlds" を参照せよ。

☆8 Smith and Katz, "Grounding Metaphor," 68.

☆9 *Ibid.*

表象と科学的記述について、歴史に応じた問題提起をおこなったのだ。地理学と、合理性やヒューマニズムに揺さぶりをかけたポスト構造主義と、主体性を問題にしたフェミニズム理論とが交わしている「会話」は、産業やテクノロジーや文化の編成に生じつつある根底からの変化を背景にあらわれてきている。現代は、富の蓄積が融通無碍のかたちでおこなわれており、それが迅速に流通し、ナショナリズムが不安定になり、不平等が絶えず拡大している。そのために、現代と折り合いをつけようとする人々には、独特の挑戦が突きつけられている。産業のみならず文化も越境的になっているため、新たな連合やアイデンティティが形成される可能性は大きくなっている。また、そのために、新保守主義による権力強化も追求されている。均質化を推進するグローバリズムに対抗して、地方的ないし地域的な特質がしばしば推奨される。また、特定の地域の拝外主義的傾向にぶちあたると、国際性や越境性の必要性が説かれるようになる。

本章で私が主張したいのは、グローバルなものとローカルなものとは、モダニティの空間化された表現の二面であり、それが、ポストモダニティに関連した、経済的、政治的、文化的領域における変化のまっただなかで、特定のニュアンスを帯びてきたということである。これらの対立的に見える空間の見取り図をグローバル／ローカルの軸で描いてみせるのは、いろいろな学問や批評に共通しておこなわれている。旅や移動のイデオロギーがよく検討もされぬままに、いまや花盛りのポストモダン地理学関連文献のなかにはびこっている。欧米フェミニズムの主体性理論のなかで、地方、地域、特定の場や位置が改めて強調されることにより、ローカルなものが政治的、文化的抵抗の実践として価値づけられている。フェミニズムのこの一群の著作のなかで、ローカルなものが特権化されるときのコンテクストをなしているのは、文化的、経済的なヘゲモニーによる営為に対して深まってきた懸念である。その営為は、もっとも目につきやすいかたちでは、越境的な資本と、ポストモダニティに与えるその多様にして隅々まで及ぶ影響力によって培われ、広められる。グローバル化一般への抵抗の場として浮上してきた「ローカルなもの」を考察するに際して、私が注目したいのは、欧米フェミニズムの批評活動が、移動のみならず定住をめぐるポストモダンの言説を産み出しているその手法である。欧米フェミニズム理論は、往々にして、実体験や性別による分業に対する唯物論的分析をもっと取り入れる必要に迫られているが、ポスト構造主義による抽象化や審美化に対する異論も、暗黙のうちにせよ、明言するにせよ、提起してきた。だが、アイデンティティ形成の真正の場がもてはやされたりするようになると、問題が生じる。フェミニズム理論もほかのものに劣らず、文化生産の越境的政治に荷担している以上、私の言えることは、フェミニズムのなかでの討論や理論からは、主体がみずからや自分たち相互のつながりに対して抱く見方を書き換えるような批評があらわれてくることもありうるということだ。現代の欧米フェミニズム批評におけるローカルなものの位置づけや、居場所の政治性を見れば、体制批判的な批評戦略の歴史が浮かび上がる。その戦略は、ヘゲモニーによる社会編成に揺さぶりをかける役に立つが、グローバル化としてあらわれる多国籍資本主義という「他者」に奉仕するような働きをすることも多いのである。

欧米モダニティにおける空間の生産

空間は、ヘゲモニーの力を積極的に構成する要素として認識できるようになっている。〔……〕空間は人に、自分がどこにいるのかを教え、そこへ人を据える。〔……〕問題はつぎの点にある。つまり、われわれはどこにいたいのか、また、どのようにしてそこへ行きたいのか。腰を据えられるような政治的空間として、いかなる種類のものがあるのか。それに、この「われわれ」というのはいったい誰のことか。

——マイケル・キースとスティーヴ・パイル☆10

ヨーロッパの伝統は、ある種の空間観念を当然視する。砂漠、海、空などの広大で開放的な無人の空間は、無限と無時間性の比喩を誘発してきたし、それは、啓蒙主義を経たのちの主体を畏怖させたり、慰撫したりする。どんな感情がかき立てられるにせよ、空間は**そこ**にあると想定されている。空間は、時間の作用の影響を比較的免れている実体であるとされる。あるいはそのなかに、文化の痕跡を刻み込んだりするからだ。時間やその社会的営為は、いわば本質におおいにかかわってきた。能動的な時間と、死んだように不動の空間とのあいだのこの関係については、周期的に問題提起がなされ、この関係は、歴史的現実における諸問題間の動的な相互作用として設定されてきた。当今では、空間がルネサンスを迎えている。空間は、ポストモダンの批評実践のなかで新たな再表出の場を見出している。それは、第二次世界大戦後の欧米学界に登場し、脱植民地化の時代に、また、最近二十年間の特徴となっている資本の融通化や

☆10 Keith and Pile, "The Place of Politics," introduction to part 2 in *Place and the Politics of Identity*, 37.

流動化のなかで、格別な先鋭さを帯びてきた批評実践なのである。

空間表象に関する現代欧米の理論家たちはたいてい、考え方のうえでアンリ・ルフェーヴルに負っていることを認めている。ルフェーヴルは、空間の生産を資本主義の勃興に関連づけた、フランスのマルクス主義理論家である。ルフェーヴルは啓蒙主義を、空間が物理的、精神的、社会的次元で体系化された決定的時代だったとみなす。哲学や数学をはじめとする諸学や科学の勃興にともない、体系化された空間は、国家とそれに付随する諸制度を通じて、ブルジョアのヘゲモニーを合理化した。ルフェーヴルは、デカルトの思想において空間が絶対的であることや、カントの超越論的カテゴリーの到来を指摘して、一連の社会的営為が社会的に構築されたことを示す。この見方のなかでは、特定の階級の勃興やそのヘゲモニーの実践は、知識の体系、表象表現の方式、「空間」の生産やモダニティの再生産をはじめとする社会関係をもたらす。

この新しい合理的な空間は、その他者――時間――を、歴史的に特定されたかたちで含む。時間は、自由主義的ブルジョア国家に役立つように、やはり物神化され、固体化され、固定されて、劣位のカテゴリーにとどまる。この二項の地位が逆転しはじめるのは、一九世紀まで待たなければならない。ルフェーヴルは、マルクスが歴史的時間を復権したことを革命的時間として引き合いに出すとともに、ベルグソンが意識を精神における持続として描き出したことを、フッサールからドゥルーズへいたる哲学伝統の先駆けであると言う。マルクス（そしてルフェーヴル）にとって、時間と空間の闘争における戦略目標は、歴史の抑圧を許すかどうかという問題である。歴史は、「行動から記憶へ、生産から観照へ、変容され」ている。「反復と循環に支配されている」時間は、「現実化された理性の所在にして環境たる、不動の空間の確立によって圧倒されて」いる。この社会的実践のなかでは、時間は「あらゆる意味を失っている」☆11。不動の空間と物神化された時間に向き合いながらなされた、疎外と受動性に対するこのような分析は、哲学や批評において一連のさまざまな反応をもたらしている。

ドリーン・マッシーの主張によれば、私が右に略述した空間生産を説明する物語は、文化的、政治的に偏狭で、経済的決定論に毒され、明確なモダニズムに属している。マッシーはフェミニスト地理学者として、後期資本主義のどこまでも行き渡る影響力を、普遍的な階級や一般化された男性中心主義を措定することなく説明しようと苦心している。マッシーの批判があらわれるコンテクストは、地理学という学問の内部やその周辺で、現代欧米のマルクス主義、ポスト構造主義、および、場合によってはフェミニズム批評を用いながら研究を進めている、現代の空間化理論家たちからなる学派である。この一派には、デヴィッド・ハーヴェイ、エドワード・ソジャ、デレク・グレゴリー、ニール・スミス、ジョン・ウアリー、リズ・ボンディ、モナ・ドモシュなどをはじめとして、大勢の研究者が含まれる。彼らは、モダニティやポストモダニティにおける空間の生産についての唯物論的な歴史に取り組んでいる。思想的傾向によって緩やかなまとまりをなすと見られるこの学派は、マルクス主義の弁証法的唯物論における基本的命題を承認しつつ、一九世紀思想に支配的だった(ある型のマルクス主義を含めた)ヒューマニズム的歴史主義を批判してもいる。主体性とアイデンティティに関するポスト

☆11　Lefebvre, *The Production of Space*, 21.

構造主義理論を探究しつつも、さまざまなタイプの唯物論的な立場や叙述方法を支持してもいる。ここでひとつの「グループ」としてまとめた地理学者たちのなかには、方法上および力点にかなりの差異があるし、人種やジェンダーにかかわるカルチュラル・スタディーズへの取り組みかたの違いは、そういう差異のなかでも軽視できない点である。しかし、彼らを結びつけている共通の関心は、資本主義的生産様式の強力な影響力に関する唯物論的歴史の分析に、空間の表象に対する繊細な検証を用いたいという点にある。

ルフェーヴルが、近代資本主義の勃興期に空間が重視されて時間が抑圧された歴史を提示したとすれば、デヴィッド・ハーヴェイとエドワード・ソジャは、新しいかたちの社会関係や表象についての歴史をもたらした。つまり、世紀転換期から今日にいたるまでの特徴となった、時空の収縮の歴史である。ハーヴェイの有力な著書『ポストモダニティの条件』は、欧米モダニズムの空間や時間の表象を、帝国主義的膨張、フォーディズム、貨幣の国際化、新しい信用システムの登場などの、具体的現実における実践の産物として考察している。ハーヴェイはこのコンテクストのなかで、マルクス、ウェーバー、アダム・スミス、その他の論者による社会理論、つまり、あらかじめ与えられた空間的秩序を想定して、そのなかで時間が機能すると見るさまざまな理論において、空間よりも時間が特権化されていった過程を検討している。この側面のモダニティに進歩の観念を結びつけ、空間が征服されるにつれて、時間を通じて行動する者の主導性が目立ってくるにつれ、**存在**よりも**生成**が重視されるようになることに、ハーヴェイは注目している。[☆12]

☆12 Harvey, *The Condition of Postmodernity*, 205.

表象上の「危機」に対する分析を通じて、ヨーロッパ的空間の統合における転回点を見定めようとするハーヴェイは、「政治経済的過程と文化的過程のあいだの唯物論的連関を照らし出す」ことをめざす。[☆13] ハーヴェイの議論によれば、時空の収縮の最終段階は、七〇年代初頭、財政危機に応じて始まった。それは、かつての世紀転換期におけるモダニズムの大部分を促した諸現象をなぞると同時に、それとの違いを際立たせてもいた。どちらの時代の事例においても、資本の回転率高度化が、「流行、製品、生産技術、労働過程、思想、イデオロギー、価値、慣行」などのはかなさや短命さの影響を強めるにつれ、空間は時間を通じて「無効」にされる。[☆14] だからハーヴェイは、ポストモダニズムを、孤立してあらわれた一群の審美的効果としても、モダニズム的価値や実践への拒否としても考えない。むしろ、建築、美術、哲学におけるポストモダン的形式の登場を、フォーディズムから「空間的存在と時間的存在のあいだの媒介作用によって、もっと融通に富んだものになった資本主義的蓄積方式」へ移行してきたことに関連づける。[☆15] この段階になると、時空の収縮は、静的で不変の捉え方をされた空間における、情報、商品、人口の循環速度の高度化を示す一連の具体例にとどまらなくなる。ハーヴェイの分析が明らかにしていることには、絶対的ないし普遍化された空間は、「ポストモダンの条件」に対するたいていの研究において検討もされぬままになっており、その結果、政治の審美化の復活、民族主義の新たな勃興、「ヘーゲル的国家の再生」が見られるようになる。[☆16]

ハーヴェイによるモダニズムの定義は、場所と空間、現在と過去、普遍性と特殊性重視のあいだに、独特なやりかたで折り合いをつける一連の実践であるというものだ。彼は、時空の収

☆13 *Ibid.*, 201.
☆14 *Ibid.*, 285.
☆15 *Ibid.*, 201.
☆16 *Ibid.*, 273.

縮に対する二つの主要な反応を見分ける。これらの反応は、グローバル化の統合過程へのアンビヴァレンスや、近接性への不安としてあらわれる。第一の場合、「コミュニケーション機構や社会的介入を通じて結合されたグローバルな空間における人類の普遍的解放という啓蒙主義的企て」として、統一性が再登場させられた。[☆17]この新版の空間的合理性は、外的および公的な居場所と、内的および私的な居場所とに、空間を分割し、割り当てて、過去との訣別とみなされるものに役立てられた。もうひとつの反応は、このように統合するような空間の扱いに抵抗し、その代わりに、広範に見られる細分化や多様化をそっくり特権化した。この型のモダニズムは、均質化に立ち向かうような場所のユニークさを強調することに関心があり、ローカルなもの、現場、位置拘束性の詳述に赴く、一連のアイデンティティ確立行為に及ぶ。「場所と、人格や共同体のアイデンティティに対する社会的意識とのあいだのつながりに、焦点を合わせることによって、このタイプのモダニズムは、地方、地域、あるいは国民的な政治の審美化に、ある程度まで関わらざるをえなくなった。したがって、場所への忠誠心は、階級への忠誠心よりも優位を占めるようになり、政治行動を空間化する。[☆18]」

資本がこのように二つの反応を引き起こすのは、ハーヴェイの分析にとっては不思議なことではない。普遍主義と特殊主義は、同じ文化や同じ人間のなかにさえ共存した「感性の二つの流れ」である、と彼はみなす。「たとえ、ある特定の時代や場所で、一方あるいは他方の感性が支配的になったときにさえも」、共存したことに変わりはない。[☆19]この結果、今日強調されているのは、ある特定のコンテクストで空間化された特殊性、ローカルなものであるということ

☆17 *Ibid.*, 271.
☆18 *Ibid.*, 273.
☆19 *Ibid.*, 275.

になる。したがって、六〇年代末以来、アイデンティティ・ポリティクスが浮上してきたことは、最新の時空収縮に結びつけることができる。それは、資本が次第に、流動性と細分化の特色を際立たせるように組織されてくるにつれて起きたのである。ハーヴェイの指摘によれば、場所とアイデンティティが、「誰もが個別化の空間を占める」時代の鍵になった[☆20]。一見グローバルな均質化に直面してこそ、地域的な具体性が突き出せるようになるのかもしれない。民族や地方の境界を越えたり覆したりする大衆運動や共産主義的アイデンティティへの抵抗が、個人主義として表現されるということなのかもしれない。伝統や遺産もまた、時空の収縮やグローバリズムに反対する機能を有する。ハーヴェイが主張することには、「場所」は社会的アイデンティティの所在となり、社会関係を、見かけは安定しているとしても静的な状態へ固定する。「場所に縛りつけられたアイデンティティ」へのこのような執着は、はじめは反体制的運動としてあらわれるかもしれないが、ハーヴェイが念を押しているとおり、「流動的な資本主義と融通に富んだ資本蓄積にとっての餌食になりうる、あの細分化そのもの」の構成要素にもなるのである[☆21]。

だから、ポストモダニティにおいて空間が再浮上してきたことは、根本的に功罪相半ばする現象であるとみなしうる。単に二項を転倒するだけでは、社会関係を変えることにならない。モダニズム的国際主義が、グローバル化した資本主義の支配を先触れするものだとすれば、地方主義は、自民族中心主義、人種差別、ファシズムが形成されていく兆しであると言える。モダニティにおいて神秘化された空間に対するハーヴェイの批判は、それに代わる批評実践や政

☆20 *Ibid.*, 302.
☆21 *Ibid.*, 303.

治運動を理論化する方向へ進むように説いている。地理学におけるもう一人の先進的理論家エドワード・ソジャは、このような実践を「ポストモダニズムのラディカルな政治文化」と名づけた。ソジャもハーヴェイも、マルクス主義の唯物論的方法論から深い影響を受けており、戯れを重視するポスト構造主義の批評実践や、ソジャが「新保守主義的ポストモダニズム」と呼んでいるものに対して、最大限の懐疑主義をあらわしている。だが、二人はともに、ポストモダニティの諸条件と折り合いをつけようと努力している。その諸条件には、社会制度の共犯性、知識人の立場、進歩的政治運動なども含まれている。それゆえ、彼らの著作は、混合主義的、学際的分析方法を提起する、新たにあらわれつつある批評の一翼を担うものである。

『ポストモダン地理学』におけるエドワード・ソジャの論旨は、空間よりも時間に特権を与えた一九世紀の思想が、空間の再浮上によって徐々に反撃されてきたという、ハーヴェイの主張と軌を一にしている。ソジャもハーヴェイも、一八五〇年代と一九七〇年代を、主要な危機の時代として注目する。それは、産業化、通貨や情報や商品の流通、意味や表象のシステムの生産などの変化をもたらす、社会的、経済的、政治的営為における危機である。ソジャは、空間を不活性で動的でないもの、時間を流動的で弁証法的なものとあらわす見方を、脱神秘化するように呼びかけ、「時間と空間、歴史と地理、時代と地域、継起性と同時性」を結合し、表現し直す批評方法に支持を与える。[☆22] 教条的なマルクス主義の歴史主義も、イデオロギーにとらわれた経験主義的方法も、「単純な反マルクス主義」も拒否しなければならないと主張するソジャは、ハーヴェイと同様に、唯物論的批評実践をめざしている。ジェイムソンの提起した「認

☆22 Soja, *Postmodern Geographies*, 2.

識の見取り図作り」という発想に依拠しながら、ソジャがめざすのは、「反動的ポストモダニズムも近代後期の歴史主義も投げかけるいわれなきヴェールを見透かして、政治的に敏感になった空間意識や、ラディカルな空間実践を生み出せるように促すための新しい方法」である。[☆23]
ハーヴェイとソジャの説明に用いられた物語は、産業資本主義勃興にかけがえのない出発点を定めて構想されている。ドリーン・マッシーは「柔軟な性差別」において、ソジャとハーヴェイの著作に潜む無批判な男性中心主義への綿密な批判を述べる。[☆24] 彼らの支配的見解が「普遍的なものであると想定されているが、それは白人男性、異性愛主義、西欧の立場に立つ見解である」という彼女の主張は、ソジャとハーヴェイにのみ限られず、欧米の学界における理論の生産条件にも敷衍できる。[☆25] マッシーは、階級や資本主義についての唯物論的分析を一蹴するわけではないけれど、「現代社会の特徴となる社会権力関係には、他の軸も」あることを力説する。他の軸とは、たとえばジェンダーである。[☆26] ソジャもハーヴェイも、フェミニズムにおける関心事を、現代の政治的・社会的アイデンティティ・ポリティクスの「洗い直すべき課題の一覧」に加えているが、それは皮相な分析だとマッシーは批判している。ソジャとハーヴェイの主要な著作では、欧米フェミニズム理論を緻密に読んだり参照したりした跡が見られないことを指摘して、マッシーはつぎのように核心を衝く。このような排除は、単にローカルな問題（矮小な言い方では「女性が扱われていない」という問題）というのではなく、「モダニティと空間と社会関係相互間の関わりにとって中心的な議論がそっくり」抜け落ちていることを示しているというのだ。[☆27] ソジャとハーヴェイは、現代情勢の理論家として、修辞上は一般性を装い

☆23　*Ibid*., 75. Jameson, "Cognitive Mapping" も参照せよ。

☆24　この分野における性差別や男性中心主義に対するこれ以外の批判や、地理学におけるジェンダー問題の考察については、以下を参照せよ。Spain, *Gendered Spaces*; Rose, *Feminism and Geography*; Women and Geography Study Group of the Institute of British Geographers, *Geography and Gender*, Bondi, "Progress in Geography and Gender"; Domosh, "Towards a Feminist Historiography of Geography"; Valentine, "Negotiating and Managing Multiple Sexual Identities"; Katz and Monk, *Full Circles*; Blunt and Rose, *Writing Women and Space*. 新しい雑誌 *Gender, Place, and Culture* も参照せよ。

☆25　Massey, "Flexible Sexism," in *Space, Place,*

ながら、じつは部分的な解説を提出していることになる。

　マッシーは、グリゼルダ・ポロックとジャネット・ウルフが欧米近代のジェンダーをめぐる空間の政治性について論じた著作を踏まえ、ジェンダーや人種を省みない分析からは偏狭な議論しかあらわれようがないと論じている。[☆28] フェミニズム理論は、女性がモダニティを経験する仕方は多様で複雑であると論じて、空間化やモダニティに取り組み、時空の収縮に関する新しいマスター・ナラティヴを脱構築する。だから、「都市」などの場を分析するには、階級関係だけに留意するだけでは駄目なのである。たとえば移民や有色人種や貧窮民は、不正確にも「一枚岩的に」ポストモダン的などと呼ばれているものに対して、みなそれぞれ独自な関係を結んでいる。マッシーが主張しているとおり、じつは「さまざまな社会集団や、無数の社会集団に所属しているさまざまな個人は、新たに編成された時空にまたがる関係のなかに、多様なかたちで位置づけられている」。[☆29] マッシーは、「困惑させるような新しい無所属性」がはびこっているという主張に対して、疑問を呈する。そういう時空の収縮が完全に支配的であるように見えるのは、エリートの有利な視点に立った場合にすぎない。現代において「居場所を失い／無所属になり／侵入されている」と感じるのは誰なのか、とマッシーは問う。難民やホームレスの人々や性的暴行を受けた人々は、そういう言い方をするだろうか。こういう比喩は、これまで権力をもっていたのに、そこから追い出されたり、自分の権力を制限されたり、脅かされたりしている人々が使えるように、作られているのではないか。

　ハーヴェイとソジャは、時空の収縮が起きる界域を資本そのものの循環に限定したのに対し

and Gender, 225.
☆26 *Ibid.*, 222.
☆27 *Ibid.*, 233.
☆28 Pollock, *Vision and Difference*, および Wolff, "The Invisible Flaneuse" を参照せよ。
☆29 Massey, "A Place Called Home?" in *Space, Place, and Gender*, 164.

て、マッシーは、多様な社会的影響力からなるコンテクストにおいてこの概念を立て直そうとしているのである。

時空の収縮を、そういうもっと社会的に形成された、社会的評価をともなった、差異化されたかたちで描き出せるならば、その場合には、流動性や利便性をめぐる政治運動を発展させる可能性も見えてくるかもしれない。流動性やその管理は、権力を反映もするし、権力を強化もすると思われるからだ。人々のあいだで持てるものに差があったり、管理能力に差があったりするのは、分配の不平等という問題だけにとどまらない。ある集団が流動性と管理力をもっていることは、それ以外の人々の弱体化を進めることにもなりうるということなのだ。流動性の差異は、すでに弱い立場にある人々の力を弱めることにもなりうる。ある集団の時空の収縮は、それ以外の人々の権力を足元から掘り崩すことにもなりうる。[☆30]

モダニティの「危機」は、ある特定の集団の権力や特権が不安定になる動向であると見えてくる。みずからの見方を一般化できるだけの権力を握った集団的アイデンティティにとっての危機なのである。彼ら以外の見方が欠落するのは、偶然ではない。マッシーが関心を寄せるフェミニスト理論家たちは、モダニズムがそういう欠落から大きな恩恵を受けていると論じている。そういう欠落の構造を描き出しているというべきであろう。だから、マッシーが論じるに

☆30 Massey, "A Global Sense of Place," in *Space, Place, and Gender*, 150.

は、モダニズム／モダニティの経験や、その文化的生産や定義は、「すべて、特定の型のジェンダー関係の上に構築され、また、その関係の構築に関与しているし、男性性とか、女性であることの意味とかに関する定義にも関わっている。それは（「単に」）、モダニズムは家父長的だったし、いまだに家父長的であるなどと言うことだけではない（そんなことは今さら言うまでもないことだし、歴史上のその他多くの時代と変わりはしない）。そうではなくて、このことを視野に入れずには、モダニズムをきちんと理解することはできないと言うことなのだ。[☆31]」

　このような欠落のうえで議論がおこなわれるようになったのは、有力な文化理論家たちが発表する現代社会研究は、あれこれの生産様式が特権化されている事態に直面しながら、人種、ジェンダー、セクシュアリティを周縁に追いやり、「他者化」することによって、それらを構造的に拘束するからである。マッシーは、一部のポストモダンの論者たちに見られる包括性に対して懐疑的な読解をほどこそうと苦心し、人種等にほんの申しわけばかり言及するだけで構造的には欠落させる修辞戦略を暴いている。「だが、ポストモダニストたちの問題は、他者の存在を讃えつつも、大部分の人々には、白人の異性愛主義的男性のアイデンティティを構築するための手段にとどまるように強いている点にあり、他方、モダニストたちの問題は、われわれ女性が、じつはまったく彼らの目に入っていないという点にある。あるいは、たとえ目に入ったとしても、それは何か標準からの逸脱、彼らの支配に混乱をもたらす例外としてでしかないのである。[☆32]」ここでマッシーが指摘しているのは、ポストモダンとモダンとのあいだのつながりである。モダニストの狭いものの見方は、広く目配りを利かせたポストモダンのものの見

☆31 *Ibid.*, 235.
☆32 *Ibid.*, 228.

方にみずからの対極を見出すのである。マッシーが念を押してくれているように、これらの社会的に形成された見方の実体験は、解釈する権能や社会的特権をめぐる矛盾や闘争に満ちている。「大部分の人々」が割り当てられている位置は、じつは、その人たちが抵抗し、変更し、再配置したいと思うようなものである。これらの条件を分析し、それについての歴史を書いたり流通させたりし、それらを変化させたりするその人たちの能力は、経済的、文化的、政治的資源次第で大きく異なる。唯物論を忘れないようにするには、マッシーが書き留めているように、通貨や資本の流通を重視するだけではすまないのである。ジェンダーをはじめとして、その他多様な様相をめぐる諸問題に取り組むために必要とされるのは、もっと広い、もっと複雑な唯物論である。それこそが、ヘゲモニーによって形成された体系の権力と限界を問えるからだ。発達した資本主義についての「真なる」物語はたったひとつしかありえないという発想に対して、フェミニストによるモダニズム批判は強烈な異論を提出している。ジュリー・グラハムはつぎのように書いている。

フェミニズムの批判的見方からすれば、現存するフォーディズムやポストフォーディズムの理論が提出しているのは、資本主義発達の「全体化をめざす」捉え方であり、それは、社会生活における多様性や差異を認識しそこねている。「客観的な」視点から、あるいは、集団的主体の見方から、戦後期についての物語を語るのは、この物語の輪郭や強調点に一致しそこねた経験を有する人々を、積極的に周辺へ追いやることになる。そういう人々とは、たとえば、大衆消費、有給の雇用、資本主義的階級間の交渉手続き、さらには市民権すらからも、排除された人々のことである。そして、このような物語を、進歩的運動の目標や展望をあらわすために使う場合には、言及せずに沈黙していることが、政治的排除をすることになる。☆33

グラハムの批判が示しているように、ジェンダーは不可避的に、現場をめぐる諸問題を提起し、何かあるいは誰か**からの**差異を特定する姿勢につながる。理論の基盤、身体、地域、本拠、民族、居場所の特殊性を探究する行為が、有無を言わせぬ証拠ないし証言となっている。最近、欧米のフェミニスト地理学者たちは、ジェンダーが流動性に影響を与える過程のみならず、ジェンダーが居場所を作り出す過程についても、問いを発してきた。アイデンティティや主体性がこのように空間化されることは、モダニティについての時間的説明では、複雑で差異にみちた主体を説明しきれないことへの反応であると解しうる。だが、どうやら地理学者たちは、一部の人々には可能性を作り出し、他の人々の機会は制限したり妨害したりするような、ポストモダニティの**不均等な**作用に対する考察を、ますます推進しているようだ。☆34 たとえば、ハーヴェイの著作を論じたデレク・グレゴリーがそうである。彼は、モダニズム風の突き放す姿勢や中心化された視点に対する執着からマスター・ナラティヴが生まれ、それが、ポストモダニティの歴史的条件や空間中心の政治を、結局はぼかすのに役立っていると論じる。

☆33 Graham, "Fordism/Post-Fordism," 53.
☆34 Neil Smith, *Uneven Development* を参照せよ。

一部の人々にとっては、こういう過程は、疑いもなく、新たな機会をもたらし、より大きな責任を与えよと要求し、地平を広げ、地理的想像力をかき立ててくれる。だが、他の人々にとっては、負担がいっそう重くなり、障壁が高くなり、差別が増え、個々人の可能性が減るということになる。これが意味するのは以下のことだ。つまり、批判的人文地理は、これらの過程によって作り出された、差異にみちた居場所や時空の集合体について見取り図を示すだけでは足りない――この課題にとっては、空間的科学の諸概念は一部まだ温存されるかもしれない。それだけでなく、新たにあらわれてきた、多様で複合的で矛盾にみちた主体の立場を描き出す必要もある。空間の生産は、社会生活の偶発的副産物などではなく、その営みと編成に内存する契機なのである。そして、地理学が――政治的、知的に――これまでとは異なる境位を**拓こう**とするなら、差異**に対して**敏感でなければならないのである。[☆35]

これらの差異を構築するのは権力である。それは言うまでもない。そして、空間についての普通の歴史や、大小の権力についての歴史に関して、フーコーの言った言葉を忘れなければはっきりしているだろうが、フェミニストのものであろうとなかろうと、ローカルなものに依拠しようとするのは、この表象のマトリックスに結びついている。地方的ないし地域的な特殊性を見つめていれば、普遍化や全体化をめざす理論に抵抗することになるだろうか。空間中心の政治や、居場所の政治性は、グレゴリーやマッシーが彼らの学問にとって緊急の最優先課題と

☆35 Gregory, *Geographical Imaginations*, 414.

して提起した、差異を説明する必要性に応えることができるだろうか。ローカルなものへの賛否を問う議論は、グローバル／ローカル軸をめぐるコンテクストとの関連で理解しなければならない。ポストモダニティにおけるアイデンティティ、文化、場所に対する知覚を組織する、空間化された、反体制的な構築物というコンテクストである。

グローバル／ローカル軸

グローバルとローカルは、同一の運動の二面である。その運動とは、グローバル化の一時代、つまり、国民国家、国民経済、国民文化のアイデンティティによって支配された時代から、何か新たなものへの移行である。

——スチュアート・ホール☆36

スチュアート・ホールの言う「何か新たなもの」とは、資本主義機構に生じたあの広範囲で複雑な変化のことであり、融通に富む資本蓄積とか専門化と呼ばれるもののことである。この段階は、マンデルによって「後期資本主義」という呼び名であらわされた。これはのちに、ジェイムソン、ボードリヤール、ヴィリリオなどの論者によって、遠距離通信の高速性と流動性による距離の征服とか、迅速な資本回転率とか、直接性とか、非歴史的「衝撃」とかの角度からとらえられ、その出発点は六〇年代末から七〇年代初頭までのいずれかの時点にあると指摘されてきた。「ポストモダン」——それはユートピアなのか反動なのか——をめぐって十年以上にわたる論争や著述が重ねられてきた今日となれば、生産と分配の様式に起きた変化、民族的

☆36 Hall, "The Local and the Global," 27.

アイデンティティの不安定化、国家の機能や制度の正当性喪失、細分化した「非主流」政治運動の蔓延などは、所与の事実と受けとめられている。これを説明する主なやりかたは、「フォーディズム」から「ポスト・フォーディズム」へ生産様式が変化した結果、各国産業の根本的再編、主要生産の「国外脱出」の動き、組織労働の崩壊と作業要員の「女性化」、「超大国」間の同盟や提携における大きな変化などが見られるようになったというものである。これらの変化は、世界中の貧しい人々にとって、よい兆しではなかった。環境破壊の危険は増大する一方、労働安全基準は急激に切り下げられた。国境を越える動きは、全地球規模で見ればミドルクラスの支配を変質させたにしても、足元から掘り崩すようなことはなかった。

この過程は一元的でも首尾一貫したものでもない。ホールが指摘するように、現在少なくとも二つのかたちのグローバル化が併存しており、たがいに食い違っている。古いかたちのものは、守勢に立ちながらも依然として民族主義や民族的アイデンティティに訴えている。新しいかたちのものは、差異を利用しながら、差異を封じ込め、回収しようとしている。したがって、多様性のポストモダン的束とも見えるものは、現代の生産、分配、消費の様式に対する、複雑な管理運営ともみなしうる。すなわち、グローバルな大衆文化は、「喩えて言えば、資本が、別の地方的資本を通じてしか、つまり、別の経済的、政治的エリートと手を携えてしか、支配することはできないと認識したときにとるようになった形態である。資本は、地方的資本を除去しようとはせず、それらを通じて働くのである。資本は、グローバル化の枠組み全体を維持し続けると同時に、そのシステムを警備監視しなければならない。いわば、システム内部の独立を演出しているのである」[☆37]。

このコンテクストのなかで空間や時間はどうなるのか。資本蓄積のモデルは、領域を拡大し、市場や生産や消費にとっての機会を広げることに依存している。この過程の一方の柱が、空間的な成長や膨張に依存しているとすれば、ポスト・フォーディズムの条件のもとでは、この目的を達成するのに一番いい方法は、居場所の流動性や融通性を高め、操業を細分化することである。産業の「海外」流出（すなわち、合衆国やヨーロッパから、開発途上地域へ移すこと）によって、多国籍企業にとってこのうえなく好都合な規制しかない地帯に加工処理施設を輸出したり、労働コストをできるだけ低く抑えるために作業要員を定期的に入れ替えたり、企業の労働力や業務を各地に広く分散したりするのも、すべてこの理屈にかなっている。第二の柱は、時間的なものとみなしうる。それは、電子テクノロジーによる通信の同時性、コンピュータで可能になる取引の迅速化、スピードと直接性を強調する新しい美学や娯楽によってあわされる。これら二つの柱をともに把握するには、グローバル／ローカル軸によるしか理解できない。この軸によって、古いモダニズムの蓄積、膨張、実験、変化のモデルは、現代の諸条件へ媒介される。

ケヴィン・ロビンズとデヴィッド・モーレイは、新しいテクノロジーが、時間と空間の新しい関係のみならず、場所と空間の新しい関係をも作り出すと論じている。すなわち、**現場**(locale) あるいは場所は、ポストモダニティにおける空間化の特殊な形態であり、それがネットワークやコミュニティやアイデンティティを作り出すというのだ。彼らが指摘するには、

☆37 *Ibid*., 29.

通例の地理的近接性によるよりも、電子的に結合される人々がだんだん増えている。彼らの見方によれば、たとえばワールド・ワイド・ウェブのサイトや、テレビやラジオの放送によって生まれるコミュニティは、だんだん重要な現場になっている。ロビンズとモーレイは、ヨーロッパにおける衛星放送を通じて、国民国家がおこなっている「国民的空間」の警備監視に挑戦することについて語り、そのようにしてフロンティアに踏み込んだり領域を侵犯したりすれば、境界と空間との関係が変貌を遂げると主張する。こういう揺さぶりや「境界横断」は、不可避的に国境そのものの正当性を揺るがし、国民や民族のアイデンティティについて疑問を提起するというのだ。だが、テクノロジーが、国境の溶解やモダニティによる政治地図作りへの揺さぶりを促進するとしても、それはまた、当該の諸地域に不均等発展をもたらす「ますます越境性を強めている蓄積」に関与してもいるのである。[☆38]

このような、全地球規模で経営されている差異化の科学は、ターゲット・マーケティングにおいて、その極致に達する。ターゲット・マーケティングは、地図作りのための高性能ソフトウェアを使って、散在する住民にまたがる、きわめて明確に選び出された消費者集団を特定し描き出すデータベースを作り出す。八〇年代広告業界の巨頭サーチ・アンド・サーチ社が流布した格言の言い方にしたがえば、マンハッタン中心街とブロンクスとの違いは、マンハッタンとパリ七区との違いよりも大きい。[☆39]「地理上の近さにもとづくよりも、人口統計学や習慣」にもとづいて、消費者の的を絞ることの重要性が増しつつある、とロビンズは指摘し、それは、「諸活動の管理統制や統括を世界規模で、流動性や柔軟性と」結びつけようとする企業目標の

☆38 Morley and Robins, “Spaces of Identity,” 22.
☆39 Robins, “Tradition and Translation,” 27 からの孫引き。

一部となっていると言う。[☆40] ピーター・チャイルダーズは、こういう地理に頼るシステムが、「敵」に「的を絞る」ための軍事技術の応用からあらわれたということを強調している。[☆41] このような「地理的情報システム」は、国勢調査やクレジット・カード利用記録を通じて、いわゆる個人データを追跡し、コンピュータ上のアイデンティティによる消費者の「想像の共同体」を構築する。チャイルダーズは、この新しい空間の論理がきわめて不均等であることを指摘している。「今日の問題は、資本が、ポストモダンの空間における主体の位置の地図を描けるのに、主体は、みずからの位置を空間的にとらえられないという点にある。マイアミの中位の所得があるヒスパニック系家庭の子どもたちは、都会の空間内におけるみずからの差異を有する位置について見取り図を描いたり、その位置を資本に変えたりする術を知らない（いわんやそれを決定したり、変えたりする術も知らない）が、アービーズ、ウォルマート、フィリップ・モリスなどの企業は知っているし、政府警察隊や、軍事諜報部隊も知っているのである。[☆42]」ウォルマートのヘゲモニーを過大評価するべきではないにしても、ターゲット・マーケティングの実践から学ぶべきは、地方の特殊性に力や可能性があるなどという主張には、ある程度疑いのまなざしを向けなければならないということだ。ロビンズが指摘しているように、地方の経済活動、地方の経済戦略、地方の消費者などへの関心が高まっているのは、「差異や特殊性に対する新しい評価を反映しているかもしれないが、大方は、そこから利益を上げようとする動きでもある[☆43]」。だから、国境や民族的拘束力をかわすように見える、交換と流通の越境的文化に立脚した性急なコスモポリタニズムは、きわめて応急措置的なもので、企業の限界収益点に

☆40 *Ibid.*, 28.
☆41 Childer, "Colors on the Map," 8.
☆42 *Ibid.*, 10.
☆43 Robins, "Tradition and Translation," 31.

結びついている。「ある場合には、新しいグローバルなコンテクストが、大変積極的なかたちで場所感覚や共同体感覚を再創造し、いくつかの場所でめざましいコスモポリタニズムをもたらしていると言えるかもしれない。しかし、他の場合には、地方の細分化が〔……〕地方のこだわりやアイデンティティに対する、ノスタルジアにみち、内省的になった、偏狭な感覚をかき立てているかもしれない。グローバル化が文化的地方主義を新たなコンテクストのなかに引き込み、再解釈するとしても、いかがわしく曖昧なやりかたでそうしているのである。」[☆44]

スチュアート・ホールもまた、ポストモダニティによってもたらされた、フロンティアや境界の不安定化ないし解体が、「排外主義的、防御的飛び地集団」の形成に終わることもあると論じている。このようなアイデンティティ再発見は、種々のファンダメンタリズムとして作用し、「国家的民族主義に劣らず危険な」地方的民族主義につながる可能性もある。[☆45] 語りはじめるための立脚地点を見出した者が、その立脚地点にとらわれることからいかに免れうるか、とホールは問う。発言するために必要な地点と見えるものが、排外的で、偏狭で、閉鎖的で、本質化されたものになることもある。あらゆる発言が「どこかからやってくる」し、つねに言説のなかに「位置づけられている」とするならば、場所や現場や居場所についての根源的な分析が必要となる。さもなければ、アイデンティティを支える領域の奪回要求は、ポストモダニティにおける主体性と政治の働きそのものを神秘化する。ホールはつぎのように書いている。「故国は、新しい民族集団がそれを再発見できるように、あちらの過去で待っていてくれるわけではない。学ばれるべき過去はあるが、過去はいま見えているものであり、歴史として、語

☆44　*Ibid.*, 36.
☆45　Hall, "The Local and the Global," 36.

られなければならないこととして、把握しなければならない。それは語られる。記憶を通じて把握される。欲望を通じて把握される。再建を通じて把握される。われわれのアイデンティティを支えようと待ちかまえてくれている、単なる事実などではない。☆46」

　したがって、「ローカル」なものとは、ほんとうは特定の内在的領域なのではなく、越境的資本主義文化のなかで、それを通して構築されるアイデンティティ群のことだと言えよう。「ローカル」なものが、流動的で関係的であると見られるか、あるいは固定されてファンダメンタリズム的であると見られるかは、「ローカル」を唱える人の、経済的、政治的、文化的ヘゲモニーと向き合う立場、ないし発言の位置によっている。これは、グローバル／ローカル軸の大きな逆説のひとつかもしれない。ローカルなものは、アイデンティティに関わる時間化された物語（新しい歴史、再発見された系譜、想像上の地理、等々）の構築を通して、グローバル化への抵抗をするための主要な場であると見える。だが、ほかならぬその場が、流用と土着主義と排除の基盤を用意するのである。この状態は逆説的かもしれないが、神秘的でも不可抗力的でも全然ない。アルマンド・マッテラートとジャン＝ポール・ピエンムは、この過程についてこう述べている。「ローカルなものは、具体的なものへの回帰の兆しであると思われる。と同時に、それによって再発見された具体的なものは、われわれを〔……〕具体的なものの意味のもとになる、より大きな現実を理解する可能性から、さらに引き離す。〔……〕ローカルなものがほんとうに興味深いのは、それが〔……〕抽象的／普遍的と具体的／経験的とのあいだの弁証法について〔……〕把握を深めてくれる場合のみである。☆47」

☆46 *Ibid.*, 38.

☆47 Mattelart and Piemme, "New Technologies, Decentralisation and Public Service," in *Communication and Class Struggle*, ed. Armand Mattelart and Seth Siegelaub (New York: International General, 1983), 2: 415. Morley and Robins, "Spaces of Identity," 24-25 からの孫引き。

ローカルなものをこのように把握し、たとえば、学識の構築や文化生産に果たすその役割を理解できれば、そういうときには、ポストモダニティにおけるグローバル／ローカル軸についての分析が改善されたことになる。欧米フェミニズム理論が、過去十年間にわたって勇猛果敢にこの問題に取り組んできたのも、おそらく偶然ではない。発言の問題、その力と可能性、その**居場所**と位置どり、性差やジェンダーとの関連における言説の関係性の政治学などは、大勢の批評家や理論家の関心を引いてきた。たとえば、フェミニスト文化批評家エルスペス・プロビンは、「われわれがどこから語り、どの声が認可されるか」という問題として、居場所を分析している。[☆48]一九九〇年に発表された重要な論文「ポストモダンにおける旅——ローカルなものの意味を明らかにする」において、プロビンは、居場所に論及しているからといって、それ自体では革新的ではないと論じている。プロビンが指摘するには、じっさい、居場所を特定するのは西欧における標準的な姿勢であり、キャノン、人種、ジェンダー、その他多くの有標的カテゴリーを作り出す、価値や学識の生産行為の一部をなしている。プロビンの著作のなかでは「ローカル」という言葉は、居場所のもっと特定された——特定の時間のあらわれに深く結びつけられた——様相、および革新的な可能性を秘めた空間的営為を意味している。ローカルなものは、純粋状態で存在しているわけではない。ローカルなものを復活したり奪回したりしても、フェミニズム理論の矛盾にみちた政治性をただちに変えるわけにはいかないし、ローカルなものに訴えても、即効的な万能薬になるわけではない。プロビンはこう書いている。「矛盾とともに生きているからといって、矛盾について語れるようになるわけではない。じじつ、

☆48 Probyn, "Travels in the Postmodern," 178.

具体的な理由によって、語るのは危険かもしれない。サバルタンはみずからの定めた位置を越えて活動すると認識したからといって、ただちになんらかの自由な執行力が獲得されるわけではない。[☆49]」

執行力の問題は、説明能力や責任といった問題と無関係ではない。主体性をめぐる欧米フェミニズム理論は、じつは八〇年代の始めから終わりまで、流動性につこうとした（そうすることで差異を均質化した）か、居場所につこうとした（多くの場合、越境的ないしグローバルな連関や提携関係を見逃した）か、どちらかだったのである。これらの志向に（それに伴う政治や制度上／批評上の実践と）どう折り合いをつけたらいいのか、それが、少なく見積もってもこの十五年間の大部分、フェミニズム理論家たちの念頭を占めてきた。これをめぐる文献は、いまや大きな広がりのうえに立つ学際的なものであり、精読に値する。

グローバルなフェミニズムの限界

局外者はこう言うだろう。「じつを言えば、女としての私には国がないからです。女として私は国なんかほしくありません。女としての私の国はこの全世界なのです。」

——ヴァージニア・ウルフ[☆50]

自分自身の中心や自分自身の地方を作り出しているときに、われわれが忘れがちなのは、われわれの中心が他者を、われわれが作った周縁のなかへ追いやるということである。

——エルスペス・プロビン[☆51]

☆49 *Ibid.*, 182.
☆50 Woolf, *Three Guineas*, 109.
☆51 Probyn, "Travels in the Postmodern," 176.

一九三六—三七年の冬、ヴァージニア・ウルフは、ファシズムと民族主義に反対する、いまや有名になった宣言を、ジェンダー化された立場からの発言として書き上げた。それをウルフが書いてから数十年間、欧米のフェミニストたちはこの発言を敷衍して、価値や願望を共有する女性たちによるグローバルな姉妹愛という夢の正当性について語ってきた。女性が共有する世界についてこういう言葉を書いた人物が、「自分だけの部屋」というエッセイをも書いたのは、偶然ではないだろう。それは、女性が仕事をして精神生活を営むための条件を拡張しようという、近代欧米のフェミニズムによる努力についての古典的論説である。女性の世界と女性自身の部屋という、これら二つのイメージを並列したことで、空間と居場所にウルフが抱いていたモダニスト的関心は明白となる。肉体的、精神的生存に関わる問題として物理的空間への欲求を表現することとともに、植民地世界の膨張や縮小にも向けられた関心である。居場所や空間、女性自身の部屋、「ホーム（本拠）」を家庭から公的分野へ拡張することなどに対するこのような関心は、欧米フェミニズムの特徴のひとつだった。女性のための空間を要求し想像するという、ウルフの強烈な比喩に依拠しつつ、欧米のフェミニストたちは、部屋の模様替えをし、いたるところに女性の世界を確保することを、概念上において進めてきた。

女性のための世界空間を要求することは、空間への考慮だけでなく時間的な問題も提起し、場所だけでなく歴史の問題も提起する。このような要求は、モダニティの概念的枠組みの外部で想像しうるだろうか。「女性」などといったカテゴリーの名において、なんの罪もなく善意にのみ発するものとして世界を要求することができるであろうか。それとも、こういう姿勢は、フェミニズムという文化的帝国主義の一種を復活させようとする動きのしるしであろうか。チャンドラ・モハンティの主張したことによれば、文化横断的妥当性を有すると思われている、「女性」などといった分析のためのカテゴリーを「自然化」するのは、いかなるものにせよ、差異の神秘化にたどり着く。もっと特定して言えば、男性と女性のあいだ、さまざまな女性のあいだ、また、さまざまな国や民族のあいだの差異についての言説を、生産し再生産することにたどり着くというのだ。[☆52]「グローバルなフェミニズム」の立場からの欧米の言説は、「第三世界の女性」**および**「第一世界の女性」などといったカテゴリーを、自然化し全体化してきた。このような自然化が、反帝国主義、反人種差別をめざすフェミニズムの名において脱構築されはじめているとすれば、ウルフのいわゆる世界や部屋に取って代わる構想としての居場所とは、どのようなものか。

「居場所の政治性」による複雑な、逆説的なことも多い実践のなかにこそ、フェミニズムに立つポストコロニアル的ポストモダンの言説が、批評の相互にからみあった主題として浮上している。「居場所の政治性」という用語は、はじめ、一九八〇年代初期にアドリエンヌ・リッチが発表した一連の論文で使われた造語である。これが、数々の分野や学問で、地域的な、特殊な、ローカルな利害への関心を表現する有益な言葉として取り上げられるようになった。フェミニズムの限界と、合衆国の女性運動に及んだ人種差別や同性愛恐怖症の影響を、リッチがきわめて強烈に批判した八〇年代初期に、彼女の著作のなかで、居場所の政治性という観念が素

☆52 Mohanty, "Feminist Encounters," 31.

描された。そこでは、合衆国の人種差別や、エリート的ないし学者的フェミニズムの実践における「女性」という言葉の、ヘゲモニーに荷担するような使い方が脱構築されていた。この観念がリッチの論述を越えて働きだすにつれ、この語の意味転化や文化上の変容の過程が始まった。現時点では、この観念は、他国の文化における西欧の「利害」を示すしるしとして機能するとともに、ディアスポラ的アイデンティティ形成の兆しにもなっている。それがヘゲモニー形成への抵抗を促すか、学者の世界におけるそれ自体の物象化になる——ヘゲモニーそれ自体の道具と化す——か、あるいは、居場所や移動をめぐる言説の重要な変化のしるしとなるか。それは、当然のことながら、この概念を誰が、どのようなコンテクストで使うかにかかっている。

「居場所の政治性」という用語が一九八〇年代初期に目立つようになったのは、とりわけ北米のフェミニズムによる差異の表現としてであり、さらにもっと特定して言えば、白人であることの位置やアイデンティティや特権を問い返し、脱構築するための一方法としてであった。居場所の政治性という概念についてのアドリエンヌ・リッチによる考察は、合衆国のフェミニズムについての規定や位置づけをめぐっておこなわれた、十年以上に及ぶ闘争から生じている。一般には、合衆国の女性運動における、また、特殊には、学者的フェミニズム言説における人種差別や同性愛恐怖症は、女性間に苦痛にみちた分裂をもたらした。そのために白人フェミニズム主流派は、類似性や均質性を主張することから差異を考察することへ重点を移すように迫られた。この変化——今なお未完成で終わっていない変化——の不均等で、分裂的で、緩慢な過程は、学者的フェミニズムの主流派が、「理論」を形成するときに享受している制度上、階級上、人種上の特権を説明しようとしたときに逢着した困難を証し立てている。合衆国の女性運動内部の闘争や、ジェンダーというカテゴリー内部の差異を明確にしなければならないという活動課題の浮上と同時に、ポスト構造主義の方法論が導入されたことも、学者的フェミニズム内部の差異を究明することに新しい価値を与えた。それゆえ、居場所の政治性に関するリッチの論文は、北米白人フェミニズム運動の転回点で、活動家の言説にも、学者の言説にも噴出した「差異」のあらわれと解することができる。

アドリエンヌ・リッチは、詩人、政治活動家、教育者、出版者として、北米のもっとも緊要な社会問題に、数十年にわたって関わってきたことから生じる文化的影響力を獲得するにいたった。公民権運動と欧米の第二波女性運動初期に、詩人として登場したリッチは、散文においては、学者的な著作からもっと大衆的な社会評論の領域へ移った。☆53 リッチは、三十年近くにわたり、合衆国文化内の、ジェンダー、人種、セクシュアリティにおける周辺的立場について研究してきているのだが、彼女の著作は、同類の他の多くの著作家や活動家よりも広く読まれており、文化的にもっと認められている。居場所をめぐる問題が、現代合衆国のフェミニズム理論において政治化されるようになるのは、集団性（「われわれ」の構成する特性）を文化的に主張することと、周辺性や排除を経験したこととのあいだの複雑な関係というコンテクストにおいてである。

一九八六年刊の論集『血、パン、詩』のなかのいくつかの論文で、リッチは、八〇年代初頭

☆53　七〇年代中葉から末にかけて、女性学における重要人物となったリッチの位置は、西欧の母性と女性の経験についての彼女の研究『女から生まれる』、および論文集『嘘、秘密、沈黙』の発表によって確立された。北米フェミニズム思想や実践に果たした彼女の最大の貢献は、レズビアンのアイデンティティやさまざまな人種の女性たちの関係といった問題をめぐるものだった。『不吉な知恵』の出版や、八〇年代に花開いた女性学のなかで彼女がますます目立ちはじめたおかげで、彼女は広い層の読者を獲得するようになった。八〇年代の著作でリッチは、引き続き、ユダヤ系アメリカ人にしてレズビアンというアイデンティティを理論化し、一九七八年に発表した論文「文明に不実を働く——フェミニズム、人種差別、女性恐怖症」ではじめて取り上げた思想を

にサンディニスタ支配下のニカラグアで開催されたある学術集会に、合衆国代表として参加したときの旅行中、居場所の政治性という概念を練り上げはじめたと述べている。この物理的移動に影響されて、国々や諸国民のあいだの力の差を彼女が意識するようになったと、きわめて明確に語っている。リッチが言うには、「あちらへ行くこと」によって、北米人としての自分の居場所に対する感じ方が変わったのである。とりわけ、帰国後に書かれた最初のエッセー。たとえば、食料や保健活動や識字運動は、無料の避妊や中絶よりももっと重要だとは言えないとしても、それに劣らず重要だということ。社会変革についての根本思想は変わったわけではない。つまり、もっとも権力を奪われた者たちに権力を与えて、「根底から築き上げよ」と信じていることに変わりはない。変わった点は、無力な者たちを構成しているのは**誰**なのか、ということについての見方である。すなわち、無力な者たちのなかには、女性だけでなく男性も含まれているということである。自分の国籍が自分をニカラグアの男女よりも、世界全体のなかではもっと有力な存在にしてくれていると認識することによって、リッチは新しい課題を携えて帰国することになった。「私は帰国したとき、合衆国のフェミニストたちには、**われわれがここにいるからには**、合衆国が中米から手を引くようにさせるたたかいを支援しなければならない、特別の理由があると感じた。そうしてこそ、中米の女性にも、活動する余地がもてるようになり、彼女たち自身の女性としての優先課題を指し示せるようになる。この可能性は、われわれ全員に関係しているのである。[☆54]」

　この一節からはっきりとうかがえるように、合衆国の女性たちは、「故国」の状態を変革す

敷衍している。リッチの散文としては、以下を参照せよ。*Of Woman Born; On Lies, Secrets, and Silence; Blood, Bread, and Poetry; What is Found There.*

☆54　Rich, *Blood, Bread, and Poetry*, 159.

るために活動することによって、他国の民衆の生活に直接影響を及ぼすことができるという確信を、リッチは深めてきた。合衆国のフェミニストたちは、他国に正しいフェミニズムの考え方や活動方法を指令する伝道運動に携わるよりも、外交問題を含めて、これまでよりもはるかにもっと広い範囲の諸問題に向けて、活動していかなければならない、とリッチは主張する。八〇年代初頭には、こういう路線に沿った主張は、多くの欧米白人フェミニストにとっては目新しかったのであり、西欧近代の新植民地主義からの訣別を示していた。

居場所の政治性に関してリッチが書いた論文は、みなそれぞれこの認識を軸にしている。すなわち、北米のフェミニズムは、主として白人ミドルクラスの女性に支配されており、他の環境や別の地域に暮らす女性たちが、別の課題や他の優先事項を抱えているかもしれないということに気づかなかった、という認識である。リッチは、自分のフェミニストとしての実践が、一般的に言って狭いものだったし、もっと具体的に言えば、合衆国の外交政策によってイデオロギー的に組み立てられたものだった、と気づくようになっている。リッチの文章によれば、「われわれのなかには、みずからをラディカルなフェミニストであると称しながら、女性解放という言葉で、支配のない社会を創造するなどという大それたことをめざすつもりになっていた者もいた。〔……〕問題は、われわれは『われわれ』と言うときに誰のことを言っているのか、わかっていなかった点にある[☆55]」。

「われわれ」を問題含みのカテゴリーと描き出すことによって、居場所に関するリッチの論文は、以前のフェミニズム言説から劇的な訣別を遂げている。「単にみずからを中心に据えるの

☆55 *Ibid.*, 216.

ではなく、白人による線引きに抵抗するような、西欧白人フェミニストの意識を積極的に築くために、われわれはいかに活動するのか。[☆56]」この文における「われわれ」は、明らかに「西欧白人フェミニスト」のことを意味しているし、「われわれ」という言葉をこのように自意識的に取り出してみせるのは、支配的なフェミニズムの中心を周縁から区別しようとする、リッチの新しい関心のあらわれである。この手口は、中心化による脱中心化とも言えるものであり、支配的フェミニズムの中心性に対する自意識的な総括にして否定である。それは複雑な手口であり、もっと詳しく解明する価値がある。というのも、他のかたちの理論的脱領域化と同様に、権力に対する脱中心化ないし揺さぶりは、言説のレベルにとどまっているからである。言葉やイメージの上で築かれている、このような修辞上の戦略の効果は、無意味でもないが、完全に事態を変えるものでもない。それは、さまざまな力関係にある女性たちのあいだの葛藤に、部分的な変化をもたらすのであり、そうすることで、これらの力関係の歴史における特定の契機を構築するのである。

したがって、リッチの居場所の政治性にとって決定的なのは、西欧白人女性が、この世界の真の推進者たち——白人男性——との関係においては周辺的に見えるにしても、西欧白人女性自身によって周辺に追いやられた他者もいると認識したことである。リッチは「われわれ」に、この不平等な動力学を変えるために、この周辺化の責任をとれ、この過程に「われわれ」も荷担していることを認めよ、と求めているのである。「変革をめざす運動は、変化する運動である。みずからを変革し、みずからを脱男性化し、みずからを脱西欧化し、それぞれの異な

☆56　*Ibid.*, 219.

る声、言語、姿勢、行動によって、ものを言う批判的大衆になっていく運動である。変わらねばならない。われわれ自身がそれを変えねばならない。[☆57]」社会変革をめざすフェミニズム運動は、いかにしてみずからを「脱西欧化」するのか。リッチが提起するのは、居場所の政治性である。それによって北米白人フェミニストたちは、「白人であること」の意味を究明し、「われわれの居場所を認識し、われわれの出身基盤、つまり、われわれが当然と受け取ってきた諸条件を、あばき立てなければならない[☆58]」。

リッチは、このような脱構築の方向に以前から向かってはいたけれども、オードリー・ロード、バーバラ・スミス、ミシェル・クリフ、その他、この間にリッチが共闘していた合衆国の有色人種の女性たちによる批判なしには、居場所の政治性という彼女の発想も、うまくまとまらないままに終わっていただろう。したがって、「脱西欧化」は「故国」で始まったとみなしうる。だが、みずからの「排外主義」に対する彼女の徹底した批判は、国内における対話の枠内でなされたわけではなく、外国に旅行したあとの余波としてあらわれた。それゆえ、居場所の政治性は、それが用語としてはじめて表現された段階では、合衆国の地理的境界**内部**の白人女性と有色人種女性とのあいだの差異をめぐる議論を**押し隠して**、新しい二項をもちこんだとみなしうる。つまり、合衆国の白人女性対合衆国外交政策の犠牲者という二項である。「われわれ」と「彼ら」とのこの浮動する境界は、リッチが、自分の旅と、自分のフェミニストとしての課題意識と、自分の視点とにもとづいて設定したものである。この設定のなかでは、合衆国の有色人種女性の主体や、彼女たちのディアスポラや移民についての関連しあった多彩な歴

☆57 *Ibid.*, 225.
☆58 *Ibid.*, 219.

史が含まれる余地はなく、合衆国の国家主義的アイデンティティや戦略目標に対して示される、矛盾して複雑なさまざまな政治的立場も顧慮されていない。

だから、居場所の政治性を明らかにしようと努力しているものの、リッチは依然として、グローバル／ローカル軸を対立と見るありきたりな考え方にも、西欧と非西欧を二項として構築する考え方にもとらわれている。彼女は、「北米のフェミニスト」の居場所を均質化することによって、一様のものとされた「グローバルなフェミニズム」（「女性共通の世界」というシナリオ）を脱構築している。だが、かつてのリッチは、北米女性のあいだにある差異を脱構築したときに、グローバル内の違いを無視ないし軽視していると思われた。このような両極端へのぶれは、一般化された対立を両極に据える二項的構築においては、はじめから予想できる成り行きである。リッチの居場所の政治論に見られる独特な問題は、旅を自己変革の機会とみなすしきたりにとらわれている点に、その根源をたどりうる。旅に対する西欧の捉え方に内在する二項性を批判できないために、リッチは自分の「故国」を「よそ」の視点からすっかり書き換えている。だが、合衆国内で有色人種女性との連帯を築く活動に十年以上も携わっていたことも、居場所の政治論に見られる考え方の多くをもたらした要因としてあげてもいいであろう。説明責任の問題は、したがって、北米女性が南米女性に対して負っているだけではなく、故国合衆国内の女性のあいだにもある。

リッチによる脱構築は、マスター・ナラティヴに対するポスト構造主義的な揺さぶりと、唯物論的土台に由来する政治的関心とを架橋しようとする、一群の欧米批評家たちの想像力をとらえたようである。[☆59] 居場所についての理論家たちは、いかなる固定的立場にも本質主義を嗅ぎつけるポスト構造主義者からの批判を気にしており、政治運動のためにアイデンティティを非歴史的に神秘化する傾向と、哲学的純粋さを求めるために反歴史的な普遍化がおこなわれる傾向とを、折り合わせようと苦心する。だから、リッチの居場所の政治論は、地政学を見据えながらみずからの立場を吟味する批評家たちに、脱中心化の手口を煽ってきた。たとえば、ニール・スミスとシンディ・カッツは、リッチの批評実践のなかで決定的な、彼らが「二重の術策」と名づけたものを指摘している。「リッチの立論のすばらしい点は、かたちの定まらない相対主義に滑り込むことなしに社会的アイデンティティの関係性を保持していると同時に、社会的および地理的な居場所の当然視されてきた固定性を突き崩していることにある。[☆60]」彼らの主張では、リッチは、「さまざまな居場所を特定するための基礎となる地図が描かれる過程そのもの」に疑問を突きつけ、社会的な居場所と地理的な居場所とを、力動的な関係においてつなげている。リッチは、欧米の「グローバル」なフェミニズムが抱く、女性の統一的な世界という展望から袂を分かち、地図を作ったり、名指したり、課題を設定したりすることに、問題含みの権力が潜んでいると認めているのである。

しかしながら、居場所の政治性をこのように実践すれば、「西欧」と「白人」を同一視し、欧米フェミニズム内で白人女性の立場が中心であることを再承認することになる。これに輪をかけた危険のともなう実践は、この用語を、フェミニストの説明責任をめぐる論争のコンテクストから引き離して、文化相対主義礼賛のために利用し、権力関係を神秘化し体系化する差異

☆59 この架橋の企てのための有益な序論としては、Weedon, *Feminist Practice and Poststructuralist Theory* を参照せよ。

☆60 Smith and Katz, "Grounding Metaphor," 77.

の越境的「お祭り騒ぎ」の表現にする。一部のリッチ解釈（たとえば、経験の政治学に関する一九八七年のチャンドラ・モハンティ論文[☆61]）は、フェミニズムの立場からの反帝国主義的文化批評のなかにこの具体的な立論を組み込んだけれども、リッチの発想になる居場所の政治性の流布版は、人種と帝国主義に対するリッチの関心を、必ずしも強調していない[☆62]。このような均質化を念頭に置いたラタ・マニは、「多元的媒介作用」において、居場所の政治性の修正が必要だと論じている。この修正の結果、「経験と知識との関係は対応関係ではなく、歴史と偶然性と闘争を包蔵した関係であると見られるようになる」ことが明らかになる[☆63]。この実践においては、居場所の政治性は激しい抗争に巻き込まれ、力動的な緊張を帯びた用語として作用し、論争と変革をめざす理論化の兆しとなる。

　同様の趣旨で、ジェイムズ・クリフォードは、「旅と理論に関する覚え書き」において、リッチの発想になる居場所の政治性に依拠して、欧米の理論の全体化をめざす傾向に疑問を呈し、「居場所とその系譜学的、物語的機能とに対する抑圧」を問題化している[☆64]。クリフォードは、特殊性の主張と普遍性の主張とのあいだに折り合いをつけ、本質主義的にとらえられた経験に「基礎をおく」こともなく、文化横断的および歴史横断的な「全体像」のなかに解き放たれることもないひとつの方法として、リッチの居場所の政治性をあげる。クリフォードは、このような批評実践における居場所は、むしろ、ダイナミックで、歴史化され、内在的に多様であると論じている。

☆61　Mohanty, "Feminist Encounters."

☆62　リッチの用語を、もっと相対主義的に、あるいは、管理された多様性を美化する姿勢に引きつけて解釈する一部の議論については、私は以下の拙論で論じた。"The Politics of Location as Transnational Feminist Practices," in Grewal and Kaplan, *Scattered Hegemonies*, 137-154.

☆63　Mani, "Multiple Mediations," 4.

☆64　Clifford, "Notes on Theory and Travel," 179.

ここにおける「居場所」とは、安定した「本拠」を発見したり、共通の経験を見出したりするということではない。それはむしろ、具体的な状況で違いをなす差異を意識するということなのである。つまり、「女性」とか、「家父長制」とか、「植民地化」などといった理論的カテゴリーの構築を、力づけるとともに抑制もするような、さまざまな刻印や「場所」や「歴史」を認識するということなのである。そのようなカテゴリーこそ、真摯な比較論的学識にはもちろん、政治行動にとっても不可欠なのである。だから、「居場所」とは、具体的に言えば、**一連の**居場所や出会いのことであり、多様だが限られた空間内の旅のことなのである。[☆65]

居場所を旅の一部として、静止した単一のものではなく、移動や多様性を孕んだものとして見ることは、場所についての理論化を、時空の収縮からあらわれうる逆説的な物質性につなげることになる。空間に時間をもちこむことは、歴史の生産を経由した空間化に通じる。ポストモダニティにおいては、どのような歴史がこれを果たすだろうか。あるいは、むしろこう言うのがよければ、アイデンティティや主体性にかかわるどのような要求が、欧米の批評実践における空間化を通じて歴史を生み出すことになるのか。

具体的には、合衆国フェミニズム批評の、人種差別的で自民族中心主義的な傾向に対するせっぱ詰まった認識から生まれた、居場所の政治性という観念は、欧米の批評に、まさに以上のような疑問を突きつける一助となってきた。リッチの論文が八〇年代末から九〇年代初頭にか

☆65　*Ibid.*, 182.

けて広く普及したことにともない、これに合流するように合衆国の学問界でおこなわれた、植民地主義的言説、エスニック・スタディーズ、フェミニスト研究をはじめとする批評活動は、主要な言説としての「居場所」が理論のなかに占める地位を高めた。主体に関するポスト構造主義理論に見られた相対主義やニヒリズムに懸念を抱いた人々にとって、「居場所」は、自由に浮動するシニフィアンとしてのアイデンティティを、歴史化された場のなかに位置づけてくれると思えた。「本質主義」(欧米のフェミニストたちに愛用される、生物学的決定論や還元主義をあらわす宣伝文句)の、感傷的ないし素朴な行き過ぎを避けることに心を砕いていた人々にとって、「ローカル」は、歴史と科学と根源的偶然性を媒介して、物質的でありながら構築されたものであることは誰の目にも明らかな、実体ないし現前を提起してくれた。これらの妥協や折り合わせの支えには、つぎのような認識がある。すなわち、政治的必要、いや、緊急性から、普遍性と特殊性、類似性と差異、本拠と外地とのあいだの意味深い緊張を理論化する必要に迫られているという認識である。

重大な問いが残されている。つまり、差異や居場所や旅について書くのは誰なのか。また、誰が得をするのか。ロシ・ブライドッティが指摘するように、「説明責任と位置拘束性とはたがいに付き物である」[☆66]。したがって、説明責任をめざすたたかいにとって必要になるのは、位置拘束性と、その結果獲得された居場所からもたらされた知との折り合わせである。ヴィヴェク・ダーレシュワルは、リッチのエッセーを直接参照しながら、居場所の政治性が、論者自身の行動についての説明責任をともなっていると論じる。「このたたかい、また、みずからの特

☆66 Braidotti, *Nomadic Subjects*, 168.

権を問題にし、それにともなう責任をとることは、まず自分からはじめなければならない。〔……〕この問いかけ、その緊急性を呼び起こすのは、未来の『われわれ』から生まれる可能性、闘争を排除することなしに、相互に高められた弱みに余地を残すような、政治的共同体の可能性である。[☆67]」

このような説明責任をもたずには、欧米フェミニズムの批評実践は、「情報検索」のための物質的条件を十分に検証しないままにとどまるであろう。テクストや情報や視点を、いわゆる周縁から解釈するときに働いている受容の政治性を無視し、生産や流通や交換を支配しているグローバル／ローカル軸の上の諸関係を歴史化することもなく、「余地を与え」たり「空間を作りだし」たりすることによって、「差異」を認めさせようとするだけであろう。もっとも重要なことは、文化的、社会的中心性を帯びたフェミニストたちが、「他者」との共感や親しみを求めるみずからの強い欲望の根底をなしているのは何か、検討しなければならないということである。理論の生産や受容における居場所の政治性を考察すれば、他者を欲望し、招き寄せ、入れてやるための空間を譲ってやるという姿勢から、文化的な比喩や価値に賭けているみずからの負い目を説明できるようになろうという姿勢へ、探究の方向が変わりうる。このような説明責任によって、フェミニズム実践の立脚点は、尊大な（まるで多様な文化的生産が真空の社会でおこなわれているだけと見るような）相対主義から、多様な居場所を占める女性たちのあいだに生じた媒介、裏切り、同盟などの歴史的役割を承認するような、複雑な解釈を踏まえた実践へ移りはじめることも可能となる。

☆67　Dhareshwar, "Marxism, Location Politics," 52.

ローカルのジェンダー化――立場の認識論

だから、一部のフェミニストたちから見たポストモダニズムの危険とは、相対主義に陥る危険と、理論を放棄する危険の両方なのである。フェミニストたちは、モダニズムの「どこでもないところからの見方」を拒否する者も多いが、ポストモダニズムの方向を、それに劣らず問題含みの「あらゆるところからの見方」に通じるものではないかと疑問視する。ポストモダンの立場内部で、首尾一貫した理論や政治は可能であろうか。

――リンダ・J・ニコルソン[☆68]

移動と定位、脱領域化と再領域化、ノマド主義と本拠のあいだの緊張を、どのように調停すべきかという問題は、欧米フェミニズムの批評実践につきまとっている。[☆69]この関心は、ローカルとグローバル、中心と周縁、本拠と外地、あるいは一国と国際とのあいだの関係などと、さまざまに異なる表現をとっているにせよ、国境や境界や差異の状態が有する意味を探究しようとする姿勢は、理論的言説のなかに満ちみちている。フェミニズムによる探究は、さまざまな知の集合体、物理的肉体、地帯を主題として共存させつつ、人種、ジェンダー、性志向、階級における差異にみちた物質的生活の社会的構築を明らかにしようとしている。フェミニズムの立場からのこのような研究は、諸学複合的方法論に立つカルチュラル・スタディーズだけでなく、新たに登場しつつあるポストモダン地理学の枠組みにも依拠して、七〇年代、八〇年代の欧米ポスト構造主義による業績の大部分を組み換え、統合し直している。人種主義のコンテク

☆68　Nicholson, introduction to *Feminism/Postmodernism*, 9.
☆69　この点に関する文献はきわめて豊富である。本章で、これら大量の著作を論じる余裕はないが、興味のある読者には以下の基本文献をあげておきたい。Haraway, "Situated Knowledges" in *Simians, Cyborg, and Women*, 183-202; Braidotti, *Nomadic Subjects*; Anzaldua, *Borderlands/La Frontera*; Ferguson, *The Man Question*; Davies, *Black Women, Writing, and Identity*; Bammer, *Displacements*; Ochoa and Teaiwa, "Enunciating Our Terms"; Taylor, "Re: Locations"; Bondi and Domosh, "Other Figures in Other Places"; Chen, "Voices from the Outside"; Santos-Febres, *The Translocal Papers*; Lugones, "Playfulness, 'World'-Traveling, and Lov-

ストにおける「性差」、新植民地主義的グローバル化のコンテクストにおける「ポストモダニズム」、レズビアン、クイア、トランス・ジェンダーからの批判の路線上における「ジェンダー」。これらの論点をめぐる論議は、欧米フェミニズム理論の引火点を引き上げてきた。

これらのフェミニズム理論の大部分は、差異と類似のあいだの緊張を直視し、「グローバルなフェミニズム」の限界を認識し、普遍化をめざすようなジェンダー理論の権力的な手口を批判している。だが、分析のための主要なカテゴリーとして、ジェンダーという一般化された観念にこだわる姿勢が、この一見「ポストモダン」な著作群の多くに頻出している。まさにこの手口、つまり、普遍化に手を貸す独自性の表現のなかに差異や多様性を打ち出すやりかたは、「立場の認識論」に連なる思想的潮流の特徴である。いわゆる立場派は、欧米フェミニズム理論のなかで活発な論争を引き起こしてきた。とりわけ合衆国においては、人種や階級の特権をめぐる政治闘争が、論争の帰趨にかける期待を強めた。ジェンダーを独自の立場とする考え方は、アドリエンヌ・リッチの居場所の政治性とほぼ同時期に、フェミニズムの思想や政治行動の基盤を確立しようとしたナンシー・ハートソックの創案になる。これは、グローバルな規模で統一された女性同士の団結という発想に劣らず、危なっかしい。すなわち、ジェンダーによって可能になる立場がひとつだけあり、これによって女性が、共通の経験から得られた視野のもとに連帯できるというモダニズム的思想は、多元的な場におかれたさまざまな主体や、多様な批評実践が見られるポストモダンの実態から疑問を突きつけられている。居場所に対するリッチの分析は、統一的な立場を脱構築しようとしているのに、ジェンダー化された立場を唱道

ing Perception." 以上は、言うまでもなく、居場所や位置拘束性やアイデンティティをめぐる論議に刺激を与え、洞察に満ちた業績の、ほんの一部を列挙したにすぎない。

するハートソックは、一種のグローバルなフェミニズムを再度打ち出している。特定の利害によって規定される条件の上に、共通の基盤を想定するものである。

ハートソックが「モダニズム再考――マイノリティ理論対マジョリティ理論」という論文を発表したのは、七〇年代から八〇年代にかけてフランスの影響を受けたポスト構造主義が進出してきたことに対して、合衆国のフェミニストたちのなかに広まった懸念を背景にしていた。とりわけ、バーバラ・クリスチャンの言い方によれば「理論獲得競争」によって、フェミニストたちのあいだに分裂が生じたことに関連していた。[☆70] 政治行動と学園との関係が、つまり、公民権運動、第二波フェミニズム運動、反戦運動から生じた社会運動の政治と、新しい「理論」を生み出した、大学運営や教職をめぐる政治との関係が、厳しく問われた（現在も問われ続けている）のだ。ハートソックは論文の冒頭で、「さまざまなグループによる政治行動を基礎づけるためには、どのような知が必要とされているか」と問う。[☆71]「ポストモダニズムに依拠するのは、周辺化されたいかなるグループにとっても、危険な道の代表的なものである」という彼女の結論は、主体性や歴史や政治や居場所ないし位置拘束性についての、無数の前提的解釈に立っている。すなわち、ハートソックは、女性のあいだに差異があるとは言っているものの、自分とは異なる利害を有する女性に対しながら、自分自身の差異ないし位置拘束性を特定できずにいるのである。

ハートソックは、「超越論的」で「全能の理論家たち」――ここでは、唯物論者ではないポスト構造主義者のことだと理解される――は、自分たちが「時間と空間と権力関係の外側に」

☆70 Hartsock, "Rethinking Modernism" を参照せよ。また、同じ本に所収の Christian, "The Race for Theory" も参照せよ。
☆71 Hartsock, "Rethinking Modernism," 19.

存在していると思いこむことによって、研究対象たる「他者」を作り出していると主張する。[☆72]彼女は、全体化をめざす「理論家」の権力に従わなかった社会運動を列挙して、フェミニストたちの立場を、そのような支配に反逆した「他者」であると規定する。「歴史の主体になることを認められなかったわれわれ、みずからの歴史を作ることを許されなかったわれわれは、われわれの過去を取り戻し、われわれの未来を自身の望むように作り替えはじめている。」[☆73]ハートソックは、理論獲得競争に抵抗し、政治的、理論的対話をやり直すような「解放運動」の連合を、隠然、公然と提唱している。しかし、ハートソックは、リッチがおこなっているようなかたちで、「われわれ」の成り立ちを問うてはいない。居場所の政治論のなかでリッチは、集団的アイデンティティについての勝手な思いこみが、権力関係を偽装していると論じている。ハートソックは、階級や人種の違いを無視して、「われわれ」という総称的なカテゴリーのなかに女性を包摂することによって、静態的なアイデンティティを作り出しているが、これでは、ポストモダニティが生み出す複雑な主体性や文化的生産条件を説明できそうもない。アイデンティティ・ポリティクスをもち上げようとして「ポストモダン」をただ拒絶するだけでは、文化的ナショナリズムをよりどころにした連合に帰着するのが関の山にもなりかねないのである。

合衆国のフェミニズム言説のなかでは、八〇年代を通して、連合のモデルがだんだん重要になってきた。そのころ、白人優位、ホモフォビア、階級特権などの歴史や遺産に取り組もうとするさまざまな層の活動家や学者のあいだで、「差異」の重視が目立ちだしていたのである。[☆74]

☆72 *Ibid.*, 25.
☆73 *Ibid.*
☆74 以下を参照せよ。Lorde, *Sister/Outsider*, Bulkin, Pratt, and Smith, *Yours in Struggle*; Bookman and Morgen, *Women and the Politics of Empowerment*; Albrecht and Brewer, *Bridges of Power*.

欧米のフェミニストたちの多くは、女性の共通の世界や独自の経験を言い立てるよりは、唯物論的フェミニズムによる分析という固有の基礎を失うことなく「差異」を説明できるような、在来のものに取って代わる枠組みを築こうと苦心した。その基礎とは、女性の身体であり、男性中心主義的世界のなかで女性の身体が営める経験であり、また、女性の生活の分析から明らかになるかもしれない共通要素である。「居場所」の理論化は、生物学的決定論やグローバルなフェミニズムの相対主義に陥ることなく、女性の生活の具体性を基礎づけるためのひとつの戦略だった。しかしながら、「立場の認識論」は、歴史的に特定されたかたちで主体がいかにジェンダー化されるようになったか、ということについての理解に、地政学を結びつけるための手がかりとして位置拘束性を打ち出さない。むしろ、位置拘束性は、一般化が可能だと称される視点を埋め込むための手がかりになると主張するのである。このような位置の定め方は、権力関係を再生産する。何よりもまずそういう権力関係に対してこそ、欧米のフェミニズムが抱える人種差別と自民族中心主義に対する批判があらわれたのだ。ハートソックのいわゆる「立場」は、審美化されたポストモダニズムにモダニズムを対置し、越境主義やヘゲモニーによるグローバル化に反対して民族主義を擁護し、別個の存在からなる連合を支持しており、マルクス主義の伝統としての弁証法的唯物論から訣別しきれていない。だから、女性は、共通の立場を通じて結集され、みずからの抑圧された状態とともに、相互間の重要な差異いっさいをも超越することになるというのだ。

連合政治に関するバーニス・ジョンソン・リーゴンのよく知られた論文を解釈しつつ、ハートソックは、民族主義や、アイデンティティ・ポリティクスを基礎にした社会活動によって、運動の強化が可能になると言う。リーゴンの文章をきわめて選択的に引用して民族主義支持の立場を打ち出すハートソックは、ポストモダン／ポスト構造主義の批評実践を一般化してとらえて、それに対する不満を述べている。「どうもきわめてあやしいと思えるのだが、歴史上のこの時点において、数々の集団が『民族主義』に乗り出し、周辺化された他者の再定義に取りかかっているというのに、学者の世界では今になって、『主体』とは何かとか、世界を記述する一般理論は可能かとか、歴史的『進歩』とは何かとか、そんなことについての懐疑が生じてきている。これまで沈黙を余儀なくされてきたわれわれの多くが、みずからを名乗る権利を要求し、歴史の客体ではなく主体として行動しはじめている、まさにこの瞬間に、主体性の概念が『問題含み』になるのは何故なのか。[☆75]」ハートソックは、欧米フェミニズムが、「この瞬間に」だけでなく、近代のはじめから、とりわけ一九世紀に（たしかに多くの場合、貧しい、非白人の、植民地の女性たちの主体性を犠牲にしてではあれ）自我を主張しはじめたという事実を無視している。これらの歴史をもっとくわしく見れば、ハートソックのいわゆる「解放運動」にこめられた連合という理想はぐらついてくる。世界中の女性は支配に抵抗して、グローバルなフェミニズムや、男性中心的民族主義、各地のエリートによる権力関係、「低開発」などをはじめとする、近代が生み出した数々の慣行とたたかってきた。「モダニズム再考」におけるハートソックのいわゆる「解放運動」は、じつは、大ざっぱと言えるほど総称的である傾向が強く（たとえば「女性の解放」、「脱植民地闘争」、「人種解放運動」）、これらの運動内部で

☆75 Hartsock, "Rethinking Modernism," 25.

おこなわれている、人種差別や階級特権や性差別やその他さまざまな差別や支配に対するたたかいを抹消している。具体的に見れば明らかになるように、「われわれの」沈黙も、不均等に生産され、経験されてきたのだ。

政治の地理と文化の形成とのあいだの物質的関係に対する明確な分析がないかぎり、理論として通用するのは何なのかという問いは、学識を表現したり産出したりするのは**誰**なのかという問いにつながる。「アイデンティティ」を並べ立てる目的は、無力状態を克服するための真正性や権力を与えることにある。立場は、位置を定めることの利害や学識生産の物質的条件に対する関心に通じているが、アイデンティティ・ポリティクスにつながることによって、中心と周縁、「われわれ」と「彼ら」といった二項を復活させる。たとえば、欧米フェミニズム理論のなかのポスト構造主義的相対主義の「ポストモダン」的な行き過ぎを批判するために、ハートソックは、リーゴンの連合政治論を民族主義支持派に属すると解釈する。すなわち、分離主義的な政治行動を唱道していると読み解いているのである。リーゴンは、公民権運動やフェミニズム闘争における長年の活動家にして、合唱団〈スウィート・ハニー・イン・ザ・ロック〉の創立者であり、合衆国社会文化史において重きをなしている著作家である。その著作の大部分で、アイデンティティ・ポリティクスについて論じている。リーゴンの論文は、バーバラ・スミスの編集した重要な論文集『ホームの女たち——黒人フェミニスト論集』（ウィメン・オヴ・カラー・プレスの企画したキッチン・テーブル叢書創刊時の一巻）中の一編として、一九八三年に発表され、流布するようになった。それは、その後の十年間における合衆国のフェミニストたちのあいだで、連合や共同体、アイデンティティ・ポリティクスをめぐる論議に、強い影響を与えた。しかしながら、この論文を民族主義支持の立場に立つものと解釈して「ポストモダニズム」批判に援用していることからはっきりするのは、「自我」や「民族」の主張というようなモダニティの枠組みによるアイデンティティ主張への執着である。

リーゴンの論文が最初に発表された場は、合衆国のある女性音楽祭であった。この音楽祭では、「女性中心の」参加者の内部に巣くう人種差別と階級差別に対して、ラディカルなレズビアン分離主義と文化的民族主義の戦略にもとづく闘争がおこなわれていた。生き残りのための政治的、文化的方法としての分離主義からもたらされる積極的帰結と否定的帰結について考察しながら、リーゴンは、このような戦略が、抑圧された集団や個人の文化的生き残り、および物理的生き残りのためにすら、決定的に必要な空間を作り出しうると主張した。「この空間は、〔……〕人々が自分たちについて何を言っているのかを選り分け、自分たちがほんとうは何者なのかを見定めるための、自分たちを守り育ててくれる空間となるはずである。そしてこの余裕を利用して、もし自分たちが社会を運営していける場合にこうなりたいと思う人間像を、みずからとみずからの共同体の内部に築いていこうとする。じっさい、この小さな閉ざされた空間で、入ってこようとする者を一人残らず検査できる場合にこそ、共同体を実現していると言える。この空間こそが世界そのものだというような顔をしていられるからだ。[☆76]」だが、リーゴンが警告するには、このようなやりかたの限界は、それが世界では**ない**——また、世界がこちらのそんな分離行動を容認するはずもない——という点にある。だから「この閉ざされた空間の

☆76　Reagon, "Coalition Politics," 358.

内部にとどまることによって生き延びることができるという可能性はない。〔……〕もうひとつの点において民族主義は反動的なものとなる。多くの人々からなる世界のなかで生き延びていくには、民族主義ではまったく立ち行かないからだ」[☆77]。あれほど緊急に必要と感じられていた分離された空間から外へ出ていくのは、怖いことでもありうるけれども、リーゴンの論じるところによれば、「『自分専用』の——自分の気に入った人たちだけを入れる——空間をもてる時代は、そろそろ終わりに近づいている。〔……〕隠れ場所はない。自分だけが入っていけて、自分に似た人々とだけいっしょにいられるような場所はない。そういう時代は終わったのだ。あきらめるがいい」[☆78]。

八〇年代初頭の合衆国におけるラディカルな文化的フェミニズムに見られた、分離主義的なアイデンティティ・ポリティクスに対するリーゴンの批判は、「本拠」と「連合」との区別の上に成り立っている。本拠を共同体の空間と混同してはいけないと、彼女は警告している（共同体の空間は、いつも異種混淆的であり、争いにみちて、変化にさらされるほかない）。政治行動や提携関係があらわれる空間についてのこのような現実的な分析にも、アイデンティティ・ポリティクスや、文化的民族主義のいわゆる「本拠」が、まだまつわっているものの、リーゴンは、ジェンダー化された立場の前提として想定されている普遍化を許そうとしない。「女性」という語は、一般性と混同されてはならない「暗号」である。それは、空間化された現実の共同体内における時間的な闘争を通じて、多様な特殊性へ分化させられなければならない。「『女性』というものなら何にでも、私たちはなってやろう」とリーゴンは書いている[☆79]。

☆77　*Ibid.*
☆78　*Ibid.*, 357.
☆79　*Ibid.*, 367.

「女性」というカテゴリーが役立つように、それを歴史的にもっと正確で、政治的にもっと有用なものにしようとするリーゴンは、つぎのように結論を下す。「今日、女性がどこに結集しようとも、それで女性が守り育てられるとは限らない。それは連合を築くことなのだ。だから、軋みを感じるときは、何か有益な仕事をしているしるしであるのかもしれない。」[☆80]

ハートソックが、もっぱらジェンダーにもとづく立場を打ち出したものとしてリーゴンの論文を解釈しているのは、私には興味深いと思える。リーゴンは、白人中心主義によって排除されてきたあげく「結集」しようとしはじめている人々のために、「女性」というアイデンティティを取り戻そうとしているけれども、この論文は、立場の認識論やグローバルなフェミニズムに対する批判であるというのが、私の解釈である。リーゴンの論は学者向けではなく、女性音楽祭というような運動上の催しのなかで発表され、合衆国の学園内外で展開されていたフェミニズムの批評実践に対する強烈な批判をあらわしている。それなのに、ハートソックが理論と実際行動を対立させて論じるのは、還元論的としか見えない。すなわち、白人優位主義やブルジョア思想やヨーロッパ中心主義に対する批判は、あらゆる、あるいは少なくとも多様な、場所や行動者から発せられているのだ。リーゴンの論文が提起している疑問は、**誰の**立場をもとにしてアイデンティティが成り立つのか、また、その立場の視座は**どこ**にあるのか、ということである。さらに、特定の媒介作用がいかにさまざまな意味を生み出し、また、さまざまな場がいかに特定の意味の危機をもたらして、その結果新しい理論や表現方法があらわれるようになるのか、という疑問にも通じている。活動現場や運動体が理論を産み出し、「ポストモダ

☆80 *Ibid.*, 362.

ニズム」の特徴をなす、意味とコミュニケーションの危機の内実たる事態や論争そのものに拍車をかけているとすれば、「学者的な理論」と「実際行動」を峻別する考え方は根拠を失う。そして、「女性」というカテゴリーは、ハートソックの「モダニズム」では説明もできず包摂もできないようなかたちで、実践上脱構築されるようになる。

問題は、ノーマ・アラーコンの表現に従えば、つぎの点にあるのかもしれない。すなわち、フェミニズム理論のなかでジェンダーが中心概念となっているときには、「認識論は平板化され、ありうる経験の主体や客体が構成されている複雑で多様なありかたが見えなくなる」ということである。[☆81] 立場の認識論からは、多様な女性たちの生活を特徴づける、**相対的な**流動性と空間的閉塞を究明するための方途が与えられない。アラーコンが指摘するには、近代における主体構成過程の一部をなす**暴力**は、性差との関連では認識されてきたものの、欧米フェミニズムは、女性が他の女性に加える暴力についてはそれほど説明できずにきた。「抑圧されるということは、『アイデンティティ』を獲得できなくされるだけでなく、それを取り戻すこともできなくされるということである。現代文化のなかでは、アイデンティティを獲得したり取り戻したりすることは、いつもすでに意識の主体になったことを意味している。意識の主体を、知を実践へ移す単独で統合された執行人であるとみなす理論は、いつもすでに支配の立場をとる姿勢である。[☆82]」

ポスト構造主義による脱構築からハートソックが救い出したがっている主体の位置に、腰を据えることができるのは何者なのか。その可能性や不可能性は、どんな歴史的条件に規定され

☆81 Alarcon, "The Theoretical Subject(s)," 361.
☆82 *Ibid.*, 364.

ているのか。どんな空間や居場所が、認識されたり抹消されたりしているのか。インダパル・グレワルの言い方によれば、「寄る辺なき者たちは、かつては『他者』と見られていたけれども、今は自我にならなければならない。」アラーコンもグレワルも、主体に対しては、問題化しなければならず、非歴史的、静態的に回復しようとしてはいけないものであると見ている。だから、グレワルが論じているように、「ハートソックが要求しているらしい主体とは、自律的な完全なる主体、つまり、植民地の権力関係をも英米フェミニズムをも規定してきた帝国主義的主体であるとなれば」、新しい主体性とはいかなるものでありうるのか、理解しがたくなる。☆83

多元性を明確にするだけでは十分ではない。有色人種女性たちの著作を集めた画期的論集『私の背中という名のこの橋』について、その批評の生産と受容を論じたアラーコンの論文は、視座を「女性」が占めているからといって、それだけで社会的な枠組みが自動的に変わるわけではないと主張している。啓蒙主義以来の主体形成は、完全な意識への一体化を通じてなされている――主体は、正式には財産を有する男性専用だったけれども、いまや女性にも必要だとされている。アイデンティティを有する権利は、主体性や市民権や政治参加能力にとって不可欠の条件であると受けとめられている。この過程がろくに批判もされず、たとえばハートソックの望むように、なぞられるだけにとどまるなら、「伝統的な意識観は少しも問題にされないことになる」し、アラーコンの論じるように、非白人女性の利害に反することになる。

アラーコンが論文で批評している論集のなかで形成中の複雑な主体は、「フェミニズムのも

☆83　Grewal, "Autobiographical Subjects," 233.

っとも強力な理論上の主体について、今日流布している捉え方」――つまり、女性のあいだに共通の特徴があるという考え方――との一体化ではなく、それからの離脱を通じて作動している。[☆84]アラーコンは、『この橋』における女性の主体が、「意味の危機」を通じて、表現しようとすれば避けられない認識上の不協和や暴力を通じて、構築されたものであると述べている。欧米フェミニズムのコンテクストにあらわれる「女性」とは一体化できない女性たちであるというのだ。アラーコンの読解によれば、この論集の執筆者たちは、言説の多元性を通じて、みずからの主体性のなかで移動させられている。「フェミニスト／レズビアン、民族主義的、人種的、社会経済的、歴史的、等々」の多元的な言説に関わっているからだ。[☆85]『この橋』の執筆者たちは、みずからの社会関係を「把握するように駆り立てられて」いる。このようなテクスト読解に単一の立場などはない。じつは、厳密に言って「差異」もない。「『この橋』の執筆者たちは、これらの立場が多くの場合、両立不能ないし矛盾であると、ある程度気づいていた。彼らの身体や声を求めて競い合っている言説の迷路へ踏み入る術は、他者には与えられていなかった。『私たちの「ウンデッドニー」を癒す手始めになりうる展望を具体化するために、血肉となる経験』について反省してみようという自意識的努力を重ねるうちに、多くの『この橋』の執筆者たちは、異文化間および文化内的な多元的な言説解釈と対立する立場をとるようになった。『抑圧の多頭怪物』と取っ組み合いをしようとしてのことであった。[☆86]」

抑圧が多頭怪物であるならば、横領や神秘化に抵抗するためのわれわれの反撃も、それに負けずに多元的でなければならない。時間と空間の収縮や、分業や、定着や移動について分析し

☆84 Alarcon, "The Theoretical Subject(s)," 366.
☆85 *Ibid.*, 356.
☆86 *Ibid.*

なければならないと主張したからといって、混沌や細分化や雑種性に賛成したことにはならない。このコンテクストをなすつながりのなかの差異に注目するのは、これまでとは違った解釈や物語や主体性のシステムを予示することなのだ。アイデンティティ・ポリティクスに見られる明確なカテゴリーでは、これらの複雑な主体を説明できない。グレワルが論じたとおり、このようなポストモダンの主体性は、よく言われるように「実現不能」なのではないし、「白人男性ヨーロッパ人の理論家が占有する領野でもない」[☆87]。むしろ、「多元的な**位置を有し**」「多元的な**つながりで結びついている**」主体性は、たとえばディアスポラとか、その他の現代的な条件から生まれる複雑な位置決定から構築される[☆88]。にもかかわらず、アラーコンが論じているとおり、欧米フェミニズムの著作の大部分は、相変わらず、主体の定位や位置決定を、アイデンティティを定めたり見抜いたりするための手段であると力説し続け、アイデンティティを固定したいという欲望そのものが社会的に構築されている過程を考察しようとしていないのである。

たとえば、リンダ・オルコフの、最初一九八八年に発表されて今日有名になった論文「文化的フェミニズム対ポスト構造主義――フェミニズム理論におけるアイデンティティの危機」は、本質主義的でもなく、根源的に不確定的でもない主体性理論を打ち立てようとする試みの代表的なものである。オルコフは、合衆国の文化的フェミニズムが抱える本質主義的カテゴリーの限界を批判するのに、形而上学とロゴス中心主義に対するポスト構造主義からの揺さぶりに依拠している。だが、彼女の主張によれば、文化的フェミニズムの政治的課題や、それによ

☆87　Grewal, "Autobiographical Subjects," 234.
☆88　*Ibid.*, 235.

って含意される運動体や主体性は存立可能なのである。オルコフが依拠しているテレサ・デ・ラウレティスの有力な著作は、政治（当時の合衆国では文化的フェミニズムとしてあらわれていた）と理論（フランスの影響の強いポスト構造主義としてあらわれていた）とのあいだの、一見釣り合いのとれそうもない断絶に架橋しようとしている。[☆89] 八〇年代初頭から中葉にかけての著作におけるデ・ラウレティスは、アドリエンヌ・リッチやメアリー・デイリーの初期の著作に見られるように、ジェンダーを存在論的なものや生物学に結びつけていなかった。むしろ、実践としての経験を探究し、その経験のなかでジェンダーを、**世間における**相互作用や状況や身振りの生きた過程であると見ることができると考えていた。それに劣らず重要なことには、ジェンダーを、単なる言語の効果であるとは見ることができず、それゆえ、自由な戯れの実践にゆだねるわけにはいかないと考えていた。デ・ラウレティスは、新しい意味で複雑な総合的方法によって経験を理論化しつつ、ジェンダーの位置をめぐる関連概念の形成に通じる仕方で、文化的フェミニズムをもポスト構造主義をも、もっと開かれたものへ変えていったのである。このような視野のもとに浮かび上がる主体には、実行力もあれば、分析的思索能力もある。形成過程にある——決して完全に固定されず、つねに歴史との関連を保っている——意識を有しているのである。

デ・ラウレティスの著作に深く肩入れしているオルコフは、ジェンダー化されたアイデンティティを**位置拘束性**という名で提起している。[☆90] これらの位置の流動的で偶然的な特質を強調しているものの、彼女の理論は、まさに「アイデンティティ・ポリティクス」の論理にすっぽり

☆89 De Lauretis, *Alice Doesn't*. ここでの議論に関連しているデ・ラウレティスのその他の著作については、以下を参照せよ。"Feminist Studies/Critical Studies"; *Technologies of Gender*; "The Essence of the Triangle"; "Eccentric Subjects."

☆90 デ・ラウレティスはオルコフとかなり異なっており、その点をある程度詳しく述べているということを、見落とさないようにすることが大切である。「何故今さら対立する二つのカテゴリーを立てる必要があるのか。文化的フェミニズム対ポスト構造主義、あるいは、本質主義対反本質主義、定立対反定立などと。すでにそれらを乗り越え、止揚するだけの理論的立場という、有利な高みに到達しているというのに。」"Upping the Anti(sic) in Feminist Theory"（とくに261-164）を参照せよ。

はまっている。つまり、「アイデンティティとは、政治的な出発点、行動の動機づけ、政治性の叙述であると受けとめられる（そして定義される）」という発想である。[☆91]「出発点」と「アイデンティティ主張」とに論及することによって、オルコフは、みずから明言している脱構築的実践への関心と、ジェンダーの位置拘束性に潜む、固定された立場の認識論とのあいだの均衡を図ろうとしている。

位置拘束性という概念には、二つの論点が含まれている。第一に〔……〕女性という概念は、ただ（たえず移動している）コンテクストの内部でのみ同定可能となる関係的な事項であるということだが、第二には、女性が置かれる位置は、意味を構築するための居場所として、意味（女性であることの意味）が**見出され**うるときの立脚点として、積極的に利用できる（乗り越えることができるというのではなく）ということである。位置拘束性としての女性という概念は、女性がみずからの位置からの見方を、すでに決定された価値体系の場としてではなく、価値を解釈したり構築したりするときの立脚点として利用する方法を示すものである。[☆92]

ここでオルコフは、矛盾した手口を用いている。一方で提唱されているのは、意味作用の流動性、諸事項を歴史化したように見える考え方、現前と超越の形而上学に対する脱構築である。他方では、彼女の用いるカテゴリーの堅固な独自性（位置拘束性という**独自の**概念、女性であ

☆91　Alcoff, "Cultural Feminism," 115. 初出は、*Signs* 13:3 (Spring 1988): 419436.
☆92　*Ibid.*, 117.

ることの**独自の**意味、女性が置かれる**独自な**位置、等々）が、提唱された課題を足元から掘り崩している。ノーマ・アラーコンがこのやり口について言ったとおり、「差異を右手で与えておいて、左手で奪い取っている」のである。☆93

位置拘束性や居場所が立場の認識論に見られる落とし穴の多くを共有しているとすれば、フェミニズム批評にはそれ以外に進むべきどんな道があろうか。欧米批評における空間表象の歴史や、ポストモダン時代の条件下におけるグローバル／ローカル軸の産出をめぐる議論から明らかになったように、「ローカル」なものや居場所そのものをいかにユートピア的に礼賛したところで、「散在するヘゲモニー」に挑戦するための空間化した政治に寄与することにはならない。☆94 エルスペス・プロビンが提案しているように、われわれがローカルなものを捨てずに「そのなかにもっと深く沈潜しつつ、それに抗して活動する」ならば、一極的なフェミニズムを拒否して、類似性**あるいは**差異についての神秘化された発想を土台としない提携関係を探るための基礎が築かれることになる。☆95

ローカルなものにもっと深く沈潜しつつ、それに抗して活動するためには、時空収縮の具体的諸条件、経済や文化における越境的傾向を見落とさない戦略が必要となるかもしれない。中心／周縁、グローバル／ローカル、自我／他者、等々の二項対立への挑戦をも、もちろん見落とせないであろう。欧米フェミニズムの言説は、欧米のモダニティに荷担し、主体性やアイデンティティ・ポリティクスを通じて表現され、諸民族間の提携を通じて地政学上の強力な定位を果たしている以上、否応なく、女性たちの生活の実際と表象に変化を作り出すように見える

☆93　Alarcon, "The Theoretical Subject(s)," 364.
☆94　Grewal and Kaplan, "Transnational Feminist Practices" を参照せよ。
☆95　Probyn, "Travels in the Postmodern," 186.

居場所や位置について問わなければならないのである。

ローカルなもののなかでそれに抗して活動する

十分に進歩的な場所感覚とでも呼べそうなものによって考えていく必要がある。それは、現代のグローバルな時間の流れと、それによって生じる感情や関係にうまく適応するような場所感覚、**かつ**、結局不可避的に場所を土台にして争われることの多い政治闘争に役立つような場所感覚のことである。問題は、地理的な差異とか、独自性とか、もし人々がそれを望むならば根づきとかさえも、そういう発想を、反動的になることなくいかにもち続けていけるかという点にある。
――ドリーン・マッシー☆96

場所、居場所、位置などは、歴史やアイデンティティに根を与える。奴隷貿易、植民地への進出と反乱、大量移住などが起きたあと、その余波に多くの人々が、歴史やアイデンティティを獲得し、実現しようとしてたたかうのである。私がこれまで論じてきたように、居場所や位置をめぐる近年の欧米フェミニズム言説は、ポストモダンな批判的地理学につなげることができる。本質主義、アイデンティティ・ポリティクス、立場の認識論、連合、居場所の政治性などに関する論争は、定位と移動を折り合わせようとする言説を産み出してきた。特に一群の批評家は、時間**および**空間の分析を、植民地主義、人種差別、フェミニズムの歴史に結びつけはじめている。

☆96 Massey, "A Global Sense of Place," in *Space, Place, and Gender*, 151-152.

たとえば、八〇年代後半に書いた二本の重要論文のなかで、チャンドラ・モハンティが問うているのは、「フェミニズムの『文化横断的』活動における分析的、政治的カテゴリーとしての経験と差異」を、居場所がいかに規定するとともに産出するか、ということである。[☆97]モハンティは、政治行動、反人種差別や反帝国主義の批評活動の歴史や、「第三世界の女性」という用語についての理論化に対する検証を通じて、欧米フェミニズム言説に影響を与えてきた社会学者である。彼女は、人が**いかにして**時間と空間におけるみずからの居場所を定めるのかと問うている。モハンティは、欧米フェミニズム理論のなかの帝国主義的傾向を批判して、リッチの脱構築の企てに与する。特権それ自体の位置を究明しようとすることから、フェミニズム批評が産み出す多元的な位置どりへ、目標を変えたのである。

これらの位置どりにからむ動力学を考察するために、モハンティは、時間的次元、空間的次元の両方を検討する。たとえば、一九八七年に発表された「フェミニズムの出会い——経験の政治を位置づける」のなかで、「闘争の**時間性**」に注目することで、欧米のモダニティの論理に揺さぶりをかけることになると主張している。場所の静的な捉え方は、支配的な大文字の歴史と同じであると言う。同時代の諸条件の、「非同一的」で不均等で多様なあらわれいっさいが、普遍化されたマスター・ナラティヴによって呑み込まれているのである。モハンティは、リッチの居場所の政治論を明示的に援用しながら、歴史と地理とのあいだに折り合いをつけて、特権化された単独の説明を覆し、もっと多元的で多様な説明に軍配をあげる。反体制的運動体は闘争の時間性を通じて生じる。ここでその時間性は、「起源や終着点を探究するのでは

☆97 Mohanty, "Feminist Encounters," 31.

なく、多元的な居場所を特徴とする、しぶとく、同時進行的で、非同期的な過程」と定義される。[☆98] モハンティが究明しようとする批評実践の居場所は、合衆国に住まう南アジア出身の有色人種女性という、彼女自身の経験的基盤によって与えられる。主体性に関する欧米の枠組みでとらえられた、所有欲の上に成り立つ個人主義をなぞって身につけようとするのではなく、それへの挑戦として、「個人的」と「政治的」とのつながりを書き換えようとするのである。「この過程、闘争を通じてのこの再領域化こそ、私の政治的居場所の地図を描き出してそれを変容させ、自我の逆説的な連続性を可能にしてくれる。それによって、政治的執行力についての独自な考え方が示唆される。私の居場所が、支配的なものを読解し認識するための具体的な様式を迫り、可能にしてくれるからだ。私が参加しようと選ぶ闘争は、したがって、これらの認識様式の強化である——認識を異なったレベルで獲得しようとする参加なのである。きわめて単純なことだが、一九八〇年代の合衆国において超越的な居場所などはありえないのである。[☆99]」

女性間のつながりを頼りとする再領域化を、空間化された歴史を土台にして理論化することによって、モハンティは、「第三世界女性の政治」を表現するための空間を切り開いている。[☆100] 一九九一年刊「闘争地図作成法——第三世界女性とフェミニズムの政治」においてモハンティは、ベネディクト・アンダーソンの「想像の共同体」という考え方を借りて、自分が構築した「第三世界女性」という観念は「政治勢力」という意味なのであって、「生物学的概念でも社会学的概念でさえも」ないと主張する。だから、「第三世界女性」ないし「有色人種女性」の絆

☆98 *Ibid.*, 41.
☆99 *Ibid.*, 42.
☆100 「第三世界フェミニズム」のもうひとつの有力な理論としては、Sandoval, "U. S. Third World Feminism" を参照せよ。

は、「肌の色や人種的なアイデンティティではなく、諸闘争に共通するコンテクスト」にもとづいて築かれる可能性のある連合のことである。モハンティの主張によれば、「われわれの政治的提携関係の可能性を規定しているのは、特定の搾取的な構造やシステムに反対する諸闘争に共通するコンテクストなのである」[☆101]。

だが、多様な女性たちのあいだに「共通するコンテクスト」を確定しようとすれば、必然的になんらかのかたちのアイデンティティ形成が引き起こされる。たとえば、モハンティは、自分の主張に根拠を与えようとして、多国籍生産、植民地主義とその残滓、さまざまな制度や学問などをめぐる諸条件に検討を加える。第三世界女性労働者の雇用問題を分析すれば、「民族横断的なフェミニストの連帯と組織化のための潜在的空間」が形成されると主張し、第三世界の殉教者たちを第一世界の救済者たちが援助するなどといった、欧米フェミニズムに巣くう紋切り型の筋書きを覆すフェミニズム活動の場を、モハンティは指し示す[☆102]。モハンティは、「グローバルな流れ作業組立てライン」[☆103]に集められた女性たちの「経験」を観察したり、横領したりせずに、交差する利害や主体や目標の格子を形成するような批評実践をめざそうとしている。批評実践と政治行動を含んで多元的に構成されたこの空間のなかで、モダニズムの物語のなかに書き込めそうもないような、フェミニズムの新しい主体が立ち現われる。

この種の運動体は、「歴史と地理の結合から生まれ」、物語や実践や文化的表現の発信元になりうる位置を作り出す。モハンティは、「私は女性として生まれたし、それゆえに私の経験はその事実によって構造化されている」などと決めつけないで、交差する「さまざまな体系的ネ

☆101 Mohanty, "Cartographies of Struggle," 7.
☆102 *Ibid.*, 31.
☆103 以下を参照せよ。Fuentes and Ehrenreich, *Women in the Global Factory*; Ong, *Spirits of Resistance*; Ruiz and Tiano, *Women on the US-Mexican Border*; Fernandez-Kelly, *For We Are Sold*; Enloe, *Bananas, Beaches, and Bases*; Kondo, *Crafting Selves*.

ットワークをなす階級、人種、（異性愛的）セクシュアリティ、民族〔……〕が、われわれを『女性』という位置に置く」のだと論じる。☆104 したがって、居場所は非連続的であり、多元的に構成されており、さまざまな社会的形成過程に引き込まれて錯綜している。たとえば、人が女性になるのは人種や階級を**通じて**であって、人種や階級に反して女性になるわけではない。第三世界女性の絆は、植民地や欧米の国民国家における白人主義を背景にしてこそ成り立ちうる。白人主義は、異人種混淆に対する規制のために、奴隷貿易と帝国主義的膨張によってもたらされた財産所有関係が物質的なものとなったことに関わるからだ。あるいは、ある人のセクシュアリティは、同性愛恐怖症的文化のなかで異性愛に与えられる特権に対して、その人が占める位置を構成する。支配的標準からはずれた性志向を有するために、在留外国人資格や法的権利、公民権や社会経済的公平性を奪われるなどということが起こりうるところでは、レズビアンたちは、歴史的に特定されたかたちでの「ジェンダー」を経験することになる。ある人の公民権や、国民国家や地政学との関係においてその人が占める位置によって、その人のジェンダー経験が形作られるのは、国外追放、パスポート不所持、あるいは、国民のなかの先住「原住民」などというサバルタン的地位などが、移動の自由や生存様式に制限を課したり、妨害を加えたりしている場合である。この闘争地図のなかでは、ジェンダーは、同時的だが多様なかたちで作動している。合衆国に不法入国した人が、産婦人科の診療を受けられないというのは、ミドルクラスや裕福な女性が、同じく産婦人科にかかるときに出会うのと同じ「経験」であると言えるだろうか。産婦人科の診療を受けるというだけでは、「女性同士の連帯感」が自

☆104 Mohanty, “Cartographies of Struggle,” 13.

動的に生まれるわけではない。だが、そのような診療を受ける必要のある女性同士の連帯は、その主体に「同じ立場」を押しつけなければ、意味のある結果をもたらすかもしれない。このようなかたちの居場所理論の根源には、権力とその歴史的効果によって、女性間の差異が作り出されてきたという認識がある。モハンティは、組み合わされて羅列される方が普通である諸事項のあいだに、関係的な動力学が働いていることを認識するべきだと力説して、つぎのように述べている。

> 私が言おうとしている権力関係は、二項対立ないし抑圧者／非抑圧者関係に還元できるものではない。私が言いたいのは、特定の歴史的情況で女性に異なる位置を与えようとして交差する、支配の多元的で流動的な構造という見方を維持しながら、同時に、個人や集団の力強い反体制運動執行力や、彼らの「日常生活」への肩入れを支持し続けることは可能であるということだ。このような、力強い反体制運動執行力への注目こそ、システム的な関係性と権力の指向性とのあいだにある難解な結びつきを明らかにする。言い換えれば、人種、階級、ジェンダー支配のための体制は、第三世界のコンテクストに置かれた女性たちに**まったく同じ**影響を及ぼすわけではないのである。☆105

これと同様の主張は、ルース・フランケンバーグとラタ・マニによる一九九三年の論文「逆流、口論——人種、『ポストコロニアル性』、および居場所の政治性」でもなされている。フラ

☆105 *Ibid.*

ンケンバーグとマニは、主体形成のさまざまな軸についての検討を、「ポストコロニアル性」というような用語の全体化効果に疑問を投げかけることによって始めている。過度に使われる一般概念が意味をもつようにすることができるのは、彼女たちの見方によれば、その用語を一連のコンテクストを横断する時間と空間のなかに位置づけるからである。☆106 だから、異なる主体は、社会関係によって異なる位置を与えられるのに、その社会関係は、用語の普遍化された使い方の作用を受けてぼかされるのである。そして、与えられた位置は、空間的、時間的動力学による構造化をこうむる。したがって、「『植民地的なもの』にまつわる何が終わったと言えるのか、また、誰にとって終わったのか」と問うには、支配的な歴史の時間的論理を断ち切る見方の所在に注目しなければならなくなる。誰の植民地主義のことなのか。いつ、どこのことか。このような問いは、多元的な主体を呼び寄せ、それぞれの主体のなかに、主体形成の多元的な軸への認識をもたらす。だから、「ポストコロニアル」が言説として構築されるのは、二項対立としての植民地建設者／植民地化された土地の住民、「支配的白人社会との対話」としてだけではなく、「特定の主体、白人社会、出身地、宗教的そして／あるいは政治的提携関係にある地域などのあいだの交戦」としてでもある。☆107 ここで、軸としての居場所は、「人種横断的な出会い」を演出し、その他多くの交差を演出する一方式として想像されうる。

　居場所を場所としてではなく「軸」として考えれば、ポストモダンの時代における主体形成の矛盾した複雑な働きを想像する助けになる。フランケンバーグとマニが主張するように、主体が「自分たちの（この場合は「ポストコロニアル」としての）位置どりと主体性を把握する

☆106　アン・マクリントックもまた、「ポストコロニアル」という用語を直視して、モダニティやポストモダニティが用いる一元的な時代区分やその他の時間相に潜むヨーロッパ中心主義を批判している。「コロニアル／ポストコロニアルは、理論を時間軸中心に仕向けることによって、帝国権力のもとでの国際的不均衡に連続性があることを見えにくくさせ、それゆえに理論化しにくくさせる。」（"The Angel of Progress," 89）この論文が掲載されたのと同じ号で、エラ・ショハットは、この用語に潜む「居場所の政治性」を考察するように主張している。「イラク、イスラエル／パレスチナ、合衆国に居場所を得て（喪失して）いるという文化的位置を有する、アラブ系ユダヤ人学者としての私の特殊な位置からこそ、『ポストコロニアル』という語の理論上、政治上

ように駆り立てられる」ような「瞬間や空間」[☆108]があるとすれば、そのような認識や意識を不可能にしたり、制限したりする形態の抑圧もある。この不均等で、非連続な、にもかかわらず開かれた過程を通じて、さまざまな軸の交差点におけるアイデンティティの調整が可能になるのだが、こうして調整されたアイデンティティは、安定した場の記念碑的確立ではなく、時間的に空間化された居場所——歴史化された効果を孕む逆説的空間なのである。だから、実践には「新たな意味が与えられ、さまざまな居場所に『新しい主体』が作り出されるようになるかもしれない」[☆109]。フランケンバーグとマニによる「ポストコロニアル」という用語についての考察から、分析のための空間が切り開かれ、そのおかげで「ある特定の瞬間や居場所では、植民地化／脱植民地化の軸が、**唯一の**最先端の軸となるが、そうでない場合もある」と言えるようになる[☆110]。

欧米フェミニズム批評にとってフランケンバーグとマニの主張の重要性は、白人中心的な時代区分をでっち上げることなく歴史化しようとする、彼女たちの努力にあるとも言えよう。同時性と多元性を強調することによって可能になるのは、支配のさまざまな軸のあいだの関係が、移行したり交差したりするさまについての分析である。だから、女性のなかには、人種差別的ないし植民地主義的な言説に、その元来の物質的条件がとっくに消えたり、変わってしまったりしたのちにも、相変わらずしがみつく者もあらわれる。だが、このような言説の果報として得られる権力、いや、じつはこのような言説を維持していくための権力は、個々の居場所や時間によって類似しているかもしれないし、異なっているかもしれない。したがって、この

の曖昧さを、いくらかなりとも究明したいと私は望んでいるのである。」("Notes on the 'Post-Colonial,'" 99).

☆107 Frankenberg and Mani, "Crosscurrents, Crosstalk," 302.

☆108 *Ibid.*, 307.

☆109 *Ibid.*

☆110 *Ibid.*, 304.

ような言説への抵抗は、これらの類似や差異についてもっと精密な分析を必要としている。そういう歴史は、互いに多様で不平等な関係におかれている女性たちのあいだに連合を築くための、よりよい素材を提供してくれるかもしれない。

ジェラルディン・プラットとスーザン・ハンソンは、マサチューセッツ州ウスターの女性たちの生活に関する研究で、地理学が、空間化された社会関係についての研究であり、欧米フェミニズム批評に潜む、右に述べたような連合へ向かうエネルギーを解き放つと主張している。プラットとハンソンは、女性間の差異を讃美するような論じ方からは、物語の結末にふたたび意味をもたせ、白人ミドルクラスの支配をよみがえらせるような静的枠組みが生じる可能性もあると指摘する一方で、亡命や周辺性やノマド主義などの枠組みを価値づけることからは、エリート主義や個人主義が再生産される可能性もあることに、同じくらい懸念をあらわしている。モハンティ、フランケンバーグとマニ、その他の論者たちと同様に彼女たちも、差異が作り出される過程を究明するように提唱している。それは、「ジェンダー化されたり、人種化されたり、階級化されたりしたアイデンティティが、流動的で**かつ**場所において構成されている——それゆえ、異なる場所では異なるかたちで構成されている——そのありさまを明らかにするため」だと言うのだ。[☆111]

明確な根源的アイデンティティを発見したり強化したりするのではなく、差異が**作り出され**ていく**過程**を強調するならば、理論は、提携関係を結ぶ主体に敵対するのではなく、むしろそういう主体に賛同する方向で作動する位置に立つことになる。だから、プラットとハンソン

☆111 Pratt and Hanson, "Geography and the Construction of Difference," 6.

は、「自分のアイデンティティや行動を発見したり、それに対する責任をとるために、みずからを状況のなかに位置づけること」と、「状況のなかに位置づけられない（あるいはたえず新たな状況のなかに位置づけられる）意識を探究すること」とのあいだに、区別を立てる。[☆112] それゆえ、彼女たちの研究においては、居場所は単にアイデンティティを**反映する**のではない。アイデンティティは、場所や居場所や位置にからむ媒介活動を通じて形成されるのである。プラットとハンソンの主張によれば、生活が、文化的、社会的形成との関係においてジェンダー化されたり、人種化されたり、階級化されたりするようになるときの、これらの時間的な活動の空間化を検討するのに大変適しているのが、地理学なのである。「地理学と差異の構築」において彼女たちは、労働人口の流通に注目する。この場合は、景気後退はしのいだものの、かつての工場町としての活気を回復していない小都市で、家庭だけでなくサービス部門でも産業部門でも働いている女性たちの流動である。欧米のカルチュラル・スタディーズではたいてい労働の問題が議論から省かれていることを批判し、また、労働力の国際的な流動が起きていることとの重要性を指摘して、プラットとハンソンは、観光旅行やマスメディアや経済のグローバル化などに注目するだけでは、「時空」の収縮という現象を、誇張ないし過度に一般化することになると論じている。「なるほど、世界はますます結束を密にしているとはいえ、この事実に劣らず視野に入れておかなければならないのは、たいていの人々がきわめてローカルな生活を送っているという現状である。そういう人たちの家庭、職場、娯楽、買い物、友人、家族などが位置している範囲は、すべて比較的狭い圏内に限られているのだ。懸隔を飛び越えるには時

☆112　*Ibid.*, 9.

間とお金が必要だという、単純にして明白な事実が意味しているように、日々の暮らしの日常的出来事には、ある境界内に限定された領域という、しっかりした基盤がある。[☆113]」プラットとハンソンは、多くの女性の生活がこのようにきわめてローカルなものだということを美化するのではなく、同時にいくつかの方向で検討してみなければならないと言う。つまり、ローカル性を歴史的に構成された現象として認識し、そのために女性たちが互いに分断されるし、社会的、経済的境界が強化されるということを明らかにすること。流動性には解放感をもたらしてくれるところがあると認めるにしても、旅に出られる余裕や移動の条件が生じる過程を規定している社会関係を神秘化しないこと。また、こういう批評実践のなかに立ち現われる共犯性や複雑な位置どりを理解しようと努力すること。「差異についての地理学」は、分裂を明らかにするだけでなく、「相互依存や連関を掘り起こしてみせる」こともありうる。だから、人種、階級、言語、学歴にもとづいて生じる分業や、女性間の分裂についてのこの研究において、プラットとハンソンは、アイデンティティ・ポリティクスを強化しないように努め、立場の認識論をあくまでも拒否する。「ジェンダーは、異なる場所では異なるかたちで構成される。その原因の一部は、〔……〕場所とは、特定の組み合わせをなす社会関係が経験され凝縮される場である、という点にある。〔……〕われわれは、ジェンダーの可変的な構築を保証する、位置決定に絡んだ空間関係に、潜在的な変革力があることを強調するからといって、移住や移動に変革力がまったくないなどと言うつもりはない。われわれの主張は、たいていの人々が空間のなかで、空間によって固定されているという点にある。こういう過程を理解すれば、差異を社会的

☆113 *Ibid.*, 10-11.

に構築されたものと見る方途が開ける。[☆114]」

それぞれの場所のなかには、女性たちのあいだの「水平的敵対性」がある。それは、イデオロギー的カテゴリーや批評実践が部分的であり、分断されたものであるということを認識しなければ、扱いかねる代物である。女性間の差異が、アイデンティティの時間的実現形態であるのみか、空間と場所の地理学によって構築され維持されているならば、批判的フェミニズムの実践が取り組むべき課題は、やはり、空間と時間、グローバルとローカル、自我と他者の対立を脱構築することである。プラットとハンソンが要求しているのは、「主体性と共同体をきちんと概念化するための、もっと複雑な地理学的構築物群」である。[☆115] 目標は、「文化横断的なアイデンティティの発見」ではなく、「他者の生活条件がローカルな環境によって、また、相互関係において、いかに形作られているかということについての、情報を踏まえた知見」である。[☆116]

プラットとハンソンの研究は、ある地方における女性たちのあいだの差異が、いかに社会的に構築されているかということを明らかにするものだったが、それは、プロビンのいわゆる「ローカルなもののなかでそれに抗して活動する」という方法の一例となっている。欧米の批評実践における情報検索のやりかたに対してガヤトリ・スピヴァクが加えた批判を念頭に入れ、位置拘束性や居場所を議論しても時間軸と空間軸の両者を見落とさずに検証していけば、主体を商品化したり客体化したりすることにはならないと言える。あるいは、エラ・ショハットの主張によれば、文化やアイデンティティについての「関係的な」研究方法は、「国民国家

☆114 *Ibid.*, 11-12.
☆115 *Ibid.*, 25.
☆116 *Ibid.*, 26.

の枠組みの内部、その相互間、その外側で同時に」作動し、「国境内外のさまざまな共同体による葛藤にみちた雑種的相互作用」に対する注目を喚起する。☆117 この意味において、居場所の検証は、モダニティの形成した諸観念の二項性を脱構築し、ポストモダニティの文化や主体やアイデンティティを産み出した複雑で変動する社会関係に、むしろ軍配をあげるための好機となる。

したがって、居場所をめぐる問題提起は、なんらかの支配的階層秩序や、「ジェンダー」という用語のヘゲモニー的使途を脱構築するために利用された場合に、もっとも有益である。居場所が有益でないのは、それが、再確立され再確認されるべき真正の根源的アイデンティティの反映であるなどとみなされた場合である。すでに見てきたとおり、居場所をめぐる言説は、美化やノスタルジアや勝手に想定された類似性の装いのもとに、辺境や周辺を自然化するために利用されることもある。居場所の政治性は、横領の執行者としてもちだされ、唯物論的な歴史が不平等をあばきたてているのに平等化を押しつけることによって、類似性を構築する場合にも、問題含みとなる。居場所という考え方を利用して、鵜呑みにされてきたステレオタイプのイメージに揺さぶりをかけなければならない。そういうイメージは、植民地主義的言説やその他モダンな構造的不平等の表現の名残りである。居場所という考え方をこのように利用してこそはじめて、世界のさまざまなところにいる女性たちのあいだの複雑な関係を認識できるし、論じることができるのだ。このようなかたちの批評実践は、多様で非対称な関係に置かれた女性たちのあいだの、歴史的に特定された差異や類似性を見定めるための基盤を明らかに

☆117 Shohat, "Columbus, Palestine, and Arab-Jews," msp. 2. "Ethnicities in Relation" in Shohat and Stam, *Unthinking Eurocentrism*, 220-247 もまた参照せよ。

し、連帯のための、これまでに取って代わる歴史や、アイデンティティや、可能性を作り出すのである。このような居場所の政治性は、進歩的で独自な発展を僭称するいかなる動きをもその足元から掘り崩し、過去と現在とのあいだに相互の問いかけがあることを忘れないようにさせる。このような居場所の政治性は、モダニティの限界を批判しながら、ポストモダニティの可能性を過大評価することもない。

文学は「旅」への言及に満ちている。住み慣れた居場所を離れてどこか見知らぬところへ行くという経験になぞらえた表現は、文学を語るテクストのなかにたびたびあらわれる。ポストモダンと称される今日でも、呼び方が「旅」から「移動」へやや抽象化されてきたとはいえ、このような事情は基本的に変わっていない。

「旅」とか「移動」というのは、さしあたり比喩である。文学は旅に似ているというような一般的すぎる言い方は、言葉を書いたり読んだりする行為が、一箇所に立ち止まりえない、たえざる移行の経験であることを喚起しようとする工夫の産物であろう。同時にこの比喩には、もっと縹渺とした含意にとどまるかもしれないが、言葉に依拠することによって、親しみ馴れた内輪（母親や家庭のぬくもり？　仲間集団のなかの独りよがり？　故郷の気楽さ？）からみずからを意識的に引き剝がし、対象から距離をとり離隔を保って、高度の媒介作用を経た再把握をめざそうとする姿勢もこめられている。この姿勢は、世間的な意味での権力欲とは異なる次元に臨み、むしろそれに背を向けている。だが、比喩や文彩としての「旅」や「移動」は、実際の経験としての「旅」や「移動」と反対の象限に属しながらも、両者はちょうどたがいに裏返しの関係になる相同性を帯びている。

実際の経験としての「旅」や「移動」は大昔からあっただろう。だが、今日私たちが知るような、本や活字の文化の出現とともに浮上してきた文学に結びつく「旅」や「移動」は、いまから見れば「原‐グローバル化」とも言えそうな、アメリカ「発見」にともなう植民や移民に絡んだ海外への冒険や人口移動であり、プロレタリアート創出のために故郷から駆り立てられた人々の人口密集地への移住であった。やがて帝国主義の時代になれば、宗主国から植民地へ赴く人々と、逆に植民地から宗主国へ引き寄せられる人々が交錯する。そして今日では、蔓延するツーリズムを横目に見ながら、大勢の移民や難民が異邦でさまよっている。表象としての「旅」や「移動」は、このような経験とどんな関係があるのか。

旅行が大好きで、若いうちは貧乏旅行に心意気を見せたがり、長じてはりっぱにツーリストの旅愁にふける。私は学生時代に、自分の思想におけるボヘミアン的傾向をある先輩から指摘されて以来、心の隅にたえず、放浪への憧憬といかに向き合うべきかという課題を抱えてきた。この課題に関係のありそうな本を目につくままに読んできた末、たまたま本書に出会ったのだった。

この本のタイトルは、直訳すれば『旅をめぐる疑問――移動についてのポストモダンの言説群』ということになろうか。これではタイトルの日本語として切れが不足しているように思われ、悩んだ末に編集者の助言に従って、原題とは多少異なるタイトルとした。だが、本書は原題で示唆しているとおり、「旅」や「移動」の思想的な意味について「疑問」をつぎつぎに提起する。「旅」や「移動」の表象に潜む権力関係を暴きたて、批判してやまない。このような批判的な見方を一度知ってしまったら、著者の教え子が「先生のおかげで次の夏休みが台なしになってしまった！」とこぼしたという、「はしがき」のなかのエピソードからもうかがえるように、もはや無邪気に旅行を楽しむことも、この種の比喩や文彩を弄することもできなくなる。

著者カレン・カプランは、現在カリフォルニア大学バークレイ校の女性学科准教授である。フェミニズム理論の社会学的研究が本来の専門領域だが、その方法は学際的である。「はしがき」からもうかがえるようにもともとは文学研究から出発したためか、本書では文学評論や理論のテクストにあらわれた比喩や表象を主として取り上げ、その読解を通して考察を展開している。文学・語学分野で米国最大の学会「近代語研究協会（ＭＬＡ）」が二〇〇二年機関誌『ＰＭＬＡ』で「モビリティ」特集号を編んだとき、カプランも寄稿者として名を連ねていたことから見ても、彼女がこのテーマの論客として認められているとわかる。本書からは、今日の米国の、とりわけフェミニズム運動の論壇で、「旅」や「移動」をめぐっていかなる問題が理論的、思想的な課題としてとらえられているか、それが鮮明に浮かび上がってくる。

カプランは、自身がユダヤ系であり、また、緊密に協働しているインド系の理論家インダパル・グレワルとともに、やはりディアスポラに根ざした境遇にある。そのためか彼女は、「旅」や「移動」に関わる表象を綿密に検討し、そこに潜むイデオロギー性を明らかにしつつも、性急な糾弾を避けている。

カプランは、国境を越えた文化的衝突を必然的にもたらす帝国主義の産物としてのモダニズムのなかで、亡命や故国離脱が作家の資格要件として重視された理由を問う。モダニズムにおける「旅」、ポストモダニズムにおける「移動」をめぐる言説を検討しつつ、モダニズムとポストモダニズムとの連続性と差異を明らかにする。モダニスト作家の異境生活志向には、自分が生まれ落ちた共同体から距離をとることによってこそ真実を把握できると見る、孤立した個人の洞察力を特権化する考え方が顕著にあらわれている。この点は、現代アメリカで目立ってきたポストモダンの「旅する理論家」にも共通している。彼らは、なるほど、モダニズムに支配的だった亡命者を衒うよりは、現代世界で増大しつつある移民、難民、不法滞在外国人労働者など、いわゆるディアスポラの経験を基礎にした「ポストコロニアル」な文彩に頼ることが多い。にもかかわらず、同じくポストモダンと言われるボードリヤールが、男性中心・西欧中心的なモダニスト風の旅の言説を臆面もなく再生産しているのとは異なるにしても、彼らも、ディアスポラに含意される集団性をどこかで抹消し、やはりコスモポリタン的な個人主義の姿勢に帰着しているのではないかと懸念される。だが、カプランは、本来、移民や難民の経験に満ちているはずのポストモダンな移動を、単純に「集団的なもの」としてとらえればいいと言っているわけでもない。

カプランの議論の注目すべきひとつの特徴は、この「移動」を、流動化した資本の新たな越境的展開＝グローバル化の効果として、言説批判に唯物論的見地をからませながら説明しようとしている点である。「移動」があるからこそ尊重されるローカルなものは、グローバル化への抵抗であると同時に、グローバル化の餌食でもある。グローバルな資本が追求する的を絞ったマーケティングは、ローカルなものを重用するし、大規模な都市（再）開発は、いまやかつてのようなモダンな抽象的空間を作り出すよりも、屋台村やお祭り広場などの、ノスタルジアをかきたてるローカル色をポストモダン的に演出しようとする。

たとえば、なるべく人の行かないローカルなところへツーリストをいざなうツーリズムも、グローバルな資本の演出である。ツーリストは帝国主義のお先棒担ぎである。それは、「失われた世代」の作家たちが、ツーリストを峻拒しながらも、じつはツーリズムのお先棒担ぎだったのと同じことだ。しかし、だからといってツーリストを蔑むのは、モダニストのエリート主義やスノッビズムを反復するだけになる。そうではなくて、ツーリストが呈するポストモダンの現象を冷静に観察する方が有意義だ、カプランはそう主張している。

「旅する理論」には、「移動」だけでなく、「場所」、「位置」、「居場所」などの用語が頻出する。それが示すようにここでは、かつての時間的なパラダイムから空間的なパラダイムへの転換が起きているようだ。「いま」は「ここ」に、「過去（あるいは未来）」は「あちら」に置き換えられる。それにともない、知におけるこれまでの歴史学偏重が修正され、モダンで構造主義的な人類学や民俗学への依存とその不安定化を経たあと、ポストモダン地理学が出現しつつある。進歩という能動性を負荷されていた時間は、反復的回帰性に呑まれて意義を減じるのに対して、かつては安定した空間に配置されているとみなされた国民国家や民族や国境などが、ポストモダンの帝国主義によって揺さぶられるために、地理学や地政学も、これまでの不動の静態的なとらえ方を改め、大航海時代以来の新たな活気に包まれている。

旅をめぐる言説ははじめから男性のものとしてジェンダー化されていた。それに対して、女性の旅行記も、隠蔽されてきたとはいえたくさんあったと証明するようなアンソロジーも、少なからずあらわれた。同時に、女性の本拠とされてきた「ホーム」や「居場所」という、「旅」や「移動」とは一見対照的な空間的概念にこめられた政治性を吟味する必要も浮上した。「旅」や「移動」を問うならば、「定位」や「居場所」も問わなければならない。ポストモダン地理学は、一部この必要に応えようとして展開されてきたのである。

カプランの根底的関心は、アイデンティティ・ポリティクスとして構築されたフェミニズムが陥っている理論的危機を、いかに乗り越えるかという課題にある。グローバル化は、女性というアイデンティティが政治的に無媒介な前提になりえないことを思い知らせる。だからといってアイデンティティを放棄すればすむというわけではなく、現代社会における浮動と定位とのあいだの交渉のなかから、新しい多元的集団的アイデンティティの構築が模索されなければならない。

いまや、「ホーム」や故郷や伝統や文化遺産から根こぎにされていない人々は、世界中にどれほどいるだろうか。失郷と呼んでもいい移動の経験は、グローバル化に直面している世界中の人々をとらえている。日常生活そのものが、ツーリストやディアスポラや亡命者や難民の経験に近づいているのかもしれない。

私は本書を読んで、現今の日本における「旅」や「移動」をめぐる議論にも通じるものがあると考え、翻訳紹介することを思い立った。カプランの文章は、ポストモダンの著者のご多分に漏れずいぶん入り組んでいるし、用語の使い方も独特なものが多く、日本語へ移し替えることはけっして容易ではなかったが、私自身の理解を確かにしたいという願いに後押しされるようにして、なんとか訳し通せた。

訳語について一言。ポストモダンの言説のなかで「旅」よりも好まれる用語「移動（displacement）」は、かつて占めていた場所（地位、故郷）の剝奪ないし喪失という意味合いがあるので、ほんとうは「位置（故郷）喪失」、あるいはいっそ「失位」とか「失郷」などという造語を使いたいくらいだ。しかし、今日一般に普及したらしい訳語「移動」を、抽象化の弊なきにしもあらずと危ぶみつつ、本訳書でも採用した。ポストモダンの理論的著作には、このほかにも独特な用語法や造語が頻出する。その訳に独自の工夫もしてみたが、新しい訳語を提起することで引き起こすかもしれない混乱を恐れて、人名表記も含め、結局はたいてい既訳に追随するところとなった。

学術書の出版がますます困難になりつつある現状のなかで、この訳書の刊行をお引き受けくださった西谷能英さんに、心から御礼を申し上げたい。

二〇〇三年二月

村山淳彦

Valentine, Gill. "Negotiating and Managing Multiple Sexual Identities: Lesbian Time-Space Strategies." *Transactions of the Institute of British Geographers* 18. 2 (1993): 237-248.

Van Den Abbeele, George. "Sightseers: The Tourist as Theorist." *Diacritics* 10 (December 1980): 2-14.

——. *Travel as Metaphor: From Montaigne to Rousseau*. Minneapolis: University of Minnesota Press, 1992.

Wallace, Michele. "The Politics of Location: Cinema/Theory/Literature/Ethnicity/Sexuality/Me." *Framework* 36 (1989): 42-55.

——. "Modernism, Postmodernism and the Problem of the Visual in Afro-American Culture." In *Out There: Marginalization and Contemporary Cultures*, ed. Russell Ferguson, Martha Gever, Trinh T. Minh-ha, 39-50. Cambridge: MIT Press, 1990.

Ware, Vron. *Beyond the Pale: White Women, Racism, and History.* London: Verso, 1992.

Weedon, Chris. *Feminist Practice and Poststructuralist Theory.* Oxford: Basil Blackwell Ltd., 1987.

West, Cornel. "Postmodernity and Afro-America." *Art Papers* 10. 1 (January/February 1986): 54.

White, Hayden. "Criticism as Cultural Politics." *Diacritics* 6. 3 (1976): 8-23.

White, Jonathan, ed. *Recasting the World: Writing After Colonialism*. Baltimore: Johns Hopkins University Press, 1993.

Williams, Raymond. *The Politics of Modernism: Against the New Conformists*. London: Verso, 1989.

Williamson, Judith. "Woman is an Island: Femininity and Colonization." In *Studies in Entertainment*, ed. Tania Modleski, 99-118. Bloomington: Indiana University Press, 1986.

Willis, Susan. *A Primer for Daily Life*. New York: Routledge, 1991.

Wittlin, Joseph. "Sorrow and Grandeur of Exile." *The Polish Review* 11 (Spring-Summer 1957): 99-112.

Wolff, Janet. "The Invisible Flaneuse: Women and the Literature of Modernity." *Theory, Culture and Society* 2. 3 (1985): 37-46.

——. "The Global and the Specific: Reconciling Conflicting Theories of Culture." In *Culture, Globalization and the World-System*, ed. Anthony D. King, 161-174. London: Macmillan Press, 1991.

——. "On the Road Again: Metaphors of Travel in Cultural Criticism." *Cultural Studies* 7 (1992): 224-239.

Women and Geography Study Group of the Institute of British Geographers. *Geography and Gender: An Introduction to Feminist Geography.* London: Hutchinson, 1984.

Woodhull, Winifred. "Exile." *Yale French Studies* 82 (1993): 7-24.

——. *Transfigurations of the Maghreb: Feminism, Decolonization, and Literatures*. Minneapolis: University of Minnesota Press, 1993.

Woolf, Virginia. *Three Guineas*. London: Harcourt Brace Jovanovich, 1938.

Young, Robert. *White Mythologies: Writing History and the West*. London: Routledge, 1990.

Yúdice, George. "Marginality and the Ethics of Survival." In *Universal Abandon? The Politics of Postmodernism*, ed. Andrew Ross, 214-236. Minneapolis: University of Minnesota Press, 1988.

——. "For a Practical Aesthetics." *Social Text* 25/26 (1990): 129-145.

——. "We Are *Not* the World." *Social Text* 31/32 (1992): 202-216.

Yúdice, George, Jean Franco, and Juan Flores, eds. *On Edge: The Crisis of Contemporary Latin American Culture*. Minneapolis: University of Minnesota Press, 1992.

Smart, Barry. *Modern Conditions, Postmodern Controversies*. London: Routledge, 1992.
Smith, Neil. *Uneven Development: Nature, Capital, and the Production of Space*. New York: Blackwell Books, 1984.
Smith, Neil, and Cindi Katz. "Grounding Metaphor: Towards a Spatialized Politics." In *Place and the Politics of Identiy*, ed. Michael Keith and Steve Pile, 67-83. London: Routledge, 1993.
Smith, Paul. "Visiting the Banana Republic." In *Universal Abandon?* ed. Andrew Ross, 128-148. Minneapolis: University of Minnesota Press, 1988.
Smith, Sidonie, and Julia Watson, eds. *De/Colonizing the Subject: The Politics of Gender in Women's Autobiography*. Minneapolis: University of Minnesota Press, 1992.
Smith, Valene, ed. *Hosts and Guests: The Anthropology of Tourism*. Philadelphia: University of Pennsylvania Press, 1992.
Soja, Edward. *Postmodern Geographies: The Reassertion of Space in Critical Social Theory*. London: Verso, 1989.
Spain, Daphne. *Gendered Spaces*. Chapel Hill: University of North Carolina Press, 1992.
Spivak, Gayatri Chakravorty. *In Other Worlds: Essays in Cultural Politics*. New York: Methuen Press, 1987. 鈴木聡ほか訳『文化としての他者』(紀伊國屋書店、1990年)
____. "Can the Subaltern Speak?" In *Marxism and the Interpretation of Culture*, ed. Cary Nelson and Lawrence Grossberg, 271-313. Urbana: University of Illinois Press, 1988. 上村忠男訳『サバルタンは語ることができるか』(みすず書房、1998年)
____. "The Political Economy of Women as Seen by a Literary Critic." In *Coming to Terms: Feminism, Theory, Politics*, ed. Elizabeth Weed, 218-229. New York: Routledge, 1989.
____. *The Post-Colonial Critic: Interviews, Strategies, Dialogues*, ed. Sarah Harasym. New York: Routledge, 1990.
____. *Outside in the Teaching Machine*. New York: Routledge, 1993. 高橋明史ほか訳「権力/知、再論」(部分訳)(『現代思想』1999年7月号、102-137).
Sprinker, Michael. "The National Question: Said, Ahmad, Jameson." *Public Culture* 6. 1 (1993): 3-30.
____, ed. *Edward Said: A Critical Reader*. Cambridge, MA: Blackwell Publishers, 1992.
____. "Introduction." In *Late Imperial Culture*, ed. Román de la Campa, E. Ann Kaplan, and Michael Sprinker, 1-10. London: Verso, 1995.
Spurr, David. *The Rhetoric of Empire: Colonial Discourse in Journalism, Travel Writing, and Imperial Administration*. Durham, NC: Duke University Press, 1993.
Stafford, Barbara Maria. *Voyage into Substance: Art, Science, Nature and the Illustrated Travel Account, 1760-1840*. Cambridge: MIT Press, 1984.
Steiner, George. *Extra-territorial: Papers on Literature and the Language Revolution*. New York: Atheneum Press, 1971. 由良君美ほか訳『脱領域の知性——文学言語革命論集』(河出書房新社、1972年)
Strathern, Marilyn. "Or, Rather, On Not Collecting Clifford." *Social Analysis* 29 (January 1991): 88-95.
Strobel, Margaret. *European Women and the Second British Empire*. Bloomington: Indiana University Press, 1991.
Tabori, Paul. *The Anatomy of Exile: A Semantic and Historical Study*. London: Harrap, 1972.
Taylor, Jenny Bourne. "Re: Locations — From Bradford to Brighton." *New Formations* 17 (1992): 86-94.
Thomas, Nicholas. *Colonialism's Culture: Anthropology, Travel, and Government*. Princeton: Princeton University Press, 1994.
Tiffin, Helen. "Post-Colonialism, Post-Modernism and the Rehabilitation of Post-Colonial History." *Journal of Commonwealth Literature* 23. 1 (1988): 169-181.
Tiffin, Helen, Bill Ashcroft, and Gareth Griffiths. *The Empire Writes Back: Theory and Practice in Post-Colonial Literatures*. London: Routledge, 1989. 木村茂雄訳『ポストコロニアルの文学』(青土社、1998年)
Tölölyan, Khachig. "The Nation-State and Its Others: In Lieu of a Preface." *Diaspora* 1. 1 (Spring 1991): 3-7.
Tomlinson, John. *Cultural Imperialism: A Critical Introduction*. Baltimore: Johns Hopkins University Press, 1991. 片岡信訳『文化帝国主義』(青土社、1997年)
Trinh, Minh-ha T. *Woman/Native/Other: Writing, Postcoloniality and Feminism*. Bloomington: Indiana University Press, 1989. 竹村和子訳『女性・ネイティヴ・他者——ポストコロニアリズムとフェミニズム』(岩波書店、1995年)
____. *When the Moon Waxes Red: Representation, Gender, and Cultural Politics*. New York: Routledge, 1991. 小林富久子訳『月が赤く満ちるとき——ジェンダー・表象・文化の政治学』(みすず書房、1996年)

Rutherford, Jonathan. "A Place Called Home: Identity and the Cultural Politics of Difference." In *Identiy: Community, Culture, Difference*, ed. Jonathan Rutherford, 9-27. London: Lawrence and Wishart, 1990.

Sack, Robert David. *Place, Modernity, and the Consumer's World: A Relational Framework for Geographical Analysis*. Baltimore: Johns Hopkins University Press, 1992.

Safran, William. "Diasporas in Modern Societies: Myths of Homeland and Return." *Diaspora* 1. 1 (Spring 1991): 83-99.

Said, Edward W. *Orientalism*. New York: Vintage Books, 1979. 今沢紀子訳『オリエンタリズム』(平凡社、平凡社ライブラリー版1993年)

____. "Zionism from the Standpoint of Its Victims." *Social Text* 1. 1 (1979): 7-58.

____. *The World, the Text, and the Critic*. Cambridge: Harvard University Press, 1983. 山形和美訳『世界・テキスト・批評家』(法政大学出版局、1995年)

____. "Reflections on Exile." *Granta* 13 (1984): 159-172.

____. "The Mind of Winter: Reflections on Life in Exile." *Harper's* (September 1984): 49-55.

____. "On Palestinian Identity: A Conversation with Salman Rushdie." *New Left Review* 160 (1986): 63-80.

____. "Intellectuals in the Post-Colonial World." *Salamagundi* 70-71 (Summer 1986): 44-64.

____. *After the Last Sky: Palestinian Lives*. New York: Pantheon Books, 1986. 島弘之訳『パレスチナとは何か』(岩波書店、1995年)

____. "American Intellectuals and Middle East Politics: An Interview with Bruce Robbins." *Social Text* 19/20 (Fall 1988): 37-53.

____. "Edward Said: The Voice of a Palestinian in Exile." *Third Text* 3/4 (Spring/Summer 1988): 39-50.

____. "Yeats and Decolonization." In *Remaking History*, ed. Barbara Kruger and Phil Mariani, 3-30. Seattle, WA: Bay Press, 1989.

____. "Figures, Configurations, Transfigurations." *Race and Class* 32. 1 (1990): 1-16.

____. *Culture and Imperialism*. New York: Alfred A. Knopf Publishers, 1993. 大橋洋一訳『文化と帝国主義』1・2 (みすず書房、1998 / 2001年)

Sandoval, Chela. "U. S. Third World Feminism: The Theory and the Method of Oppositional Consciousness in the Postmodern World." *Genders* 10 (Spring 1991): 1-24.

Sangari, Kum Kum, and Sudesh Vaid, eds. *Recasting Women: Essays in Indian Colonial History*. New Brunswick, NJ: Rutgers University Press, 1990.

Santos-Febres, Mayra. *The Translocal Papers: Gender and Nation in Contemporary Puerto Rican Literature*. Ph.D. dissertation, Cornell University Press, 1991.

Schnapper, Aron. "A Host Country of Immigrants That Does Not Know Itself." *Diaspora* 1. 3 (Winter 1993): 353-364.

Scott, Bonnie Kime. *The Gender of Modernism*. Bloomington: Indiana University Press, 1990.

Seidel, Michael. *Exile and Narrative Imagination*. New Haven: Yale University Press, 1986.

Sharpe, Jenny. *Allegories of Empire: The Figure of the Woman in the Colonial Text*. Minneapolis: University of Minneasota Press, 1993.

Shattuck, Roger. *The Banquet Years: The Origins of the Avant-Garde in France 1885 to World War I*. New York: Vintage Books, 1968.

Shohat, Ella. "Gender and the Culture of Empire: Toward a Feminist Ethnography of the Cinema." *Quarterly Review of Film and Video* 13. 1-3 (1991): 45-84.

____. "Notes on the 'Post-Colonial'." *Social Text* 31/32 (1992): 99-113.

____. "Reflections of an Arab Jew." *Emergences* 3/4 (Fall 1992): 39-45.

____. "Columbus, Palestine, and Arab-Jews: Toward a Relational Approach to Community Identity." In *Reflections on the Work of Edward Said: Cultural Identity and the Gravity of History*, ed. Keith Ansell-Pearson, Benita Parry, and Judith Squires. London: Lawrence and Wishart, forthcoming 1996.

Shohat, Ella, and Robert Stam. *Unthinking Eurocentrism: Multi-Culturalism and the Media*. New York: Routledge, 1994.

Sivan, Emmanuel. *Interpretations of Islam Past and Present*. Princeton: Darwin Press, 1985.

Sivanandan, A. "New Circuits of Imperialism." *Race and Class* 30. 4 (1989): 1-20.

____. "The Enigma of the Colonised: Reflections on Naipaul's Arrival." *Race and Class* 32. 1 (1990): 33-44.

Sklar, Leslie. *Sociology of the Global System*. Baltimore: Johns Hopkins University Press, 1991.

Slemon, Stephen. "Post-Colonial Allegory and the Transformation of History." *Journal of Commonwealth Literature* 23. 1 (1988): 157-168.

Pollock, Griselda. *Vision and Difference: Femininity, Feminism, and the Histories of Art*. London: Routledge, 1988. 萩原弘子訳『視線と差異——フェミニズムで読む美術史』（新水社、1998年）

Potts, Lydia. *The World Labour Market: A History of Migration*. Trans. Terry Bond. London: Zed Books, 1990.

Prakash, Gyan, ed. *After Colonialism: Imperial Histories and Postcolonial Displacements*. New Branswick, NJ: Rutgers University Press, 1992.

Pratt, Geraldine, and Susan Hanson. "Geography and the Construction of Difference." *Gender, Place and Culture* 1. 1 (1994): 5-29.

Pratt, Mary Louise. *Imperial Eyes: Travel Writing and Transculturation*. London: Routledge, 1992.

Pred, Allan, and Michael John Watts. *Reworking Modernity: Capitalisms and Symbolic Discontent*. New Branswick, NJ: Rutgers University Press, 1992.

Probyn, Elspeth. "Travels in the Postmodern: Making Sense of the Local." In *Feminism/Postmodernism*, ed. Linda J. Nicholson, 176-189. New York: Routledge, 1990.

Radway, Janice. "Reception Study: Ethnography and the Problems of Dispersed Audiences and Nomadic Subjects." *Cultural Studies* 2. 3 (1988): 359-376.

Rancière, Jacques. "Discovering New Worlds: Politics of Travel and Metaphors of Space." In *Traveller's Tales: Narratives of Home and Displacement*, ed. George Robertson et al., 29-37. London: Routledge, 1994.

Raybaud, Antoine. "Nomadism between the Archaic and the Modern." *Yale French Studies* 82 (1993): 146-158.

Reagon, Bernice Johnson. "Coalition Politics: Turning the Century." In *Home Girls: A Black Fminist Anthology*, ed. Barbara Smith, 356-369. New York: Kitchen Table: Women of Color Press, 1983.

Rich, Adrienne. *Of Women Born: Motherhood as Experience and Institution*. New York: Norton, 1976. 高橋茅香子訳『女から生まれる——アドリエンヌ・リッチ女性論』（晶文社、1990年）

____. *On Lies, Secrets, and Silence: Selected Prose, 1966-1978*. New York: Norton, 1979. 大島かおり訳『嘘、秘密、沈黙。——アドリエンヌ・リッチ女性論』（晶文社、1989年）

____. *Blood, Bread, and Poetry: Selected Prose, 1979-1985*. New York: Norton, 1986. 大島かおり訳『血、パン、詩。——アドリエンヌ・リッチ女性論』（晶文社、1989年）

____. *An Atlas of the Difficult World*. New York: Norton, 1991.

____. *What is found There: Notebooks on Poetry and Politics*. New York: Norton, 1993.

Richard, Nelly. "Postmodernism and Periphery." Trans. Nick Caistor. *Third Text* 2 (Winter 1987/88): 5-12.

Robbins, Bruce. "Homelessness and Worldliness." *Diacritics* 13. 3 (Fall 1983): 69-77.

____. "Comparative Cosmopolitanism." *Social Text* 31/32 (1992): 169-186.

____. *Secular Vocations: Intellectuals, Professionalism, Culture*. London: Verso Press, 1993.

Robins, Kevin. "Tradition and Translation: National Culture in Its Global Context." In *Enterprise and Heritage: Crosscurrents of National Culture*, ed. John Connor and Sylvia Harvey, 21-44. London: Routledge, 1991.

Rosaldo, Renato. *Culture and Truth: The Remaking of Social Analysis*. Boston: Beacon Press, 1989. 椎名美智訳『文化と真実——社会分析の再構築』（日本エディタースクール出版部、1998年）

____. "Politics, Patriarchs, and Laughter." In *The Nature and Context of Minority Discourse*, ed. Abdul JanMohamed and David Llyod, 124-145. New York: Oxford University Press, 1990.

Rose, Gillian. *Feminism and Geography: The Limits of Geographical Knowledge*. Minneapolis: University of Minnesota Press, 1993.

Ross, Andrew. "Baudrillard's Bad Attitude." In *Seduction and Theory: Readings of Gender, Representation, and Rhetoric*, ed. Diane Hunter, 214-225. Urbana: University of Illinois Press, 1989.

____ , ed. *Universal Abandon? The Politics of Postmodernism*. Minneapolis: University of Minnesota Press, 1988.

____. "The New Sentence and the Commodity Form: Recent American Writing." In *Marxism and the Interpretation of Culture*, ed. Cary Nelson and Lawrence Grossberg, 361-380. Urbana: University of Illinois Press, 1988.

Rouse, Roger. "Mexican Migration and the Social Space of Postmodernism." *Diaspora* 1. 1 (Spring 1991): 8-23.

____. "Thinking Through Transnationalism: Note on the Cultural Politics of Class Relations in the Contemporay United States." *Public Culture* 7. 2 (Winter 1995): 353-402.

Ruiz, Vicki L. and Susan Tiano, eds. *Women on the U. S./Mexican Border: Response to Change*. Boston: George Allen and Unwin, 1987.

Rushdie, Salman. *Imaginary Homelands: Essays and Criticism, 1981-1991*. New York: Penguin Books, 1991.

____. "Under Western Eyes: Feminist Scholarship and Colonial Discourses." In *Third World Women and the Politics of Feminism*, ed. Chandra Talpade Mohanty, Ann Russo, and Lourdes Torres, 51-80. Bloomington: Indiana University Press, 1991.

Moore, Suzanne. "Getting a Bit of the Other — The Pimps of Postmodernism." In *Male Order*, ed. Rowena Chapman and Jonathan Rutherford, 165-192. London: Lawrence and Wishart Press, 1988.

Moorehead, Caroline. *Freya Stark*. Harmondsworth: Penguin, 1985.

Morley, David, and Kevin Robins. "Spaces of Identity: Communications Technologies and the Reconfiguration of Europe." *Screen* 30. 4 (Autumn 1989): 10-34.

Morris, Meaghan. "Room 101 or a Few Worst Things in the World." In *Secluded and Abandoned: The Baudrillard Scene*, ed. André Frankovits, 91-117. New York: Semiotext(e) Press, 1984.

____. "At Henry Parkes Motel." *Cultural Studies* 2. 1 (January 1988): 1-47.

____. "Things to Do With Shopping Centres." In *Grafts: Feminist Cultural Criticism*, ed. Susan Sheridan, 193-225. London: Verso, 1988.

____. "Great Moments in Social Climbing: King Kong and the Human Fly." In *Sexuality and Space*, ed. Beatriz Colomina, 1-51. New York: Princeton Architechtural Press, 1992.

Muecke, Stephen. "The Discourse of Nomadology: Phylums in Flux." *Art and Text* 14 (1984): 24-40.

Mukherjee, Arjun. "Whose Post-Colonialism and Postmodernism?" *World Literature Written in English* 30. 2 (August 1990): 1-9.

Naficy, Hamid. *The Making of Exile Cultures: Iranian Television in Los Angeles*. Minneapolis: University of Minnesota Press, 1993.

Nash, Catherine. "Remapping and Renaming: New Cartographies of Identity, Gender, and Landscape in Ireland." *Feminist Review* 44 (Summer 1993): 39-57.

Nash, Dennison. "Tourism as an Anthropological Subject." *Current Anthropology* 22. 5 (October 1981): 461-481.

Natarajan, Nalini, ed. *Writers of the Indian Diaspora*. Westport, CT: Greenwood Publishers, 1993.

Nelson, Cary, and Lawrence Grossberg, eds. *Marxism and the Interpretation of Culture*. Urbana: University of Illinois Press, 1988.

Newman, Robert D. *Transgressions of Reading: Narrative Engagement as Exile and Return*. Durham, NC: Duke University Press, 1993.

Newton, Judith, and Judith Stacey. "Learning Not to Curse, or, Feminist Predicaments in Cultural Criticism by Men: Our Movie Date with James Clifford and Stephen Greenblatt." *Cultural Critique* 23 (Winter 1992-93): 51-82.

Ngugi wa Thiongo. *Moving the Centre: The Struggle for Cultural Freedoms*. London: James Curry Press, 1993.

Nicholson, Linda J. ed. *Feminism/Postmodernism*. New York: Routledge, 1990.

Nixon, Robert. "London Calling: V. S. Naipaul and the License of Exile." *South Atlantic Quarterly* 87. 1 (Winter 1988): 1-38.

Norris, Christopher. *What's Wrong with Postmodernism: Critical Theory and the Ends of Philosophy.* Baltimore: Johns Hopkins University Press, 1990.

____. *Uncritical Theory: Postmodernism, Intellectuals and the Gulf War.* Amherst: University of Massachusetts Press, 1992.

Norton, Jody. "*America* by Jean Baudrillard." *Discourse* 14. 3 (Summer 1992): 167-173.

Ochoa, Maria, and Teresa Teaiwa, ed. "Enunciating Our Terms: Women of Color in Collaboration and Conflict." *Inscriptions* 7 (1994).

Ong, Aihwa. *Spirits of Resistance and Capitalist Discipline: Factory Women in Malaysia*. Albany: State University of New York Press, 1987.

____. "The Gender and Labor Politics of Postmodernity." *Annual Review of Anthropolgy* 20 (1991): 279-309.

Parker, Andrew, et al., eds. *Nationalisms and Sexualities*. New York: Routledge, 1992.

Partnoy, Alicia, ed. *You Can't Drown the Fire: Latin American Women Writing in Exile*. Pittsburgh: Cleis Press, 1988.

Patton, Paul. "Conceptual Politics and the War-Machine in *Mille Plateaux*." *SubStance* 44/45 (1984): 61-80.

____. "Marxism and Beyond: Strategies of Reterritorialization." In *Marxism and the Interpretation of Culture*, ed. Cary Nelson and Lawrence Grossberg, 123-136. Urbana: University of Illinois Press, 1988.

Peterson, Kirsten Holst, and Anna Rutherford, eds. *Displaced Persons*. Sydney: Dangaroo Press, 1988.

Pick, Zuzana M. "The Dialectical Wanderings of Exile." *Screen* 30. 4 (Autumn 1989): 48-65.

2. 2 (Fall 1994): 417-429.
Lionnet, Françoise, and Ronnie Scharfman, eds. "Post/Colonial Conditions: Exile, Migrations, and Nomadism." *Yale French Studies* 82/83 (1993).
Lorde, Audre. *Sister/Outsider: Essays and Speeches*. Trumansburg, NY: The Crossing Press, 1984.
Lowe, Lisa. *Critical Terrains: French and British Orientalisms*. Ithaca: Cornell University Press, 1991.
____. "Heterogeneity, Hybridity, Multiplicity: Marking Asian American Differences." *Diaspora* 1. 1 (Spring 1991): 24-44.
____. "Literary Nomadics in Francophone Allegories of Postcolonialism: Pham Van Ky and Tahar Ben Jelloun." *Yale French Studies* 82 (1993): 43-61.
Lubiano, Wahneema. "Shuckin' Off the African-American Native Other: What's 'Po-Mo' Got to Do with It?" *Cultural Critique* 18 (Spring 1991): 149-186.
Lugones, Maria. "Playfulness, 'World'-Travelling, and Loving Perception." In *Making Face/Making Soul: Haciendo Caras*, ed. Gloria Anzeldúa, 390-402. San Francisco: Aunt Lute Books, 1990.
Lyotard, Jean-François. *The Postmodern Condition: A Report on Knowledge*. Trans. Geoff Bennington and Brian Massumi. Minneapolis: University of Minnesota Press, 1984. 小林康夫訳『ポストモダンの条件』(書肆風の薔薇、1981年)
MacCannell, Dean. *The Tourist: A New Theory of the Leisure Class*. New York: Schocken Books, 1976.
____. *Empty Meeting Grounds: The Tourist Papers*. London: Routledge, 1992.
McCarthy, Mary. "Exiles, Expatriates and Internal Emigres." *The Listener* (25 November 1971): 705-708.
McClintock, Anne. "The Angel of Progress: Pitfalls of the Term 'Post-Colonialism.'" *Social Text* 31/32 (1992): 84-98.
McGee, Patrick. *Telling the Other: The Question of Value in Modern and Postmodern Writing*. Ithaca: Cornell University Press, 1992.
McGowan, John. *Postmodernism and Its Critics*. Ithaca: Cornell University Press, 1991.
Mani, Lata. "Multiple Mediations: Feminist Scholarship in the Age of Multinational Reception." *Inscriptions* 5 (1989):1-24.
Mani, Lata, and Ruth Frankenberg. "The Challenge of *Orientalism*." *Economoy and Society* 14. 2 (1985): 174-192.
Marcus, George, and Michael Fischer, eds. *Anthropology as Cultural Critique*. Chicago: University of Chicago Press, 1986.
Martin, Susan Forbes. *Refugee Women*. London: Zed Books, 1991.
Mascia-Lees, Frances E., Patricia Sharpe, and Colleen Ballerino Cohen. "The Postmodernist Turn in Anthropology: Cautions from a Feminist Perspective." *Signs* 15. 1 (1989): 7-33.
Massey, Doreen. *Space, Place, and Gender*. Minneapolis: University of Minnesota Press, 1994.
Massumi, Brian. "Realer Than Real: The Simulacrum According to Deleuze and Guattari." *Copyright* 1 (Fall 1987): 90-97.
Mathy, Jean-Phillipe. *Extrême-Occident: French Intellectuals and America*. Chicago: University of Chicago Press, 1993.
Matterart, Armand. *Transnationals and the Third World: The Struggle for Culture*. South Hadley, MA: Bergin and Garvey Publisher, 1983.
____. *Mapping World Communication: War, Progress, Culture*. Minneapolis: University of Minnesota Press, 1994.
Mehrez, Samia. "Azouz Begag: *Un di zafras di bidoufile* or The *Beur* Writer: A Question of Territory." *Yale French Studies* 82 (1993): 25-42.
Meisel, Perry. *The Myth of the Modern: A Study in British Literature and Criticism after 1850*. New Haven: Yale University Press, 1987.
Mercer, Kobena. *Welcome to the Jungle: New Positions in Black Cultural Studies*. New York: Routledge, 1994.
Miller, Christopher L. *Blank Darkness: Africanist Discourse in French*. Chicago: University of Chicago Press, 1985.
Miller, J. Hillis. "Beginning with a Text." *Diacritics* 6. 3 (Fall 1976): 2-7.
Miyoshi, Masao. "A Borderless World? From Colonialism to Transnationalism and the Decline of the Nation-State." *Critical Inquiry* 19. 4 (Summer 1993): 726-751.
Mohanty, Chandra Talpade. "Feminist Encounters: Locating the Politics of Experience." *Copyright* 1 (Fall 1987): 30-44.
____. "Cartographies of Struggle: Third World Women and the Politics of Feminism." Introduction to *Third World Women and the Politics of Feminism*, ed. Chandra Talpade Mohanty, ann Russo, and Lourdes Torres, 1-47. Bloomington: Indiana University Press, 1991.

Jones, Kathleen B. "Identity, Action, and Locale: Thinking About Citizenship, Civic Action, and Feminism." *Social Politics: International Studies in Gender, State and Society* 1. 3 (Fall 1994): 256-270.

Jordan, June. *On Call: Political Essays*. Boston: South End Press, 1985.

Kaplan, Caren. "The Poetics of Displacement: Exile, Immigration, and Travel in Autobiographical Writing." Ph.D. diss., University of California at Santa Cruz, 1987.

____. "The Poetics of Displacement in *Buenos Aires*," *Discourse* 8 (Fall-Winter 1986-87): 84-102.

____. "Deterritorializations: The Rewriting of Home and Exile in Western Feminist Discourse." *Cultural Critique* 6 (Spring 1987): 187-198.

____. "Reconfigurations of Geography and Historical Narrative." *Public Culture* 3. 1 (Fall 1990): 25-32.

____. "Resisting Autobiography: Out-Law Genres and Transnational Subjects." In *De/Colonizing the Subject: the Politics of Gender in Women's Autobiography*, ed. Sidonie Smith and Julia Watson, 115-138. Minneapolis: University of Minnesota Press, 1992.

____. "'A World Without Boundaries': The Body Shop's Trans/National Geographics." *Social Text* 43 (June 1995): 45-66.

____. "'Getting to Know You': Travel, Gender, and the Politics of Representation in *Anna and the King of Siam* and *The King and I*." In *Late Imperial Culture*, ed. Román de la Campa, E. Ann Kaplan, and Michael Sprinker, 33-52. London: Verso, 1995.

Kaplan, Caren, and Inderpal Grewal. "Transnational Feminist Cultural Studies: Beyond the Marxism/Poststructuralist/Feminism Divides." *positions: east asia cultures critique* 2. 2 (Fall 1994): 430-445.

Katz, Cindi, and Janice Monk, ed. *Full Circles: Geographies of Women Over the Life Course*. New York: Routledge, 1993.

Keith, Michael, and Steve Pile, eds. *Place and the Politics of Identity*. London: Routledge, 1993.

Kellner, Douglas. *Jean Baudrillard: From Marxism to Postmodernism*. Stanford: Stanford University Press, 1989.

Kern, Stephen. *The Culture of Time and Space, 1880-1918*. Cambridge: Harvard University Press, 1983. 浅野敏夫ほか訳『時間と空間の文化—— 1880-1918 年』上・下（法政大学出版局、1993 年）

Kincaid, Jamaica. *A Small Place*. New York: Farrar, Straus & Giroux, 1988. 旦敬介訳『小さな場所』（平凡社、1997年）

King, Anthony D., ed. *Cuture, Globalization and the World-System*. London: Macmillan Press, 1991. 山中弘ほか訳『文化とグローバル化——現代社会とアイデンティティ表現』（玉川大学出版部、1 999年）

Kondo, Dorinne K. *Crafting Selves: Power, Gender, and Discourses of Identity in a Japanese Workplace*. Chicago: University of Chicago Press, 1990.

Kristeva, Julia. *Nations Without Nationalism*. Trans. Leon S. Roudiez. New York: Columbia University Press, 1993. 支倉寿子・木村信子編訳『彼方をめざして——ネーションとは何か』（せりか書房、1994年）

Kroker, Arthur. *The Possessed Individual: Techonology and the French Postmodern*. New York: St. Martin's Press, 1992.

Kroker, Arthur, and David Cook. *The Postmodern Scene: Excremental Culture and Hyper-Aesthetics*. New York: St. Martin's Press, 1986. 大熊昭信訳『ポストモダン・シーン』（法政大学出版局、1993年）

Krupat, Arnold. *Ethnocriticism: Ethnography, History, Literature*. Berkeley: University of California Press, 1992.

Laclau, Ernesto. "Politics and the Limits of Modernity." In *Universal Abandon?*, ed. Andrew Ross, 63-82. Minneapolis: University of Minnesota Press, 1988.

Lamming, George. *The Pleasures of Exile*. London: Allison and Busby, 1984.

Larsen, Neil. *Modernism and Hegemony: A Materialist Critique of Aesthetic Agencies*. Minneapolis: University of Minnesota Press, 1990.

Lazarus, Neil. "Postcolonialism and the Dilemma of Nationalism: Aijaz Ahmad's Critique of Third-Worldism." *Diaspora* 2. 3 (1993): 373-400.

Lefebvre, Henri. *The Production of Space*. Trans. Donald Nicholson-Smith. Cambridge, MA: Basil Blackwell Publishers, 1991. 斎藤日出治『空間の生産』（青木書店、2000年）

Levin, Harry. *Refractions: Essays in Comparative Literature*. New York: Oxford University Press, 1966.

Lie, John. "Enough Said, Ahmad: Politics and Literary Theory." *positions: east asia cultures critique*

1991. 高橋さきの訳『猿と女とサイボーグ』（青土社、2000年）
Hartley, John. "Expatriation: Useful Astonishment as Cultural Studies." *Cultural Studies* 6. 3 (October 1992): 449-467.
Hartsock, Nancy. "Rethinking Modernism: Minority vs. Majority Theories." In *The Nature and Context of Minority Discourse*, ed. Abdul R. JanMohamed and David Llyod, 17-36. New York: Oxford University Press, 1990.
Harvey, David. *The Condition of Postmodernity.* Cambridge, MA: Basil Blackwell Press, 1990. 吉原直樹監訳『ポストモダニティの条件』（青木書店、1999年）
Hassan, Ihab. *Paracriticisms: Seven Speculations of the Times*. Urbana: University of Illinois Press, 1975.
Hayward, Philip. "Implosive Critiques." *Screen* 25 (1984): 128-133.
Helms, Mary W. *Ulysses' Sail: An Ethnographc Odyssey of Power, Knowledge, and Geographical Distance*. Princeton: Princeton University Press, 1988.
Hicks, D. Emily. *Border Writing: The Multidimensional Text.* Minneapolis: University of Minnesota Press, 1991.
Hidalgo, Cristina Pantoja. "Home and Exile in the Autobiographical Narratives of Filipino Women Writers." In *Philippine Post-Colonial Studies: Essays on Language and Literature*, ed. Cristina Pantoja Hidalgo and Prisceline Pantajo-Legasto, 82-104. Diliman, Quezon City: University of the Philippines Press, 1993.
Hoberman, J. "Lost in America: Jean Baudrillard, Extraterrestrial." *Voice Literary Supplement* 34. 72 (March 1989): 15-16.
Hobsbawm, E. J. *Nations and Nationalism Since 1780: Programme, Myth, Reality.* Cambridge: Cambridge University Press, 1991. 浜林正夫・嶋田耕也訳『ナショナリズムの歴史と現在』（大月書店、2001年）
hooks, bell. *Yearning: Race, Gender, and Cultural Politics*. Boston: South End Press, 1990.
____. *Black Looks: Race and Representation*. Boston: South End Press, 1992.
Horne, Donald. *The Great Museum: The Re-Presentation of History.* London: Pluto Press, 1984.
Howe, Irving. *Decline of the New.* New York: Harcourt, Brace, Jovanovich, 1970.
Hulme, Peter. *Colonial Encounters: Europe and the Native Caribbean, 1492-1797*. London: Methuen, 1986.
Hunter, Diane, ed. *Seduction and Theory: Readings of Gender, Representation, and Rhetoric*. Urbana: University of Illinois Press, 1989.
Hutcheon, Linda. *A Poetics of Postmodernism: History, Theory, Fiction*. New York: Routledge, 1988.
Huyssen, Andreas. *After the Great Divide: Modernism, Mass Culture, Postmodernism*. Bloomington: Indiana University Press, 1986.
Ilie, Paul. *Literature and Inner Exile*. Baltimore: Johns Hopkins University Press, 1980.
Independent Commission on International Humanitarian Issues. *Refugees: Dynamics of Displacement*. London: Zed Books, 1986.
James, C. L. R. *Mariners, Renegades and Castaways: The Story of Herman Melville and the World We Live In*. London: Allison and Busby, 1985.
Jameson, Fredric. "Postmodernism, Or, The Cultural Logic of Late Capitalism." *New Left Review* 146 (1984): 53-92.
____. "Cognitive Mapping." In *Marxism and the Interpretation of Culture*, ed. Cary Nelson and Lawrence Goldberg, 347-357. Urbana: University of Illinois Press, 1988.
____. "Modernism and Imperialism." In *Nationalism, Colonialism, and Literature*, ed. Terry Eagleton, Fredric Jameson, and Edward Said, 43-68. Minneapolis: University of Minnesota Press, 1990. 増渕正史ほか訳『民族主義・植民地主義と文学』（法政大学出版局、1996年）
JanMohamed, Abdul. "Worldliness-without-World, Homeless-as-Home: Toward a Definition of the Secular Border Intellectural." In *Edward Said: A Critical Reader*, ed. Michael Sprinker, 96-120. Cambridge, MA: Blackwell Publishers, 1992.
JanMohamed, Abdul, and David Lloyd, eds. *The Nature and Context of Minority Discourse*. New York: Oxford University Press, 1990.
Jardine, Alice. "Woman in Limbo: Deleuze and His Br(others)." *SubStance* 44/45 (1984): 46-60.
Jay, Karla. "The Outsider Among the Expatriates: Djuna Barnes's Satire on the Ladies of the *Almanack*." In *Lesbian Texts and Contexts: Radical Revisions*, ed. Karla Jay and Joanne Glasgow, 204-216. New York: New York University Press, 1990.
Jayawardena, Kumari. *Feminism and Nationalism in the Third World*. London: Zed Books, 1986.
Jensen, Holger. "Death and Refugees, the Cost of Nonintervention." *San Francisco Examiner*, 31 July 1994, A17.

Fuentes, Annette, and Barbara Ehrenreich. *Women in the Global Factory.* Boston: South End Press, 1983.

Fujikane, Candace. "Between Nationalisms: Hawaii's Local Nation and Its Troubled Racial Paradise." *Critical Mass: A Journal of Asian American Cultural Criticism* 1. 2 (1994): 23-58.

Fusco, Coco. "About Locating Ourselves and Our Representations." *Framework* 36 (1989): 7-14.

Fussell, Paul. *Abroad: British Literary Traveling Between the Wars*. Oxford: Oxford University Press, 1980.

Gabriel, Teshome H. "Thoughts on Nomadic Aesthetics and the Black Independent Cinema." In *Blackframes: Critical Perspectives on Black Independent Cinema*, ed. Cham Mybe and Claire Watkins, 62-79. Cambridge: MIT Press, 1988.

Gallop, Jane. "French Theory and the Seduction of Feminism." In *Men in Feminism*, ed. Alice Jardine and Paul Smith, 111-115. New York: Methuen Press, 1987.

Gane, Mike. *Baudrillard: Critical and Fatal Theory.* London: Routledge, 1991.

Genesko, Gary. "Adventures in the Dromosphere." *border/lines* (Winter 1989/90): 34-36.

Gilroy, Paul. *"There Ain't No Black in the Union Jack": The Cultural Politics of Race and Nation*. Chicago: University of Chicago Press, 1991.

____. *The Black Atlantic: Modernity and Double Consciousness*. Cambridge: Harvard University Press, 1993.『ブラック・アトランティック』(月曜社、近刊予定)

Gonzalez, Jennifer A., and Michelle Habell-Pallan. "Heterotopias and Shared Methods of Resistance: Navigating Social Spaces and Spaces of Identity." *Inscriptions* 7 (1994): 80-104.

Gordon, Deborah, ed. "Feminism and the Critique of Colonial Discourses." *Inscriptions* 3. 4 (1988): 1-5.

Graham, Julie. "Fordism/Post-Fordism, Marxism/Post-Marxism: The Second Cultural Divide?" *Rethinking Marxism* 4. 1 (Spring 1991): 39-58.

Green, Martin. *Dreams of Adventure, Deeds of Empire*. New York: Basic Books, 1979.

Gregory, Derek. *Geographical Imaginations*. Cambridge, MA: Basil Balackwell Publishers, 1994.

Gregory, Derek, and John Urry, eds. *Social Relations and Spatial Structures*. New York: St. Martin's Press, 1985.

Grewal, Inderpal. "Salman Rushdie: Marginality, Women, and *Shame*." *Genders* 3 (Fall 1988): 24-42.

____. "The Guidebook and the Museum: Imperialism, Education and Nationalism in the British Museum." *Bucknell Review* (1990): 195-217.

____. "The Postcolonial, Ethnic Studies, and the Diaspora: The Contexts of Ethnic Immigrant/ Migrant Cultural Studies in the US." *Socialist Review* 94. 4 (1994): 45-74.

____. "Autobiographic Subjects and Diasporic Locations: *Meatless Days* and *Borderlands*." In *Scattered Hegemonies: Postmodernity and Transnational Feminist Practices*, eds. Inderpal Grewal and Caren Kaplan, 231-254. Minneapolis: University of Minnesota Press, 1994.

____. *Home and Harem: Imperialism, Nationalism, and the Culture of Travel*. Durham, NC: Duke University Press, 1996.

Grewal, Inderpal, and Caren Kaplan. "Transnational Feminist Practices and Questions of Postmodernity." Introduction to *Scattered Hegemonies: Postmodernity and Transnational Feminist Practices*, eds. Inderpal Grewal and Caren Kaplan, 1-33. Minneapolis: University of Minnesota Press, 1994.

Griffiths, Gareth. *A Double Exile: African and West Indian Writing Between Two Cultures*. London: Marion Boyars, 1978.

Grisoni, Dominique, ed. *Politiques de la philosophie*. Paris: Bernard Grasset, 1976.

Grossberg, Lawrence. "Wandering Audiences, Nomadic Critics." *Cultural Studies* 2. 3 (1988): 377-389.

Grossberg, Lawrence, Cary Nelson, and Paula A. Treichler, eds. *Cultural Studies*. New York: Routledge, 1992.

Guha, Ranajit, and Gayatri Chakravorty Spivak, eds. *Selected Subaltern Studies*. New York: Oxford University Press, 1988.

Hall, Stuart. "The Local and the Global: Globalization and Ethnicity." In *Culture, Globalization and the World System: Contemporary Conditions for the Representation of Identity*, ed. Anthony D. King, 19-40. London: Macmillan, 1991.

Hannerz, Ulf. "The World in Creolisation." *Africa* 57. 4 (1987): 546-558.

____. "Notes on the Global Ecumene." *Public Culture* 1. 2 (Spring 1989): 66-75.

Hanscombe, Gillian, and Virginia L. Smyers. *Writing For Their Lives: The Modernist Women, 1910-1940*. London: The Women's Press, 1987.

Haraway, Donna. *Simians, Cyborgs, and Women: The Reinvention of Nature*. New York: Routledge,

Deleuze, Gilles, and Félix Guattari. *Anti-Oedipus: Capitalism and Schizophrenia*. Trans. Robert Hurley, Mark Seem, and Helen R. Lane. Minneapolis: University of Minnesota Press, 1983. Originally published as *L'Anti-Œdipe: Capitalisme et schizophrénie I* (Paris: Minuit, 1972). 市倉宏祐訳『アンチ・オイディプス』(河出書房新社、1986年)

____. *Kafka: Toward a Minor Literature*. Trans. Dana Polan. Minneapolis: University of Minnesota Press, 1986. Originally published as *Kafka: Pour une littérature mineure* (Paris: Minuit, 1975). 宇波彰ほか訳『カフカ——マイナー文学のために』(法政大学出版局、1978年)

____. *A Thousand Plateaus: Capitalism and Schizophrenia*. Trans. Brian Massumi. Minneapolis: University of Minnesota Press, 1987. Originally published as *Mille Plateaux: Capitalisme et schizophrénie II* (Paris: Minuit, 1980). 宇野邦一ほか訳『千のプラトー』(河出書房新社、1994年)

De Man, Paul. "Literary History and Lierary Modernity." In *Blindness and Insight: Essays in the Rhetoric of Contemporary Criticism*, 142-165. London: Methuen, 1983.

Dhareshwar, Vivek. "Marxism, Location Politics, and the Possibility of Critique." *Public Culture* 6. 1 (1993): 41-54.

di Leonardo, Micaela, ed. *Gender at the Crossroads of Knowledge: Feminist Anthropology in the Postmodern Era*. Berkeley: University of California Press, 1991.

Dirlik, Arif. "Postcolonial Aura: Third World Criticism in the Age of Global Capitalism." *Critical Inquiry* 20 (Winter 1994): 328-356.

Domosh, Mona. "Towards a Feminist Historiography of Geography." *Transactions of the Institute of British Geographers* 16 (1991): 95-104.

Donaldson, Laura. *Decolonizing Feminisms: Race, Gender, and Empire-Building*. Chapel Hill: University of North Carolina Press, 1992.

Dowmunt, Tony, ed. *Channels of Resistance: Global Television and Local Empowerment*. London: BFI Publishing, 1993.

Drummond, Phillip, Richard Paterson, and Janet Willis, eds. *National Identity and Europe: The Television Revolution*. London: BFI Publishing, 1993.

Duncan, James, and David Ley, eds. *Place/Culture/Representation*. London: Routledge, 1993.

During, Simon. "Postmodernism or Post-Colonialism Today." *Textual Practice*1. 1 (Spring 1987): 32-47.

____. ed. *The Cultural Studies Reader*. London: Routledge, 1993.

Eagleton, Terry. *Exiles and Émigrés: Studies in Modern Literature*. New York: Schocken Books, 1970.

Eco, Umberto. *Travels in Hyperreality*. San Diego: Harvest Press, 1986.

Eisenstein, Sergei. *Film Form: Essays in Film Theory*. Trans. Jay Leyda. New York: Harcourt, Brace, Jovanovich, 1977. エイゼンシュテイン全集刊行委員会訳『エイゼンシュテイン全集 3 ——第 1 部　人生におけるわが芸術　第 3 巻　革命の映画』(キネマ旬報社、1975年)

Enloe, Cynthia. *Bananas, Beaches, and Bases: Making Feminist Sense of International Politics*. Berkeley: University of California Press, 1990.

Farah, Nurrudin. "A Country in Exile." *Transition* 57 (1992): 4-8.

Ferguson, Kathy E. *The Man Question: Visions of Subjectivity in Feminist Theory*. Berkeley: University of California Press, 1993.

Fernandez-Kelly, Patricia. *For We Are Sold, I and My People: Women and Industry on Mexico's Frontier*. Albany: State University of New York Press, 1983.

Foucault, Michel. *Power/Knowledge: Selected Interviews and Other Writings, 1972-1977*. New York: Pantheon Books. 1980.

____. "Of Other Spaces." Trans. Jay Miskowiec. *Diacritics* 16. 1 (Spring 1986): 22-27.

Foley, Barbara. *Telling the Truth: The Theory and Practice of Documentary Fiction*. Ithaca: Cornell University Press, 1986.

Fox, Pamela. *Class Fictions: Shame and Resistance in the British Working-Class Novel, 1890-1945*. Durham, NC: Duke University Press, 1994.

Frankenberg, Ruth, and Lata Mani. "Crosscurrents, Crosstalk: Race,'Postcoloniality'and the Politics of Location." *Cultural Studies* 7. 2 (May 1993): 292-310.

Frankovits, André, ed. *Seduced and Abandoned: The Baudrillard Scene*. New York: Semiotext(e) Press, 1984.

Fraser, Nancy, and Linda Nicholson. "Social Criticism without Philosophy: An Encounter between Feminism and Postmodernism." In *Universal Abandon?* ed. Andrew Ross, 83-104. Minneapolis: University of Minnesota Press, 1988.

Freud, Sigmund. "Mourning and Melancholia." In *Metapsychology*, 245-268. Harmondsworth: Penguin Books, 1984. 井村恒郎ほか訳「悲哀とメランコリー」『フロイト著作集 6 』(人文書院、1970年)

____. *The Nation and Its Fragments: Colonial and Postcolonial Histories*. Princeton: Princeton University Press, 1993.

Chaudhuri, Nupur, and Margaret Strobel, eds. *Western Women and Imperialism: Complicity and Resistance*. Bloomington: Indiana University Press, 1992.

Chen, Kuan-Hsing. "The Masses and the Media: Baudrillard's Implosive Post-Modernism." *Theory, Culture, and Society* 4 (1987): 71-88.

____. "Voices From the Outside: Towards a New Internationalist Localism." *Cultural Studies* 6. 3 (October 1992): 476-484.

Childers, Peter. "Colors on the Map: Narrative, Geography, and the Multicultural Work of Target Marketing." Dept. of English, University of British Columbia, photocopy, 1994.

Chow, Rey. *Women and Chinese Modernity: The Politics of Reading Between West and East*. Minneapolis: University of Minnesota Press, 1991.

____. *Writing Diaspora: Tactics of Intervention in Contemporary Cultural Studies*. Bloomington: Indiana University Press, 1993. 本橋哲也訳『ディアスポラの知識人』(青土社、1998年)

Christian, Barbara. "The Race for Theory." In *The Nature and Context of Minority Discourse*, ed. Abdul R. JanMohamed and David Llyod, 37-49. New York: Oxford, 1990.

Clifford, James. *The Predicament of Culture: Twentieth-Century Ethnography, Literature, and Art*. Cambridge: Harvard University Press, 1988. 太田好信ほか訳『文化の窮状――二十世紀の民族誌、文学、芸術』(人文書院、2003年)

____. "Notes on Theory and Travel." *Inscriptions* 5 (1989): 177-188.

____. "Traveling Cultures." In *Cultural Studies*, ed. Lawrence Grossberg, Cary Nelson, and Paula Treichler, 96-112. New York: Routledge, 1992.

____. "Diasporas." *Cultural Anthropology* 9. 3 (1994): 302-338. 有元健訳「ディアスポラ」(『現代思想』1998年6月号、120-156).

Clifford, James, and Vivek Dhareshwar, eds. "Traveling Theories, Traveling Theorists." *Inscriptions* 5 (1989).

Clifford, James, and George Marcus, eds. *Writing Culture*. Berkeley: University of California Press, 1986. 春日直樹ほか訳『文化を書く』(紀伊國屋書店、1996年)

Cohen, Ed. "The 'Hyperreal' vs. the 'Really Real': If European Intellectuals Stop Making Sense of American Culture Can We Still Dance?" *Cultural Studies* 3. 1 (1989): 25-37.

Collins, Jim. *Uncommon Cultures: Popular Culture and Postmodernism*. New York: Routledge, 1989.

Colomina, Beatriz, ed. *Sexuality and Space*. New York: Princeton Architectural Press, 1992.

Connor, Steven. *Postmodernist Culture: An Introduction to Theories of the Contemporary.* New York: Basil Blackwell Press, 1989.

Cowley, Malcolm. *Exile's Return: A Literary Odyssey of the 1920s*. Harmondsworth: Penguin Books, 1982. 大橋健三郎・白川芳郎訳『亡命者帰る――「失われた世代」の文学遍歴』(南雲堂、1960年)

Crowley, Helen, et al., eds. "Shifting Territories: Feminism and Europe." *Feminist Review* 39 (1991).

Culler, Jonathan. "The Semiotics of Tourism." In *Framing the Sign: Criticism and Its Institutions*, 153-167. Norman: University of Oklahoma Press, 1988.

Curti, Lidia. "What is Real and What is Not: Female Fabulations in Cultural Analysis." In *Cultural Studies*, ed. Lawrence Grossberg, Cary Nelson, and Paula A. Treichler, 134-153. New York: Routledge, 1992.

Dahlie, Hallvard. *Varieties of Exile: The Canadian Experience*. Vancouver: University of British Columbia Press, 1986.

Davis, Angela. *Women, Culture, Politics*. New York: Vintage Books, 1990.

Davies, Carole Boyce. *Black Women, Writing, and Identity: Migrations of the Subject.* New York: Routledge, 1994.

de Lauretis, Teresa. *Alice Doesn't*. Bloomington: Indiana University Press, 1984.

____. "Feminist Studies/Critical Studies: Issues, Terms, and Contexts." In *Feminist Studies/Critical Studies*, ed. Teresa de Lauretis, 1-19. Bloomington: Indiana University Press, 1986.

____. *Technologies of Gender: Essays on Theory, Film, and Fiction*. Bloomington: Indiana University Press, 1987.

____. "The Essence of the Triangle, or, Taking the Risk of Essentialism Seriously: Feminist Theory in Italy, the U. S., and Britain." *Differences* 1. 2 (Summer 1989): 3-37.

____. "Eccentric Subjects: Feminist Theory and Historical Consciousness." *Feminist Studies*16. 1 (Spring 1990): 115-149.

____. "Upping the Anti (sic) in Feminist Theory." In *Conflicts in Feminism*, ed. Marianne Hirsch and Evelyn Fox Keller, 255-270. New York: Routledge, 1990.

Berman, Marshall. *All That Is Solid Melts into Air: The Experience of Modernity.* Harmondsworth: Penguin Books, 1988.
Best, Steven, and Douglas Kellner. *Postmodern Theory: Critical Interrogations*. New York: Guilford Press, 1991.
Bhabha, Homi. *The Location of Culture*. London: Routledge, 1994.
____ , ed. *Nation and Narration*. London: Routledge, 1990.
Bishop, Elizabeth. *The Complete Poems: 1927-1979.* New York: Farrar Straus Giroux, 1979.
Bloom, Lisa. *Gender on Ice: American Ideologies of Polar Expeditions.* Minneapolis: University of Minnesota Press, 1993.
Blunt, Alison, and Gillian Rose, eds. *Writing Women and Space: Colonial and Postcolonial Geographies.* New York: Guilford Press, 1994.
Boahen, A. Adu. *African Perspectives on Colonialism.* Baltimore: Johns Hopkins University Press, 1987.
Bodley, John H. *Victims of Progress.* Mountain View, CA: Mayfield Publishing Co., 1990.
Bogue, Ronald. *Deleuze and Guattari.* London: Routledge, 1989.
Bondi, Liz. "Progress in Geography and Gender: Feminism and Difference." *Progress in Human Geography* 14 (1990): 438-445.
Bondi, Liz, and Mona Domosh. "Other Figures in Other Places: On Feminism, Postmodernism and Geography." *Environment and Planning D: Society and Space* 10 (1992): 199-213.
Bookman, Ann, and Sandra Morgen, eds. *Women and the Politics of Empowerment.* Philadelphia: Temple University Press, 1988.
Boyarin, Daniel, and Jonathan Boyarin. "Diaspora: Generation and the Ground of Jewish Identity." *Critical Inquiry* 19. 4 (Summer 1993): 693-725.
Bradbury, Malcolm, and James McFarlane, eds. *Modernism: 1890-1930.* Harmondsworth: Penguin Books, 1976.
Braidotti, Rosi. *Patterns of Dissonance: A Study of Women in Contemporary Philosophy.* Trans. Elizabeth Guild. New York: Routledge, 1991.
____. *Nomadic Subjects: Embodiment and Sexual Difference in Contemporary Feminist Theory.* New York: Columbia University Press, 1994.
Brennan, Tim. "Cosmopolitans and Celebrities." *Race and Class* 31. 1 (1989): 1-20.
Brier, Stephen, et al., eds. *Who Built America? Working People and the Nation's Economy, Politics, Culture and Society.* New York: Pantheon Press, 1992.
Broe, Mary Lynn, and Angela Ingram, eds. *Women's Writing in Exile.* Chapel Hill: University of North Carolina Press, 1989.
Buell, Frederick. *National Culture and the New Global System.* Baltimore: Johns Hopkins University Press, 1994.
Bulkin, Elly, Minnie Bruce Pratt, and Barbara Smith. *Yours in Struggle: Three Feminist Perspectives on Anti-Semitism and Racism.* Brooklyn, NY: Long Haul Press, 1984.
Butor, Michel. *Mobile.* Paris: Gallimard, 1962.
Calinescu, Matei. *Five Faces of Modernity.* Durham, NC: Duke University Press, 1987. 富山英俊・梅正行訳『モダンの五つの顔』（せりか書房、新装版1995年）
Callinicos, Alex. *Against Postmodernism: A Marxist Critique.* Cambridge: Polity Press, 1989. 角田史幸監訳『アゲインスト・ポストモダニズム――マルクス主義からの批判』（こぶし書房、2001年）
Campbell, Mary B. *The Witness and the Other World: Exotic European Travel Writing, 400-1600.* Ithaca: Cornell University Press, 1988.
Castles, Stephen. "Italians in Australia: Building a Multicultural Society on the Pacific Rim." *Diaspora* 1:1 (Spring 1991): 45-66.
Centre for Contemporary Cultural Studies, eds. *The Empire Strikes Back: Race and Racism in 70s Britain.* London: Hutchinson Press, 1982.
Chakrabarty, Dipesh. "Provincializing Europe: Postcoloniality and the Critique of History." *Cultural Studies* 6. 3 (October 1992): 337-357.
Chambers, Iain. *Popular Culture: The Metropolitan Experience.* London: Routledge, 1988.
____. *Border Dialogues: Journeys in Postmodernism.* London: Routledge, 1990.
____. *Migrancy, Culture, Identity.* London: Routledge, 1994. 遠藤徹訳「地図のない都市」（部分訳）（『10＋1』11 (1997.11):150-120）
Chang, Brinakle G. "Mass, Media, Mass Media-thon: Baudrillard's Implosive Critique of Modern Mass-Mediated Culture." *Current Perspectives in Social Theory* 17 (1986): 157-181.
Chatterjee, Partha. *Nationalist Thought and the Colonial World: A Derivative Discourse.* London: Zed Books, 1986.

■文献書誌

Adorno, Theodor. *Minima Moralia: Reflections from a Damaged Life*. Trans. E. F. N. Jephcott. London: NLB, 1974. 三光長治訳『ミニマ・モラリア――傷ついた生活裡の省察』(法政大学出版局、1979年)

Ahmad, Aijaz. "Postcolonialism: What's in a Name?" In *Late Imperial Culture*, ed. Román de la Campa, E. Ann Kaplan, and Michael Sprinker, 11-32. London: Verso, 1995.

____. *In Theory: Classes, Nations, Literatures*. London: Verso, 1992.

Alarcón, Norma. "The Theoretical Subject(s) of *This Bridge Called My Back*and Anglo-American Feminism." In *Making Face/Making Soul/Haciendo Caras: Creative and Critical Perspectives by Women of Color*, ed. Gloria Anzaldúa, 356-369. San Francisco: Aunt Lute Books, 1990.

____. "Traddutora, Traditora: A Paradigmatic Figure of Chicana Feminism." In *Scattered Hegemonies: Postmodernity and Transnational Feminist Practices*, ed. Inderpal Grewal and Caren Kaplan, 110-133. Minneapolis: University of Minnesota Press, 1994.

Albrecht, Lisa, and Rose M. Brewer, ed. *Bridges of Power: Women's Multicultural Alliances*. Philadelphia: New Society Publishers, 1990.

Alcoff, Linda. "Cultural Feminism versus Post-Structuralism: The Identity Crisis in Feminist Theory." In *A Reader in Contemporary Social Theory*, ed. Nicholas B. Dirks, George Ely, and Sherry B. Ortner, 96-122. Princeton: Princeton University Press, 1994.

Anderson, Benedict. *Imagined Communities: Reflections on the Origin and Spread of Nationalism*. London: Verso, 1983. 白石さや・白石隆訳『増補・想像の共同体――ナショナリズムの起源と流行』(NTT出版、1997年)

Anthias, Floya, and Nira Yuval-Davis. *Racialized Boundaries: Race, Nation, Gender, Colour and Class and the Anti-Racist Struggle*. London: Routledge, 1992.

Ansaldúa, Gloria. *Borderlands/La Frontera: The New Mestiza*. San Francisco: Spinsters/Aunt Lute Press, 1987.

Appadurai, Arjun. "Putting Hierarchy in Its Place." *Cultural Anthropology* 3. 1 (1988): 36-49.

Appiah, Kwame Anthony. "Is the Post- in Postmodernism the Post- in Postcolonial?" *Critical Inquiry* 17. 2 (Winter 1991): 336-357.

Arac, Jonathan, ed. *Postmodernism and Politics*. Minneapolis: University of Minnesota Press, 1986.

Aronowitz, Stanley. "Postmodernism and Politics." In *Universal Abandon?* ed. Andrew Ross, 46-62. Minneapolis: University of Minnesota Press, 1988.

Asad, Talal, ed. *Anthology and the Colonial Encounter*. London: Ithaca Press, 1973.

Bachelard, Gaston. *The Poetics of Space*. Boston: Beacon Press, 1969. 岩村行雄訳『空間の詩学』(ちくま学芸文庫、2002年)

Balibar, Etienne. "*Es Gibt Keinen Staat in Europa*: Racism and Politics in Europe Today." *New Left Review* 186 (March/April 1991): 5-19.

Balibar, Etienne, and Immanuel Wallerstein. *Race, Nation, Class: Ambiguous Identities*. London: Verso Books, 1991. 若森章孝ほか訳『人種・国民・階級――揺らぐアイデンティティ』(大村書店、新装版1997年)

Bammer, Angelika, ed. *Displacements: Cultural Identities in Question*. Bloomington: Indiana University Press, 1994.

Basch, Linda, Nina Glick Schiller, and Cristina Szanton Blanc, eds. *Nations Unbound: Transnational Projects, Postcolonial Predicaments and Deterritorialized Nation-States*. Langhorne, PA: Gordon and Breach Publishers, 1994.

Baudelaire, Charles. *Paris Spleen*. New York: New Directions, trans. Louise Varese, 1970. 阿部良雄訳「パリの憂鬱」、『ボードレール全集 4』(筑摩書房、1987年) 所収

Baudrillard, Jean. *America*. Trans. Chris Turner. London: Verso, 1988. Originally published as *Amérique* (Paris: Bernard Grasset, 1986). 田中正人訳『アメリカ――砂漠よ永遠に』(法政大学出版局、1988年)

____. *Cool Memories*. Trans. Chris Turner. London: Verso, 1990. Originally published as *Cool Memories: 1980-1985* (Paris: Editions Galilée, 1987).

____. *Seduction*. New York: St. Martin's Press, 1990. Originally published as *De la séduction* (Paris: Denoel-Gonthier, 1979) trans. Brian Singer. 宇波彰訳『誘惑の戦略』(法政大学出版局、1985年)

Behdad, Ali. *Belated Travelers: Orientalism in the Age of Colonial Dissolution*. Durham, NC: Duke University Press, 1994.

Benstock, Shari. *Women Writers of the Left Bank, Paris, 1900-1940*. Austin: University of Texas Press, 1986.

ラ行

ラーセン、ニール（Larsen, Neil） 47, 50
ラウズ、ロジャー（Rouse, Roger） 244
ラウレティス、テレサ・デ（Lauretis, Teresa de） 13, 313
ラクラウ、エルネスト（Laclau, Ernesto） 47, 49
ラシュディ、サルマン（Rushdie, Salman） 195, 217, 220, 222, 226
ラドウェイ、ジャニス（Radway, Janice） 182-183
リーゴン、バーニス・ジョンソン・（Reagon, Bernice Johnson） 303-308
リーン、デヴィッド（Lean, David） 106-108, 127, 172, 263, 269, 316
リオタール、ジャン＝フランソワ（Lyotard, Jean-Franç&ois） 45-47, 49-50
リゾーム（Rhizome） 163, 166-167
リチャード、ネリー（Richard, Nelly） 17-18, 41
リッチ、アドリエンヌ（Rich, Adrienne） 31, 255, 286-297, 300, 302, 313, 317
旅行文学（Travel writing） 102-109; ____の黄金時代 107, 112
理論（Theory） 143-144, 172-173, 230-235, 308-309; マスター・ナラティヴと____ 45-48
『理論のなかで（*In Theory: Classes, Nations, Literatures*）』（アフマド） 195, 198
ルイス、シンクレア（Lewis, Sinclair） 104, 130
ルカーチ、ジェルジ（Lukacs, Georg） 206, 211
ルビアノ、ワーニーマ（Lubiano, Wahneema） 40
ルフェーヴル、アンリ（Lefebvre, Henri） 262, 264
レイ、デヴィッド（Ley, David） 256
レイバン、ジョナサン（Raban, Jonathan） 102
レイボー、アントワーヌ（Raybaud, Antoine） 174, 176
レヴィン、ハリー（Levin, Harry） 14, 68, 80-83
レーマン＝ハウプト、クリストファー（Lehmann-Haupt, Christopher） 103
レズビアンのアイデンティティ（Lesbian identity） 288n
連合政治（Coalition politics） 303, 305
ロイド、デヴィッド（Lloyd, David） 171-172
ロウ、リサ（Lowe, Lisa） 174, 177-178, 181
ローカル（Local） 44-48, 259-260, 276-283, 297-299, 315-316, 325-327; ____に対する過大評価 228→「居場所の政治性」も参照せよ。
ロサルド、レナート（Rosaldo, Renato） 55, 74-75, 135, 172
ロス、アンドルー（Ross, Andrew） 43
ロビンズ、ブルース（Robbins, Bruce） 228-229
ロビンズ、ケヴィン（Robins, Kevin） 154, 278-280
ロレンス、T・E・（Lawrence, T. E.） 127

ワ行

『私の背中という名のこの橋（*This Bridge Called My Back*）』（アンザルドゥーア、モラガ） 310
ワッツ、マイケル・ジョン（Watts, Michael John） 51-53

論　146-147; ＿＿の著作の受容　130-133
ボードレール、シャルル（Baudelaire, Charles）　63
『ホームの女たち――黒人フェミニスト論集（*Home Girls: A Black Feminist Anthology*）』（スミス）　305
ホール、スチュアート（Hall, Stuart）　32, 276-277, 281
ホーン、ドナルド（Horne, Donald）　56, 114, 118-120, 122-123
「ポスト」（Post-）　53-54
ポストコロニアル（Postcolonial）　321-323; ＿＿研究　21n; ＿＿の知識人　198; 用語としての＿＿　53-54
『ポストコロニアルの批評家（*The Post-Colonial Critic*）』（スピヴァク）　181
ポストモダニズム（Postmodernism）　31-32; ＿＿と美学　36-37; ＿＿と文化帝国主義　41; ＿＿とモダニズム　36-39, 129; ＿＿とヨーロッパ中心主義　36
ポストモダニティ（Postmodernity）　35-37; ＿＿と美学／政治の二項対立　39; ＿＿とモダニティ　35-37
『ポストモダニティの条件（*The Condition of Postmodernity*）』（ハーヴェイ）　264
ポストモダン（Postmodern）　35-42; ＿＿とモダン　272; ＿＿な主体　45; ＿＿のフェミニズム理論　46; 用語としての＿＿　53-54
『ポストモダン地理学（*Postmodern Geographies: The Reassertion of Space in Critical Social Theory*）』（ソジャ）　268
『ポストモダンの条件（*The Postmodern Condition*）』（リオタール）　45
ホバーマン、J・（Hoberman, J.）　130, 134
ボヤーリン、デヴィッド（Boyarin, David）　242-243
ボヤーリン、ジョナサン（Boyarin, Jonathan）　242-243
ボルヘス、ホルヘ（Borges, Jorge）　25
ポロック、グリゼルダ（Pollock, Griselda）　109, 270
本拠（Home）　20-21, 30, 85, 192, 214-216, 285, 307; ＿＿としての著作活動　215; ＿＿としてのヨーロッパ　155; ＿＿とホームシック　74, 81-82
本質主義（Essentialism）　297

マ行

マーサー、コベナ（Mercer, Kobena）　247
マイナーな文学（Minor literature）　171-172
マイナーになる（Becoming minor）　164-167, 173, 179-180
『マイノリティ言説の本質とコンテクスト（*The Nature and Context of Minority Discourse*）』（ジャンモハメッド、ロイド）　172-173
マクファーレイン、ジェイムズ（McFarlane, James）　67, 70
マッカーシー、メアリー（McCarthy, Mary）　151, 194
マッキャネル、ディーン（MacCannell, Dean）　27, 56, 76, 92, 94-95, 99, 114-120, 122-124
マッシー、ドリーン（Massey, Doreen）　263, 269-273, 275, 316
マッテラート、アルマンド（Mattelart, Armand）　282
マティ、ジャン＝フィリップ（Mathy, Jean-Phillipe）　40, 46, 150-151
マニ、ラタ（Mani, Lata）　295, 321-324
マルクス主義　197, 262-263, 268, 303
マンスフィールド、キャサリン（Mansfield, Katherine）　201
ミカ、スティーヴン（Muecke, Stephen）　169
未知の世界（Terra incognita）　127
南アジア人　248
『ミニマ・モラリア――損なわれた暮らしからの省察（*Minima Moralia: Reflections from a Damaged Life*）』（アドルノ）　213, 250
『ミメーシス（*Mimesis*）』（アウエルバッハ）　207-208
民族主義（Nationalism）：＿＿とグローバル化　245, 281
メーレズ、サミア（Mehrez, Samia）　174, 177, 181
モーレイ、デヴィッド（Moelwy, David）　154, 278-279
モダニズム（Modernism）　31-42, 263-269; 欧米の＿＿　64-70; ＿＿と言語　80-81; ＿＿とジェンダー　271-274; ＿＿と進歩　116; ＿＿の文化生産　65
『モダニズムとヘゲモニー（*Modernism and Hegemony: A Materialist Critique of Aesthetic Agencies*）』（ラーセン）　50
モダニティ（Modernity）：＿＿と移動の言説　59, 187; ＿＿と共同体　68-72; ＿＿と女性性　108; ＿＿と文化的変容　77; ＿＿と亡命　64-75, 100, 138; ＿＿とポストモダニティ　35-37, 49; ＿＿の二項対立的なモデル　100, 187
モハンティ、チャンドラ・タルパデ（Mohanty, Chandra Talpade）　48, 286, 295, 317-319, 321, 324
モリス、ミーガン（Morris, Meaghan）　124, 183, 280
モンタギュー、C・E・（Montague, C. E.）　104

ヤ行

ヤング、ロバート（Young, Robert）　34, 36
ユダヤ主義　243
ヨーロッパ　151-152, 154-158
ヨーロッパ中心主義　56

177
ノリス、クリストファー（Norris, Christopher） 129, 132

ハ行

ハーヴェイ、デヴィッド（Harvey, David） 63, 263-270, 274; ____によるモダニズムの定義 265
ハートソック、ナンシー（Hartsock, Nancy） 300-305, 308-310
ハートレイ、ジョン（Hartley, John）
バーマン、マーシャル（Berman, Marshall） 77, 130, 134
バーミンガム学派（Birmingham School） 241-242
ハイパー（Hyper） 51-53
ハイパーモダン（Hypermodern） 51
バイロン、ロバート（Byron, Robert） 104, 108
パウンド、エズラ（Pound, Ezra） 90, 104
白人であること（Whiteness） 292
パステルナーク、ボリス（Pasternak, Boris） 83
ハッサン、イハブ（Hassan, Ihab） 49
パットン、ポール（Patton, Paul） 168
バルト、ロラン（Barthes, Roland） 231
パレスチナ民族主義（Palestinian nationalism） 220
ハンソン、スーザン（Hanson, Susan） 324-327
ビショップ、エリザベス（Bishop, Elizabeth） 20, 29-30
漂泊者（Migrant） 59, 250-252; ____としての知識人 197 →「移民」も参照せよ。
ファッセル、ポール（Fussell, Paul） 56, 101-113
ファノン、フランツ（Fanon, Frantz） 177
ファム・ヴァン・キ（Pham Van Ky） 177
ファンダメンタリズム（Fundamentalism） 281-282
フィッツジェラルド、F・スコット（Fitzgerald, F. Scott） 90, 104
フーコー、ミシェル（Foucault, Michel） 175, 207, 231, 248, 255, 275
フェミニズム（Feminism） 27-28; 学者的____ 288; グローバルな____ 286, 293, 300-301, 308; フランスの____ 144, 181; 北米の____ 287-290
フェミニズム理論（Feminist theory）：____とジェンダー 307-308; ____とポスト構造主義 27-28
フォースター、E・M・（Forster, E. M.） 104
フォーディズム（Fordism） 264-265, 273, 277-278
フックス、ベル（hooks, bell） 39, 235-237, 239
ブライドッティ、ロシ（Braidotti, Rosi） 170, 297
『ブラック・アトランティック（*The Black Atlantic*）』（ギルロイ） 242
プラット、メアリー・ルイーズ（Pratt, Mary Louise） 102
プラット、ジェラルディン（Pratt, Geraldine） 324-327
ブラッドベリー、マルコム（Bradbury, Malcolm） 67-69, 71-72
フランケンバーグ、ルース（Frankenberg, Ruth） 13, 321-324
フランスの国民文化 150
プルースト、マルセル（Proust, Marcel） 104
ブルーム、リサ（Bloom, Lisa） 167
フレイザー、ナンシー（Fraser, Nancy） 46
プレスコット、ピーター・S・（Prescott, Peter S.） 103
プレッド、アラン（Pred, Allan） 51-53
ブレナン、ティム（Brennan, Tim） 222-224, 226-227
フロイト、ジグムント（Freud, Sigmund） 74, 137
プロビン、エルスペス（Probyn, Elspeth） 283-284, 315, 327
文化（Culture） 209; ____の書字性（writing） 230
『文化の窮状（*The Predicament of Culture*）』（クリフォード） 231
文学批評の実践 205-208
ベケット、サミュエル（Beckett, Samuel） 25, 83
ヘミングウェイ、アーネスト（Hemingway, Ernest） 66, 90, 104
ベルリン会議（Berlin Conference） 34
亡命（Exile） 58-59, 63-70, 97-101, 173-175, 189-192, 199-205, 207-209, 211-222, 252-254; ____と観光旅行 55-56, 63-65; ____と故国離脱 100-101, 193-200; ____と植民地主義 201-202; ____とディアスポラ 220; ____と批評家 209-211; ____と漂流 252; ____と離隔 139, 209; 作家の資格としての____ 82-83; 審美的獲物としての____ 79-87; 本物および偽の____ 79, 197 →「移動」、「故国離脱」、「ノマド」、「難民」、「旅」も参照せよ。
『亡命者の帰還（*Exile's Return: A Literary Odyssey of the 1920s*）』（カウリー） 56, 79, 86-88, 91, 94, 98-99, 101, 104, 112
『亡命と物語的想像力（*Exile and the Narrative Imagination*）』（サイデル） 83
『亡命文化の成立（*The Making of Exile Cultures*）』（ナフィシー） 189
ボーヴォワール、シモーヌ・ド・（Beauvoir, Simone de） 150
ボードリヤール、ジャン（Baudrillard, Jean） 56-57, 126-134, 137-151, 153-161, 163; ____とジェンダー関係 143-148; ____と亡命 138; ____と誘惑の理

172
『精神を脱植民地化する（*Decolonizing the Mind*）』（グギ）　202
生物学的決定論（Biological determinism）　42
世界システム・モデル（World systems model）　52
『世界・テクスト・批評家（*The World, the Text, and the Critic*）』（サイード）　27
セゼール、エメ（Césaire, Aimé）　204, 230-232
セバール、レイラ（Sebbar, Leila）　175
セルー、ポール（Theroux, Paul）　102
『千のプラトー（*A Thousand Plateaus*）』（ドゥルーズ、ガタリ）　130, 162, 168-169
想像の共同体（Imagined communities）　318
ソジャ、エドワード（Soja, Edward）　263-264, 268-270

タ行

ターゲット・マーケティング（Target marketing）　279-280
ダーリー、ハルヴァード（Dahlie, Hallvard）　193
ダーレシュワル、ヴィヴェク（Dhareshwar, Vivek）　297
第三世界　158, 163-164, 222-223; ＿＿の公的な声　223; ＿＿の女性　286, 317
立場の認識論（Standpoint epistemology）　299-300, 303, 308-309, 326; ジェンダーの位置拘束性による＿＿　314-316
脱植民地化（Decolonization）　201-203
脱領域化（Deterritorization）　128-129, 160, 166-175, 177-180
『脱領域の知性（*Extra-territorial*）』（スタイナー）　25
旅（Travel）　54-56, 233-240; 真の＿＿　106-107; ＿＿と書く行為　120; ＿＿と観光旅行　149, 160; ＿＿とモダニズム　24; ＿＿と旅人　102; ＿＿の序列　111, 234; 比喩としての＿＿　20-22, 25, 61
旅する諸文化（Traveling cultures）　235, 237 →「文化」も参照せよ。
旅する理論（Traveling theories）　27 →「理論」も参照せよ。
ダンカン、ジェイムズ（Duncan, James）　256
男性　147-148; ＿＿と男性中心主義　141, 269
チェンバース、イアン（Chambers, Iain）　30, 250-252
『血、パン、詩（*Blood, Bread, and Poetry: Selected Prose, 1979-1985*）』（リッチ）　288
チャイルダーズ、ピーター（Childers, Peter）　280
『中心を移動させる（*Moving the Centre: The Struggle for Cultural Freedoms*）』（グギ）　201-202
チョウ、レイ（Chow, Rey）　198, 251-252
地理学　59, 256-257, 263-264, 274-275, 324-327
『ツーリスト（*The Tourist*）』（マッキャネル）　27, 117
ツーリスト（Tourist）　109-125; ＿＿としてのモダンな主体　115,120; ＿＿と真正性　118; ＿＿と反ツーリスト主義者　111
ディアスポラ（Diaspora）　58-59, 187-189, 240-249
『ディアスポラの知識人（*Writing Diaspora: Tactics of Invention in Contemporary Cultural Studies*）』（チョウ）　251
帝国主義的ノスタルジア（Imperialist nostalgia）　55, 73-75, 94, 100, 107, 135, 140-141 →「ノスタルジア」も参照せよ。
定住（Dwelling）　239-241, 250 →「本拠」、「居場所の政治性」も参照せよ。
テラオカ、アーリーン（Teraoka, Arlene）　172
デリダ、ジャック（Derrida, Jacques）　131
ドゥルーズ、ジル（Deleuze, Gilles）　56-57, 128-131, 160-175, 177-178, 180, 184, 262
トドロフ、ツヴェタン（Todorov, Tzvetan）　106
トランスナショナリズム（Transnationalism）：＿＿と批評実践　36, 58; ＿＿の影響　32
トリオレ、エルザ（Triolet, Elsa）　73-74
トロリヤン、カーチグ（Tölölyan, Khachig）　244

ナ行

ナイポール、V・S・（Naipaul, V. S.）　158, 201, 225-227
ナタラジャン、ナリニ（Natarajan, Nalini）　248
ナフィシー、ハミド（Naficy, Hamid）　189-190, 221
ナボコフ、ヴラジーミル（Nabokov, Vladimir）　25, 66, 83
難民（Refugees）　185-187, 216-219; ＿＿と亡命者　217 →「亡命」も参照せよ。
ニクソン、ロブ（Nixon, Rob）　69, 225-227
ニコルソン、リンダ・J・（Nicholson, Linda J.）　46, 299
ニューマン、ロバート（Newman, Robert）　84
「ネオ・」（Neo-）　35, 43, 54
ノートン、ジョディ（Norton, Jody）　152
ノスタルジア（Nostalgia）　73-77; ＿＿と風景　136 →「帝国主義的ノスタルジア」も参照せよ。
ノマド（Nomad）　126-129, 166-171, 173-178, 182-183; 文化批評家としての＿＿　140, 183 →「亡命者」も参照せよ。
ノマド的な理論（Nomadic theory）　162,

114; ____に反対する言説　122; 理論における____　165, 173 →「旅」も参照せよ。
キム、エレイン（Kim, Elaine）　172
ギャロップ、ジェーン（Gallop, Jane）　146
境界（Border）　172, 189
ギルロイ、ポール（Gilroy, Paul）　73, 234, 242-243, 247
空間の政治性（Spatial politics）　258, 270; ____と時空の収縮　265-276; 比喩としての____　257-258
グーハ、ラナジット（Guha, Ranajit）　197
『クールな記憶（*Cool Memories*）』（ボードリヤール）　129, 136-140, 142, 147, 154-155, 158-159
グギ・ワ・ジオンゴ（Ngugi wa Thiongo）　201, 227
クバヤンダ、ジョサファト・B・（Kubayanda, Josaphat B.）　172
グラハム、ジュリー（Graham, Julie）　273-274
グランド・ツアー（Grand Tour）　88, 101
グリーン、マーティン（Green, Martin）　106-108
クリスチャン、バーバラ（Christian, Barbara）　172, 301
グリソーニ、ドミニク（Grisoni, Dominique）　170
クリフォード、ジェイムズ（Clifford, James）　23-24, 58-59, 204, 228-247, 249, 295
クルーパト、アーノルド（Krupat, Arnold）　236-237
グレイ、ポール（Gray, Paul）　103
クレオール化（Creolization）　233
グレゴリー、デレク（Gregory, Derek）　257, 263, 274-275
グレワル、インダパル（Grewal, Inderpal）　35, 48, 310, 312
グローバル（Global）　259-260; ____とローカル　48, 52, 276-284 →「ローカル」、「居場所の政治性」も参照せよ。
グローバル化（Globalization）　244-245, 260, 276-277, 281-282
グロスバーグ、ラリー（Grossberg, Larry）　182-183
経験　94-97, 116-117; ____とモダニティ　95
ゲイン、マイク（Gane, Mike）　129, 143
ケルナー、ダグラス（Kellner, Douglas）　129, 139, 154
原住民（Native）　110-111, 121-122
現代文化研究センター（Centre for Centemporary Cultural Studies）　241
高級文化　188; ____と低俗文化　65, 87
国土防衛法（Defense of the Realm Acts）　103
故国離脱（Expatriation）　90-93; 男性の現象としての____　94; ____とツーリスト　96 →「亡命」も参照せよ。
コスモポリタニズム（Cosmopolitanism）　195, 202-203, 227-229
コンラッド、ジョセフ（Conrad, Joseph）　25, 83, 232

サ行

サイード、エドワード・W・（Said, Edward W.）　27, 58-59, 185, 195, 197, 204-221, 230, 234
サイデル、マイケル（Seidel, Michael）　83-84
再領域化（Reterritorialization）　174, 318
差異をめぐる言説（Discourses of difference）　42-45
雑種性（Hybridity）　224, 232-235, 237, 244-245, 249 →「クレオール化」も参照せよ。
砂漠：比喩としての____　126-128, 151, 153, 163
『散在するヘゲモニー（*Scattered Hegemonies*）』（グレワル、カプラン）　35
シヴァナンダン、A・（Sivanandan, A.）　226-227
ジェイムソン、フレドリック（Jameson, Fredric）　35, 49-50, 52, 129, 131, 268, 276
ジェルーン、タハール・ベン・（Jelloun, Tahar Ben）　175, 177
執行力 (agency)　284, 318
『自分だけの部屋（*A Room of One's Own*）』（ウルフ）　285
資本主義　262-265, 273-274, 276; ____と融通に富む蓄積　276-282
ジャーディン、アリス（Jardine, Alice）　173
ジャンモハメッド、アブドゥル（JanMohamed, Abdul）　171
ジョイス、ジェイムズ（Joyce, James）　25, 66, 82, 104
少数民族的批評 (Ethnocriticism)　236-237
植民地（主義的）言説　21n, 28-29, 164-169; ____に対する批判　177-178
女性　141-142, 144-148, 285-286, 306-311; ____と砂漠　146; 有色人種の____　292
ショハット、エラ（Shohat, Ella）　18, 127, 190-191, 327
人類学　230-231
スウィート・ハニー・イン・ザ・ロック　305
スタイナー、ジョージ（Steiner, George）　25, 68-69
スタイン、ガートルード（Stein, Gertrude）　17, 89
『サブ＝スタンス（*SubStance*）』　173
スピヴァク、ガヤトリ・チャクラヴォーティ（Spivak, Gayatori Chakravorty）　47, 178-182, 184, 327
スミス、ニール（Smith, Neil）　257-258, 294
スレイグル、アロガン（Slagle, Allogan）

索　引

（この索引における検索項目、検索個所は、原著者の選択に従っており、とくに用語や事項については、重要とみなされる箇所に限って記載してある。）

ア行

アイデンティティ・ポリティクス（Identity politics）　28, 43, 188-189, 267, 302, 304-307, 312-313, 326
アウエルバッハ、エーリッヒ（Auerbach, Erich）　207-208, 213-216
アッカリー、J・R・（Ackerly, J. R.）　104
アドルノ、テオドール（Adorno, Theodor）　185, 206, 213-216, 250
アピアー、クワメ・アンソニー（Appiah, Kwame Anthony）　37-38, 42
アフマド、アイジャズ（Ahmad, Aijaz）　195-199, 227, 229
アフリカ系アメリカ人の歴史　39-40
アフリカ文学　202
『アメリカ』（ボードリヤール）　132-137, 139-140, 146-147, 149-160
アメリカ　128-129, 132-137, 139-140, 146-147, 149-160 →「合衆国」も参照せよ。
アラーコン、ノーマ（Alarcón, Norma）　309-312, 315
アラゴン、ルイ（Aragon, Louis）　73
アラブ系ユダヤ人　190
アロノウィッツ、スタンリー（Aronowitz, Stanley）　49
アンダーソン、ベネディクト（Anderson, Benedict）　68-69, 318
『アンチ・オイディプス（*Anti-Oedipus*）』（ドゥルーズ、ガタリ）　130, 162
イーグルトン、テリー（Eagleton, Terry）　25
『イェール・フレンチ・スタディーズ（*Yale French Studies*）』　173
『異境生活者と亡命者（*Exiles and Émigreés*）』（イーグルトン）　25
イスラエル　190-191, 220
位置拘束性（Positionality）　313-315, 327
移動　29-30, 255-256; 審美的ないし批評的な獲物としての____　186-193 →「亡命」、「ノマド」、「旅」も参照せよ。
居場所（Location）　316-318 →「居場所の政治性」も参照せよ。
居場所の政治性（Politics of location）　60, 256, 260, 286-298, 300, 316, 328-329
移民（Immigration, Immigrants）　24-27, 175-176, 186, 199-201, 245-247; イラン人の____189-190
イラク　191
イリガライ、リュース（Irigaray, Luce）　145
『インスクリプション（*Inscription*）』　233
ウィトリン、ジョセフ（Witlin, Joseph）　78-81
ウィリアムズ、レイモンド（Williams, Raymond）　70-73, 85
ウィリアムソン、ジュディス（Williamson, Judith）　44
ウェスト、コーネル（West, Cornel）　39
ウォレス、ミシェル（Wallace, Michele）　39
失われた世代（Lost generation）　68, 89, 91, 95
ウッドハル、ウィニフレッド（Woodhull, Winifred）　174-176
ウルフ、ジャネット（Wolff, Janet）　270
ウルフ、ヴァージニア（Woolf, Virginia）　284-286
英国　241-243
エイゼンシュテイン、セルゲイ（Eisenstein, Sergei）　126-127
エバーハート、イザベル（Eberhardt, Isabelle）　127
エリオット、T・S・（Eliot, T. S.）　104
欧米：____の男性旅行家　124; ____の帝国主義　55; ____の批評実践　325; ____のフェミニズム理論　260, 285, 298-300; ____の亡命言説　188; ____のモダニズム文彩　133; ____の理論　55
オハンロン、レドモンド（ÓHanlon, Redmond）　158
オルコフ、リンダ（Alcoff, Linda）　312-314
オング、アイファ（Ong, Aihwa）　15, 48

カ行

『外国へ（*Abroad*）』（ファッセル）　56, 101-113
カウリー、マルコム（Cowley, Malcolm）　55-56, 88-100, 104, 112
ガタリ、フェリックス（Guattari, Félix）　56-57, 128-131, 160-174, 177-178, 180, 184
合衆国　150-152, 158, 189-190 →「アメリカ」も参照せよ。
合衆国の女性運動　286-288
合衆国の有色人種女性　292
カッツ、シンディ（Katz, Cindi）　257-258, 294
『カフカ——マイナーな文学をめざして（*Kafka: Toward a Minor Literature*）』（ドゥルーズ、ガタリ）　162
カフカ、フランツ（Kafka, Franz）　70, 162-163
ガブリエル、テショーム（Gabriel, Teshome）　170
カリブ海世界　231
『カルチュラル・クリティーク（*Cultural Critique*）』　171
カルチュラル・スタディーズ（Cultural Studies）　78n, 235
観光旅行（Tourism）　26-27; ____と苦悩　111; ____と旅　106-111; ____と帝国主義　123; ____とモダニティ

■訳者略歴

村山淳彦（むらやま・きよひこ）

一九四四年、北海道美唄市生まれ。

東京大学大学院人文科学研究科修了（アメリカ文学専攻）。

東京都立大学人文学部教授。

主な著訳書＝『セオドア・ドライサー論――アメリカと悲劇』（南雲堂）、レイモンド・タリス『アンチ・ソシュール――ポスト・ソシュール派文学理論批判』（未來社）、フランク・レントリッキア『ニュー・クリティシズム以後の批評理論』上・下（未來社、共訳）、セオドア・ドライサー『シスター・キャリー』上・下（岩波文庫）、ジェームズ・フェニモア・クーパー『開拓者たち』上・下（岩波文庫）

【ポイエーシス叢書50】

移動の時代――旅からディアスポラへ

二〇〇三年三月二〇日　初版第一刷発行

定価……本体三五〇〇円＋税

著者……カレン・カプラン

訳者……村山淳彦

発行所……株式会社　未來社
東京都文京区小石川三―七―二
振替〇〇一七〇―三―八七三八五
電話（03）3814-5521（代）
http://www.miraisha.co.jp/
Email:info@miraisha.co.jp

発行者……西谷能英

印刷・製本……萩原印刷

ISBN4-624-93250-1 C0310

ポイエーシス叢書より

（消費税別）

☆は近刊

1 起源と根源　カフカ・ベンヤミン・ハイデガー　小林康夫著　二八〇〇円
2 未完のポリフォニー　バフチンとロシア・アヴァンギャルド　桑野隆著　二八〇〇円
3 ポスト形而上学の思想　ユルゲン・ハーバーマス著／藤澤賢一郎・忽那敬三訳　二八〇〇円
4 アンチ・ソシュール　ポスト・ソシュール派文学理論批判　レイモンド・タリス著／村山淳彦訳　四二〇〇円
5 知識人の裏切り　ジュリアン・バンダ著／宇京頼三訳　二八〇〇円
6 「意味」の地平へ　レヴィ＝ストロース、柳田国男、デュルケーム　川田稔著　一八〇〇円
7 巨人の肩の上で　法の社会理論と現代　河上倫逸著　二八〇〇円
8 無益にして不確実なるデカルト　ジャン＝フランソワ・ルヴェル著／飯塚勝久訳　一八〇〇円
10 余分な人間　『収容所群島』をめぐる考察　クロード・ルフォール著／宇京頼三訳　二八〇〇円
11 本来性という隠語　ドイツ的なイデオロギーについて　テオドール・W・アドルノ著／笠原賢介訳　二五〇〇円
12 他者と共同体　湯浅博雄著　三五〇〇円
13 境界の思考　ジャベス・デリダ・ランボー　鈴村和成著　三五〇〇円
15 討論的理性批判の冒険　ポパー哲学の新展開　小河原誠著　三二〇〇円
16 ニュー・クリティシズム以後の批評理論（上）　フランク・レントリッキア著／村山淳彦・福士久夫訳　四八〇〇円

17 ニュー・クリティシズム以後の批評理論（下）　フランク・レントリッキア著／村山淳彦・福士久夫訳　三八〇〇円
18 フィギュール　ジェラール・ジュネット著／平岡篤頼・松崎芳隆訳　三八〇〇円
19 ニュー・クリティシズムから脱構築へ　アメリカにおける構造主義とポスト構造主義の受容　アート・バーマン著／立崎秀和訳　六三〇〇円
20 ジェイムスン、アルチュセール、マルクス　『政治的無意識』入門講座　ウィリアム・C・ダウリング著／辻麻子訳　二五〇〇円
22 歴史家と母たち　カルロ・ギンズブルグ論　上村忠男著　二八〇〇円
23 アウシュヴィッツと表象の限界　ソール・フリードランダー編／上村忠男・小沢弘明・岩崎稔訳　三二〇〇円
24 オートポイエーシス・システムとしての法　グンター・トイプナー著／土方透・野崎和義訳　三二〇〇円
25 地上に尺度はあるか　非形而上学的倫理の根本諸規定　ウェルナー・マルクス著／上妻精・米田美智子訳　三八〇〇円
27 インファンス読解　ジャン＝フランソワ・リオタール著／小林康夫・竹森佳史ほか訳　二五〇〇円
28 身体　光と闇　石光泰夫著　三五〇〇円
29 マルティン・ハイデガー　伝記への途上で　フーゴ・オット著／北川東子・藤澤賢一郎・忽那敬三訳　五八〇〇円
30 よりよき世界を求めて　カール・R・ポパー著／小河原誠・蔭山泰之訳　三八〇〇円
31 ガーダマー自伝　哲学修業時代　ハンス＝ゲオルク・ガーダマー著／中村志朗訳　三五〇〇円
32 虚構の音楽　ワーグナーのフィギュール　フィリップ・ラクー＝ラバルト著／谷口博史訳　三三〇〇円
33 ヘテロトピアの思考　上村忠男著　二八〇〇円
34 夢と幻惑　ナチズムとドイツ史のドラマ　フリッツ・スターン著／檜山雅人訳　三八〇〇円

35 反復論序説　湯浅博雄著　二八〇〇円
36 経験としての詩　ツェラン・ヘルダーリン・ハイデガー　フィリップ・ラクー＝ラバルト著／谷口博史訳　二九〇〇円
37 アヴァンギャルドの時代　1910年―30年代　塚原史著　二五〇〇円
38 啓蒙のイロニー　ハーバーマスをめぐる論争史　矢代梓著　二六〇〇円
39 フレームワークの神話　科学と合理性の擁護　カール・R・ポパー著／M・A・ナッターノ編／ポパー哲学研究会訳　三八〇〇円
40 グローバリゼーションのなかのアジア　カルチュラル・スタディーズの現在　伊豫谷登士翁・酒井直樹・テッサ・モリス＝スズキ編　二五〇〇円
41 ハーバーマスと公共圏　クレイグ・キャルホーン編／山本啓・新田滋訳　三五〇〇円
42 イメージのなかのヒトラー　アルヴィン・H・ローゼンフェルド著／金井和子訳　二四〇〇円
43 自由の経験　ジャン＝リュック・ナンシー著／澤田直訳　二八〇〇円
44 批判的合理主義の思想　蔭山泰之著　二八〇〇円
45 滞留［付／モーリス・ブランショ「私の死の瞬間」］　ジャック・デリダ著／湯浅博雄監訳　二〇〇〇円
46 パッション　ジャック・デリダ著／湯浅博雄訳　一八〇〇円
47 デリダと肯定の思考　カトリーヌ・マラブー編／高橋哲哉・増田一夫・高桑和巳監訳　四八〇〇円
48 接触と領有　ラテンアメリカにおける言説の政治　林みどり著　二四〇〇円
49 超越と横断　言説のヘテロトピアへ　上村忠男著　二八〇〇円
50 移動の時代　旅からディアスポラへ　カレン・カプラン著／村山淳彦訳　三五〇〇円